# 城市轨道交通工程建设
# 安全风险监控与识别技术

孙玉辉 陈昌彦 白朝旭 王金明 编著
高文明 陶连金 周宏磊 张彦峰 主审

中国建筑工业出版社

图书在版编目（CIP）数据

**城市轨道交通工程建设安全风险监控与识别技术**／孙玉辉等编著． — 北京：中国建筑工业出版社，2021.7
ISBN 978-7-112-26233-5

Ⅰ．①城… Ⅱ．①孙… Ⅲ．①城市铁路-轨道交通-安全风险-风险管理-研究 Ⅳ．①U239.5

中国版本图书馆 CIP 数据核字（2021）第 118941 号

责任编辑：戚琳琳
文字编辑：刘颖超
责任校对：张　颖

**城市轨道交通工程建设安全风险监控与识别技术**
孙玉辉　陈昌彦　白朝旭　王金明　编著
高文明　陶连金　周宏磊　张彦峰　主审

\*

中国建筑工业出版社出版、发行（北京海淀三里河路 9 号）
各地新华书店、建筑书店经销
北京鸿文瀚海文化传媒有限公司制版
天津翔远印刷有限公司印刷

\*

开本：787 毫米×1092 毫米　1/16　印张：18½　字数：462 千字
2021 年 7 月第一版　　2021 年 7 月第一次印刷
定价：80.00 元
ISBN 978-7-112-26233-5
（37662）

版权所有　翻印必究
如有印装质量问题，可寄本社图书出版中心退换
（邮政编码 100037）

# 编委会

编著人员：孙玉辉　陈昌彦　白朝旭　王金明

参编人员：张子真　鲍　艳　杨可可　张天巧
　　　　　姚添宝　魏世玉　张建坤　谭　雪
　　　　　白雪峰　王　智　孙增伟　谷冰峰
　　　　　杨文彬　孙锦锦　马艳军　李晓萌
　　　　　张振营　贺文涛　刘卫强　郭　飞

# 前　言

　　城市轨道交通作为许多大中城市的重要民生基础性设施快速发展，对于解决日益紧张的城市交通、缓解地面交通压力具有重要的作用，同时也是推动城市地下空间开发建设和资源利用的重要途径，推动着城市和社会的发展与进步。但是随着地下工程建设的快速发展以及建设环境的日益复杂，各类工程事故也随之增多，直接危及城市基础设施建设及周边环境的安全。因此开展轨道交通工程建设安全监测与风险识别，尤其是第三方安全风险监测，及时识别工程自身与周边环境安全风险对保障轨道工程安全、科学建设和高质量运营极其重要，同时通过监测结构自身以及周边环境的应力场及位移场变化规律，可有效指导工程建设的动态设计、信息化施工以及验证各种新技术新方法的应用效果。轨道交通工程风险监控量测以工程测量、监测和巡查方法获取扰动应力场及变形数据信息，通过岩土与地下工程理论和设计理念的分析与判断，评估结构与环境的协同变形规律及其发展趋势，识别风险和启动预警，优化设计并控制变形的发展，及时合理管控风险，消除风险预警，确保工程自身和周边环境安全，实现风险源头识别与管控，指导设计与施工。因此轨道交通工程安全风险监测不是简单的测量数据，而是一个复杂的系统工程，是集工程测绘与监测、岩土工程、工程结构设计、工程力学及信息化技术等多学科的信息资源综合分析与评价。相关从业人员应具备上述综合理论知识和工程施工管理经验，能从岩土工程勘察、轨道交通工程设计、工程施工工艺工法、周边环境工程特点等前期资料中识别工程建设的各级各类风险源，针对性制定监测技术方案并在实施中把控风险的动态变化规律，通过综合监测与现场巡查等技术方法，及时识别风险发布预警，提出预警处置建议等。但是现实中开展地铁工程风险监测的一些人员及建设管理单位将工程风险监测简单理解为工程测量工作，重视监测数据采集，忽视现场巡查和监测数据与岩土工程、结构工程等综合分析评价工作，监测方案针对性不强、关键部位缺少必要监测，不能及时识别风险、发布预警，使监测工作无法为工程设计与施工保驾护航。

　　本书作者长期从事地下工程建设与运营安全监测与风险评估工作，曾参与了北京市地铁3号线、8号线、10号线、11号线、12号线、16号线、17号线、昌平线以及广州地铁、南宁地铁等地铁工程建设或运营的第三方安全风险监测和应急抢险监测、风险咨询管理和专项科技研发，工作中不断创新和总结工程安全监测与风险评估预警技术方法和理论，建立了以工程监测和现场巡查为手段，集岩土工程、结构工程、工程施工、风险管理、信息科学等综合理论为指导的安全风险监测与评估预警，积极倡导基于研判岩土工程条件和设计文件，前置识别风险源；重视和理解施工工法和工序转化是开展针对性监测的基础，强化过程巡查和地质工程风险识别的综合监测预警；参与工程风险处置过程，信息化指导预警管控的消警管理；以信息化、移动物联等信息技术为平台的监测大数据分析和利用的安全风险数字化预警监控的全过程风险管控以及新技术、新方法综合应用等风险监测工作理念。

作者从安全监测、施工风险管控和工程设计角度等多方面思考地铁工程建设安全监测工作内容、方法以及风险应急处置等关键信息,从工程事故和相关法律法规方面解读和理解开展监测工作的必要性、依据和时机,分析第三方监测与施工监测的区别和关联性;从工程施工工法特点和工序转换角度深入分析工程风险特点和识别要点,在此基础上详细论述人工监测和自动化监测技术方法和原理以及预警识别和处置等关键问题,全书主要内容和结构如下:

(1) 总结工程风险监测管理规定和现状。第1章在剖析典型事故案例基础上,系统梳理和分析国家以及地方建立的相关城市轨道交通工程建设风险监测管理规定和技术规范标准,为开展安全风险第三方监测工作提供政策和技术依据,剖析第三方监测与施工监测的区别与联系等,引导建设管理单位管控监测工作,规范监测单位开展相关工作。

(2) 系统理解和认识城市轨道交通工程建设施工工法,是预测监测风险和方案设计的基础。城市轨道交通工程建设安全风险与施工工法工序密切相关,正确有效开展风险监测工作首先要预测工程建设全过程中管控风险的要点。第2章从监测角度系统阐述城市轨道交通施工主体和附属工程的工法以及工序转换要点,剖析工程建设设计、施工阶段的风险管控施工节点和要点,总结相关工程风险图集,建立全过程风险识别理念,实现风险管控前置,预测和识别风险,确保监测方案的合理性、针对性和可实施性。

(3) 深入分析风险监测特点,建立监测设计理念。第3章在上述工法风险分析基础上,结合矿山法、明挖法和盾构法三大工法施工过程结构自身、周边环境及围岩的变形规律和风险管控关键点,论述各施工工法的监测项目、监测等级、监测范围和频率、工作方法及预警管理等监测方案设计思路、数据采集与处理方法等,指导监测方案的设计和实施。

(4) 结构及岩土体变形是其在地应力及开挖扰动作用的力学响应,其发展趋势直接关系到施工及周边环境的安全。第4章系统介绍了各种变形监测方法的基本原理以及监测点安设、数据采集、误差控制因素及处置对策等,确保监测数据采集的准确性、全面性和有效性。

(5) 应力场是施工时空扰动的结果,对于揭示岩土体及结构的变形破坏机理不可或缺。第5章系统梳理了应力应变监测传感器分类及工作原理,提升监测人员对传感器数据采集及其影响因素的认知能力,结合不同监测项目和监测环境,合理选择监测传感器,理解数据处理原理,认识和正确处理数据的异常变化的风险含义,提高传感器监测数据的有效性和准确性。

(6) 科学开展监测数据的处理与分析,揭示施工过程应力应变的动态演化规律,表征风险的特征,科学发布风险预警。第6章基于风险评估、变形发展和预警识别目的,建立监测数据处理和成果表达方法,以多种形式和模型表达工程结构综合变形和风险预警发展,研究信息化大数据监测信息的安全传输和预警分析,提升监测数据信息处理效率和质量,实现及时有效发布预警,直观表达监测目标的风险变化和发展。

(7) 第7章通过典型案例,以本书建立的监测设计理念、工作思路和风险管控方法等,系统剖析了不同施工工法的建设工程风险监测工作以及预警识别、预警处置和消警工作,以实际工程指导监测工作的有效实施,为类似工程提供参考。

(8) 日新月异的监测技术发展不断提升轨道交通工程风险监测技术能力与水平。第8

章概要介绍监测技术的发展与展望，着重介绍了GNSS、遥感、无人机、航空摄影、三维激光扫描、无线组网自动化监测等新技术在监测工程中应用的现状与应用的关键技术。

  本书的出版将为从事轨道交通工程建设风险监测与管控等相关专业技术人员、管理人员及大中专院校相关专业学生提供实用的参考。

  本书编写过程中得到了北京市勘察设计研究院有限公司院领导及相关项目部人员的指导与帮助，同时也引用了城市轨道交通工程建设风险识别与监控技术相关文献资料，在此深表感谢。由于时间仓促和编著者的水平有限，书中错漏和不足之处在所难免，对其中存在的问题恳请读者予以批评指正。

# 目 录

## 第1章 城市轨道交通工程建设安全风险监控概述 ... 1
- 1.1 典型事故案例回顾 ... 1
- 1.2 风险监测工作 ... 5
- 1.3 监测工作依据及规范标准 ... 6

## 第2章 城市轨道交通工程施工工法及风险管控 ... 9
- 2.1 明挖法 ... 9
- 2.2 矿山法 ... 13
- 2.3 盾构法 ... 21
- 2.4 辅助加固措施 ... 26
- 2.5 风险管控 ... 32

## 第3章 城市轨道交通工程施工安全风险监测设计 ... 46
- 3.1 安全风险监测设计特点 ... 46
- 3.2 监测前期准备及流程 ... 48
- 3.3 监测等级划分 ... 50
- 3.4 明挖法工程监测设计 ... 51
- 3.5 矿山法工程监测设计 ... 58
- 3.6 盾构法工程监测设计 ... 63
- 3.7 穿越既有交通设施监测设计 ... 66
- 3.8 工程巡查 ... 74
- 3.9 预警管理 ... 78

## 第4章 变形监测技术方法 ... 84
- 4.1 竖向位移监测 ... 84
- 4.2 水平位移监测 ... 93
- 4.3 倾斜监测 ... 103
- 4.4 深层水平位移监测 ... 105
- 4.5 土体分层沉降监测 ... 110
- 4.6 基坑底回弹监测 ... 111
- 4.7 地下水位监测 ... 118
- 4.8 净空收敛监测 ... 120
- 4.9 裂缝监测 ... 122
- 4.10 轨道静态几何形位监测 ... 123
- 4.11 无缝线路钢轨位移监测 ... 123

# 第5章 应力应变监测技术方法 ·········· 125
## 5.1 振弦式传感技术 ·········· 125
## 5.2 光纤光栅式传感技术 ·········· 130
## 5.3 电阻式传感技术 ·········· 134
## 5.4 应力应变传感器在工程中应用 ·········· 138

# 第6章 数据采集、处理与分析评价 ·········· 153
## 6.1 数据采集方法 ·········· 153
## 6.2 数据分析评价 ·········· 158
## 6.3 成果输出 ·········· 170
## 6.4 信息化平台设计 ·········· 173

# 第7章 案例分析 ·········· 180
## 7.1 典型工点案例分析 ·········· 180
## 7.2 典型风险案例分析 ·········· 244

# 第8章 测绘新技术发展及在监测工程中的应用 ·········· 264
## 8.1 测绘新技术简介 ·········· 264
## 8.2 测绘新技术在监测工程中的应用 ·········· 277
## 8.3 监测新技术未来发展 ·········· 282

# 参考文献 ·········· 284

# 第1章　城市轨道交通工程建设安全风险监控概述

城市轨道交通作为当下许多大中城市为适应自身发展需要而建设的一项惠及民生基础性设施服务，在倡导发展低碳交通过程中，不但对缓解地面交通压力具有重要的作用，也顺应了时代发展的潮流，是我国道路交通建设的重要组成部分，不断地发挥自身的价值来推动社会的发展和进步。至2019年底，中国内地累计有40个城市开通了城轨交通运营线路，分布在北京、上海、杭州、成都、广州等大中城市，总里程达6730.27km。但是，随着城市轨道交通建设突飞猛进的发展，建设期间的安全问题也日益受到关注，频繁发生的城市轨道交通安全事故给人们敲响了警钟，如何做好轨道交通工程建设安全风险管控已成为轨道交通建设管理中的关键。基于此，在轨道交通工程建设中，开展有效的风险监测工作（包括施工监测、第三方监测）是及时识别和控制风险的重要手段，尤其是第三方监测更为重要。开展轨道交通工程建设监测工作能掌握工程自身及周边环境风险动态，及时识别风险，预防风险事故发生，为优化设计参数提供数据支撑，并指导工程信息化施工等。

城市轨道交通工程监测是一个复杂的系统工程，涉及测绘工程、工程地质、水文地质、工程结构、工程力学及GIS等众多学科的信息资源，对监测人员专业技术、经验、能力以及设备均有很高要求。

2003年至2019年我国城市轨道交通工程共发生安全事故300余起，其中北京市2010年至2019年期间受地下工程施工影响造成道路塌陷事故31起。为规避风险，国家和地方相继出台各种政策和法律法规，规范施工，并指导开展有效的安全风险监测，识别和防范风险。

## 1.1　典型事故案例回顾

**1. 2019年广州"12.1"地铁11号线沙河站路面坍塌事件**

（1）事故经过

2019年12月1日9时58分，广州大道禺东西路口出现路面塌陷，救援人员随即赶赴现场处置。出现地陷的广州大道禺东西路口连接广州大道北、禺东西路、先烈东路等主干道，发生塌陷时有一辆清污车和一部电瓶车陷入，两车有三名人员被困，如图1-1所示。塌陷区很快被水体覆盖，且有土体塌落，给救援工作带来极大困难，为避免塌陷区域进一步扩大，根据专家组意见，现场立即加固边坡防止再次塌方，形成安全的救援平台，以便全面开展救援。同时，还对河道和附近路面等既有设施进行安全巡查，并开展监测，及时掌握附近路面安全状态，防止次生灾害发生。事发时隧道内施工人员全部安全撤离，无伤亡和失踪。

（2）原因分析

根据官方通报结果，该坍塌事故是一起地下施工遭遇复杂地质条件引发的较大责任事

图 1-1　事故现场

故,其直接原因是矿山法施工遭遇特殊环境等因素叠加引发拱顶透水坍塌。

① 坍塌区域横通道上方富水砂层及强风化层逐渐加厚,拱顶围岩为强风化砾岩,裂隙发育,局部揭露溶洞,围岩总体稳定性差,矿山法施工时发生透水坍塌的风险高。

② 地质勘探因沙河站地表建筑物、立体交通、地下管线、沙河地区服装批发市场及其周边人流车流极为密集等诸多客观因素影响,加密勘探受限,勘察精度与地质复杂程度不匹配,项目施工单位施工前未充分掌握施工区域及附近的地层变化与分布特征、地下水文地质情况。

③ 安全风险辨识不足,针对施工过程中出现的渗水、溶洞等风险征兆,未采取针对性安全技术防范措施,未及时对地面采取围蔽警戒措施。

**2. 杭州地铁 1 号线基坑坍塌事故**

(1) 事故经过

2008 年 11 月 15 日 15 时 15 分,杭州地铁 1 号线湘湖车站基坑坍塌。塌陷面积长 75m,宽约 20m,深 15m,11 辆以上行进中的汽车坠入塌陷处,坍塌口至少埋压 50 余人,造成 21 人死亡、重伤 1 人、轻伤 3 人,直接经济损失 4962 万余元。这是中国城市轨道交通建设史上伤亡最严重的一次事故,如图 1-2 所示。

图 1-2　事故现场

湘湖站为杭州地铁 1 号线的起始站。车站为南北向,总长 934.5m,标准宽 20.5m。

(2) 原因分析

根据官方通报结果,造成该坍塌事故原因为:

① 基坑开挖施工操作不规范。施工过程中违规操作、冒险作业,施工过程中基坑严重超挖,支撑体系存在严重缺陷,钢管支撑架设不及时,垫层未及时浇筑,加之基坑监测失效(11月13日时围护结构顶部水平位移最大已达65mm,均早已超过报警值;11月15日前,地面最大沉降已达316mm,围护结构18m处水平位移已达43.7mm。围护结构及周边环境均发生较大变形,未引起足够重视),未采取有效补救措施,造成基坑周边地面塌陷。

② 土质太软造成土体滑移。土质太软造成的土体滑移是此次事故的直接原因。土质流失性强、来往车流量大、雨水浸泡等原因造成了基坑内外压差较大,当内外压差积累到一定程度时,土体移动就不可避免。

③ 施工管理不到位。基坑施工过程中过于求快;对施工人员的安全技术培训流于形式,甚至不培训上岗;"项目部管理"成了转包等。

**3. 北京市地铁10号线苏州街站坍塌事故**

(1) 事情经过

2007年3月28日9时30分,地铁10号线苏州街站东南出入口发生坍塌,短短1分钟内,隧道顶部土层倾泻坍塌,塌方面积约20m$^2$,6名工人被埋,事发后,工地施工方组织自救,但没有找到被埋工人。由于苏州街地区土质比较松软,以砂卵石地层为主,这给营救工作带来了很大困难,为了防止再次坍塌,先垂直挖掘竖井再向两侧挖掘营救通道。在抢险过程中,为防止产生次生灾害,抢险工作在专家指导下,采取有效措施,对邻近居民楼、周边管线等不间断监测,开挖边坡及时喷锚支护,确保了周边居民楼的安全,在整个抢险过程中,没有发生次生灾害,如图1-3所示。

图1-3 事故现场

(2) 原因分析

根据安监总局的通报,本次事故的主要原因是施工单位在承建北京市地铁10号线2标段施工过程中,由于对施工复杂的地质情况掌握不全面,当施工断面发生局部坍塌和导洞拱顶部位产生环向裂缝时,没有制定并采取保护抢险人员的安全技术措施,指挥作业人员实施抢险,导致发生二次坍塌,造成6人死亡。

**4. 上海地铁 4 号线区间盾构坍塌事故**

（1）事故经过

2003 年 7 月 1 日凌晨，上海地铁 4 号线浦东南路站至南浦大桥站区间隧道联络通道发生流砂涌水，导致隧道上下行线严重积水，涌入泥砂。同时以风井为中心的地面开始出现裂缝变形。6 时，周边音像楼发生明显变形，墙面开裂，房屋开始倾斜。7 时 30 分，地面裂缝明显加剧，沉降加快。周边文庙泵站明显沉降、倾斜，风井也明显沉陷。9 时，周边音像楼裙房发生二次突沉，并部分坍塌，大楼继续倾斜，墙面开裂加剧。15 时，以风井为中心的地面沉陷加快，并逐步形成沉陷漏斗。坍塌范围扩展到董家渡路、中山南路、外马路、防汛墙。20 时，防汛墙也开始出现裂缝，沉降进一步发展，如图 1-4 所示。

图 1-4 事故现场

浦东南路站至南浦大桥站区间隧道上行线长 2001m，下行线长 1987m，其中江中段 440m。区间隧道顶最大埋深为 37.7m，隧道中心线水平距离为 10.984m，隧道最大坡度为 3.2‰。盾构从浦东向浦西推进，在穿越黄浦江后经防汛墙、外马路、文庙泵站等进入中山南路，在穿越多稼路后，隧道上下行线逐渐由水平同向推进转为垂直同向推进，直至浦西南浦大桥站。

（2）原因分析

根据官方通报结果，造成该事故的原因为：

① 调整后的冻结法施工方案存在缺陷：降低对冻土平均温度要求，-10℃变为-8℃。制冷量不足，未考虑夏季施工损失；冻结管数量减少（24 根减为 22 根），长度缩短（25m 减为 16m）。

② 在冻结条件不太充分的情况下进行开挖：要求冻结时间 50 天，实际只有 43 天；6 月 24 日回路温差大于相关要求。

③ 施工单位对于险情征兆没有采取有效措施：实际水压力达到承压水压力，没有紧急止水措施，且没有及时上报建设单位及监理单位。且在险情征兆已经出现的情况下擅自凿洞，孔洞出水，随着其出水点不断下移，水土不断涌出。

上述事故再次证明了监测工作的重要性，监测是城市轨道交通工程施工风险监控与识别不可缺少的重要环节，尤其是第三方监测工作。

## 1.2 风险监测工作

监测是采用仪器量测、现场巡查或远程自动化监控等手段和方法，长期、连续地采集和收集反映工程施工、运营线路结构及周边环境对象的安全状态、变形特征及其发展趋势的信息，并进行分析和反馈活动。其目的是验证设计、施工及环境保护等方案的安全性与合理性，优化设计和施工参数，分析和预测工程结构和周边环境的安全状态及其发展趋势。城市轨道交通工程建设风险监测工作分为施工监测和第三方监测。

**1. 施工监测**

施工监测是施工组织的重要组成部分之一，主要依据设计图纸及相关规范，对施工过程中自身围护结构及周边环境进行监测，通过分析监测数据，确定围护结构体系的稳定性及周边环境的安全性，确保工程安全顺利进行，是施工单位自我安全风险管控的一种手段。

**2. 第三方监测**

城市轨道交通工程建设第三方监测自 2000 年在广州、北京、上海、深圳等一线城市兴起，是建设单位控制安全风险的第三方独立监测机构，依据《中华人民共和国安全生产法》，第三方监测是建设单位单独委托的，独立于设计、施工和监理单位，且具有相应资质的监测单位。开始只对周边环境的影响监测，后来发展到对周边环境和围护结构自身的安全监测。

其主要职责为：

（1）对周边环境工程、工程自身结构关键部位实施独立、公正的监测，有效掌握围护结构体系和周边环境工程的变形动态，并通过安全监测、安全巡查和安全风险咨询管理服务工作，对施工过程实施全面监控和有效管理，规避各种风险。

（2）协助建设单位对施工监测进行管理和指导，对施工监测数据的真实性和有效性进行监督。

（3）当发生投诉事件时，提供独立、客观、公正的监测数据，作为有关机构评定和界定相关单位责任的依据。

**3. 第三方监测与施工监测的区别和联系**

施工监测和第三方监测均是工程建设过程中安全风险管控的一种手段，均是对工程建设过程中的围护结构和周边环境进行监测，通过数据分析判定和预测工程自身及周边环境的安全状态，优化设计参数，动态指导施工，且为类似工程积累安全风险管控变形经验数据。其两者区别主要为：

（1）监测侧重点不同

第三方监测侧重于环境安全，施工监测则需按照设计要求对结构本身及周边环境进行全面监测。第三方监测项目及工作量少于施工监测。具体不同城市有各自的相关规定。

以北京为例，暗挖工程中第三方监测负责暗挖工程对应地表及周边环境变形监测；施工监测在此基础上还包括洞内拱顶沉降、收敛、应力应变等监测项目。明挖工程中第三方监测负责围护结构顶水平位移、围护结构体水平位移、支护结构应力及周边环境变形监测，施工监测在此基础上还包括围护结构顶竖向位移、水位等监测项目。第三方监测是在施工监测的基础上进行抽测，抽测比例不低于50%，监测频率相同。

（2）监测职能不同

第三方监测受聘于建设管理单位，施工监测受聘于施工单位，第三方监测单位具有协助建设管理单位针对监测方案、仪器、人员、数据采集处理及报表等对施工单位监测进行管理、指导、监督的责任与义务。

第三方监测方案应经建设管理单位组织的监测方案评审会后执行。施工监测方案经第三方监测单位指导审核，监理单位审批报备后执行。具体实施过程中，第三方监测与施工监测部分测点要同点同测。其最大不同之处为监测点安设。非穿越工程监测点均由施工单位统一安设，经第三方监测单位、监理单位联合验收后实施；穿越工程监测点由第三方监测单位自行安设验收后实施。

第三方监测在数据采集的基础上要对监测数据进行综合分析和预测，进行预警、报警，并将监测报告和分析报告及时提交建设、监理、咨询等参建单位，为安全风险管理决策提供技术支持。

第三方监测单位因其为独立于施工单位的第三方，可以提供独立、客观、公正的监测数据。当发生因施工造成环境破坏的投诉事件时，可作为有关机构评定和界定相关单位责任的依据。施工监测不具备此功能。

（3）所需资质不同

第三方监测要委托给具备岩土及测绘相应资质的单位，项目负责人和技术负责人应有相关工程经验、相关执业资格，监测人员应具备一定的专业技能，并取得测量员或监测类作业资格证书。

## 1.3 监测工作依据及规范标准

### 1.3.1 相关法律法规及政府要求

目前国家和地方政府相继出台一系列法律法规，明确要求城市轨道交通工程在施工期间需进行监控量测。

《城市轨道交通地下工程建设风险管理规范》GB 50652—2011，其中第9.1.2条规定"城市轨道交通地下工程施工必须实施动态风险管理，利用现场监测数据和风险记录，实现施工风险动态跟踪与控制。"《城市轨道交通工程测量规范》GB 50308—2017第16.1.1条明确"在城市轨道交通工程建设中，建设单位应委托第三方单位在工程建设期间进行第三方测量和第三方监测工作。"《城市轨道交通工程监测技术规范》GB 50911—2013第3.1.1条明确"城市轨道交通地下工程应在施工阶段对支护结构、周围岩土体及周边环境进行监测"。

与轨道交通工程相关的法规有《建筑基坑工程监测技术标准》GB 50497—2019，其中第3.0.1明确"开挖深度大于等于5m或开挖深度小于5m但现场地质情况和周围环境较复杂的基坑工程以及其他需要监测的基坑工程应实施基坑工程监测"。《城市轨道交通工程安全质量管理暂行办法》（建质〔2010〕5号），其中第二章建设单位安全质量责任中第十二条明确"要求建设单位应当委托工程监测单位进行第三方监测"，第六章第五十八条明确"从事城市轨道交通工程第三方监测业务的工程监测单位（以下简称监测单位），应当具有相应工程勘察资质，并向工程所在地建设主管部门办理备案手续，监测单位不得转包监测业务，不得与所监测工程的施工单位有隶属关系或者其他利害关系"。

北京市住建委《关于规范北京市房屋建筑深基坑支护工程设计、监测工作的通知》（京建法〔2014〕3号文）【市规划国土法2016】1号规定"建设单位依法委托第三方机构对工程支护结构、岩土体及周边相关建（构）筑物等进行量测和巡查，并及时计算、分析量测巡查信息和反馈监测成果""承担第三方监测工作的单位须具备岩土工程物探测试检测监测资质，并通过CMA计量认证。项目技术负责人应具备注册土木工程师（岩土）资格，并在第三方监测方案及监测分析报告上加盖注册章"。

北京市住房和城乡建设委员会关于对地方标准《建筑基坑支护技术规程》（DB 11/489—2007）中建筑深基坑支护工程监测项目和监测频率有关问题解释的通知（京建发〔2013〕435号）明确建筑深基坑为：开挖深度大于等于5m或开挖深度虽小于5m但基坑（槽）周边环境较复杂的基坑（槽）工程（不含轨道交通深基坑工程）。明确不同安全等级基坑施工单位和第三方监测单位的监测项目、监测及巡查频率。

上海市住建委发文《上海市基坑工程管理办法》（沪住建规范〔2019〕4号文），其中第二十九条规定"对深基坑工程，应由建设单位委托符合资质条件的第三方进行监测。"

其他相关国家或地方规范有：

国家标准《建筑地基基础设计规范》GB 50007—2011

国家标准《工程测量规范》GB 50026—2020

国家标准《岩土工程勘察规范》GB 50021—2001（2009）

行业标准《建筑变形测量规范》JGJ 8—2016

行业标准《建筑基坑支护技术规程》JGJ 120—2012

河北省工程建设标准《建筑基坑工程技术规程》DB 13（J）133—2012

北京市地方标准《建筑基坑支护技术规程》DB 11/489

上海市工程建设规范《基坑工程施工监测规程》DG/TJ 08—2001—2016

上海市工程建设规范《地基基础设计标准》DGJ 08—11—2018

### 1.3.2 城市轨道交通建设工程监测管理要求

为了确保城市轨道交通工程建设安全和有效管理，一些城市出台了一系列的相关管理规定或指南，有效地规范建设单位及其他参建单位对安全风险监测的识别与管理工作。

北京市轨道交通建设管理公司出台《北京轨道交通建设工程监测管理办法》，其中第3.3条规定"第三方监测：对工程自身关键部位和周边环境对象实施的独立于施工监测的复核性监测活动，并根据监测数据和现场巡查等信息对现场安全风险状况进行判定等工作"。第3.4条规定"施工监测：施工过程中对工程自身及周边环境对象采取仪器监测和现场巡查，采集现场信息，指导施工的活动"。

上海申通轨道交通研究咨询有限公司联合上海市市政工程质量监督站发布了《上海轨道交通工程监测技术管理指南》，其中第2条明确"本指南所称轨道交通建设工程监测，是指轨道交通工程建设过程中，对涉及工程安全的部位和周边环境，采用专业工程测量仪器和各类传感器进行日常观测和变形测量，并采用信息化手段对监测数据进行汇总整理和上报的工作"；第 3 条指出"本指南适用于轨道交通建设工程的监测工作"；第 4 条明确了"建设单位应当确定具有相应资质的、与所监测工程施工单位没有隶属或利害关系的监测单位，对工程关键部位、地质条件复杂地段和重要的周边环境进行监测"。

南京地下铁道有限责任公司出台了《南京市轨道交通建设工程监测管理办法》，其中规定"南京市轨道交通建设工程监测由监理单位、第三方监测单位、施工监测单位三个层次组成，各个管理层次的人员和仪器必须有绝对的保证和相对的稳定。各管理层次需分工并密切配合，各司其职"。

天津地铁建设发展有限公司发布了《天津市轨道交通工程监控量测管理办法》，其中第 1.2 条明确"工程监测是指施工过程中，通过采用一定的测量测试仪器、设备，对施工影响范围内的岩土体、地下水和周边环境及工程围（支）护结构等的变化情况（如变形、应力等）进行经常性地量测和巡查观察，并及时反馈监测成果的活动"；第 1.3 条明确了监测主体单位，"城市轨道交通工程监测包括施工监测及第三方监测"。

《重庆市轨道交通第三方监测管理暂行办法》第二条规定"本市行政区域内进行的轨道交通工程建设，以及在轨道交通控制保护区范围内进行的其他工程建设及作业，应开展第三方监测工作，其第三方监测相关活动适用本办法"。

《乌鲁木齐市轨道交通工程第三方监测管理办法》第一条规定"为规范项目实施阶段的第三方监测管理，建立激励和约束机制，根据第三方监测合同、相关法律、法规、制度、风险管理体系等，制定本管理办法"。

《郑州市轨道交通有限公司工程监控量测管理办法》第六条规定"郑州市轨道交通工程监控量测由第三方监测单位、监理、施工单位三个层次进行管理，各个管理层次的人员和仪器必须有绝对的保证和相对的稳定。各管理层次各司其职，独立完成监测工作，并密切配合"。

《成都地铁监测管理办法》第三条规定"成都地铁建设工程监测分为施工监测和业主直接委托的第三方监测。施工单位应按相关法规、规范及合同要求进行施工监测。第三方监测对施工监测工作进行复核并独立开展监测工作并根据相关法规、规范及合同要求为业主提供监测咨询服务。施工单位及第三方监测单位资质均应符合有关法律法规、规范及合同要求"。

# 第 2 章　城市轨道交通工程施工工法及风险管控

城市轨道交通工程施工工法的选择应根据工程性质和规模、施工环境、工程地质和水文地质条件、地面及地下障碍物、环境保护要求等因素，经全面的技术和经济比选后确定。

城市轨道交通工程施工工法一般分为明挖法、矿山法和盾构法，以及施工过程中所采取的辅助工程措施。

每一类工法在地质与环境相似的条件下，因其施工措施、工序转化以及施工组织管理的差异，而具有其特殊的安全风险，因此在工程建设中应加强各环节的工程风险识别和防控措施，及时控制风险发展，保障工程建设与运营安全。

## 2.1　明挖法

明挖法是指挖开地面，由上向下开挖土方至设计标高后开始施作结构，最后进行基坑回填及地面恢复的施工方法。根据结构施工的顺序可以分为结构顺作法和结构逆作法，结构顺作法为结构工程从基坑底开始逐级向上施作，结构逆作法为结构工程随着土方开挖由上而下施作。

明挖法具有施工技术简单、施工速度快、质量好、风险小、经济及主体结构受力条件较好等优势，在没有地面交通和环境等条件限制时，应是首选方法。但该方法受地面交通和环境条件约束明显，噪声及其振动环境干扰突出，使其应用受到较大限制。明挖法多适用于基坑开挖范围内无重要的市政管线或市政管线可以临时改移，城市道路交通流量不大或需要封闭道路交通时有临时改道条件的情况。

根据周边支护条件和类型可分为敞口明挖法、支护结构明挖法和盖挖法。工程施工时，应根据施工环境、水文地质条件、开挖工程规模、地面环境条件、交通状况等因素综合确定基坑支护条件及类型。

### 2.1.1　敞口明挖法

敞口明挖法是根据基坑侧向土体边坡的稳定能力，由上向下分层放坡开挖基坑所在位置及其上方土体至设计基底高程后，再由下向上施作结构和防水层，最后回填并恢复地表的施工方法。当边坡局部稳定性较差时，可采用喷射混凝土、挂网喷射混凝土进行坡面防护或采用锚杆加固边坡土体。敞口明挖法基坑如图 2-1 所示。

敞口明挖法主要适用于埋置特浅、边坡土体稳定性较好，且地表没有过多的限制条件的工程中。敞口明挖法虽然开挖方量较大且易受地表和地下水的影响，但可以使用大型土方机械。施工速度快，质量也易得到保证，作业场所环境条件好，施工安全度高。

图 2-1 敞口明挖法基坑

### 2.1.2 支护结构明挖法

在施工场地较小、土质自立性差、地下水丰富、周边建（构）筑物密集、埋深大时，明挖法施工应在基坑周边加设支护结构。根据支护结构有无支撑可分为：悬臂支护明挖法和围护结构＋支撑体系明挖法。悬臂桩支护体系明挖基坑如图 2-2 所示。

图 2-2 悬臂桩支护体系明挖基坑

（1）悬臂支护明挖法

悬臂支护明挖法是将基坑围护结构插入基底高程以下一定深度，然后在围护结构的保护下开挖基坑内的土体至设计基底高程后，再由下向上顺作结构和防水层，最后回填基坑并恢复地表的施工方法。

悬臂支护明挖法常用的围护结构有打入木桩、钢桩、钢筋混凝土预制桩，就地挖孔或钻孔灌注混凝土素桩、钢筋混凝土桩，钻孔灌注钢筋混凝土连续墙等，以上各种围护结构措施可联合采用。

悬臂支护明挖法主要适用于埋置较浅、边坡土体稳定性较差，且地表有一定限制性要求的基坑工程中。

（2）围护结构＋支撑体系明挖法

围护结构＋支撑体系明挖法是当基坑深度较大、围护结构的悬臂较长时，在不增加围护结构刚度和插入深度的条件下，围护结构的悬臂范围内架设支撑以加强围护结构，共同抵抗较大的外侧土压力；在主体结构由下向上顺作的过程中，按要求的时序逐层分段拆除水平支撑，完成结构体系转换，最后回填基坑并恢复地表的施工方法。

支撑结构分内支撑和外拉锚两类。内支撑有型钢撑、钢管撑、钢筋混凝土撑、围檩、格构柱等，如图2-3所示；外拉锚有拉锚、土锚两种结构形式，如图2-4和图2-5所示。基坑宽度大于25m，如使用水平撑，建议在支撑中间设置格构柱。支撑的强度、刚度、间距、层数及层位等技术参数，应根据对支撑与围护结构的共同工作状态、结构体系转化过程工艺的要求进行力学分析计算确定。施工中须经常检查支撑状态，且应对其应力进行监测。

图2-3 围护桩＋内支撑支护体系明挖基坑

图2-4 围护桩＋外拉锚支护体系明挖基坑

图 2-5　土钉墙、内支撑与围护桩组成的联合支护体系明挖基坑

围护结构常见的有人工挖孔桩、钻孔灌注桩、地下连续墙等。

围护结构＋支撑体系明挖法主要适用于埋置较深、边坡土体稳定性较差、外侧土压力较大且地表有一定限制性要求的基坑工程中。

### 2.1.3　盖挖法

为了克服明挖法对地面影响大的局限性，可采用盖挖法。盖挖法是由地面向下开挖至一定深度后，将顶部封闭，其余的下部工程在封闭的顶盖下进行施工，依据主体结构施工顺序分为盖挖顺作法、盖挖逆作法、盖挖半逆作法和铺盖法。

该法是在既有道路上先完成周边围护挡土结构及设置在挡土结构上代替原地表路面的纵横梁和路面板，在此遮盖下由上而下分层开挖基坑至设计标高，再依序由下而上施工结构为盖挖顺作法；反之先行构筑顶板并恢复交通，再由上而下施工结构为盖挖逆作法，如图 2-6 所示。

图 2-6　盖挖逆作法

盖挖法适用于城市市区，可尽快恢复路面，对道路交通影响较小。且盖挖逆作法具有施工过程中不设内支撑，施工空间大等优点。但盖挖法同时具有暗挖施工难度大、费用偏高等缺点。

## 2.2 矿山法

矿山法施工时，须先采用竖井横通道在地下开挖出相应的空间，然后再进行主体结构范围土体开挖、支护、衬砌等修筑车站、附属结构、区间等地下设施的施工方法。常用施工工艺包括台阶法、中隔壁法（CD法）、交叉中隔壁法（CRD法）、双侧壁导坑法（眼睛工法）、中洞法、侧洞法、洞桩法（PBA法）等。实施过程中均是将大断面划为小断面，分部开挖，施作临时中隔壁及仰拱，然后分段拆除并施作防水和二衬结构。全程进行监控量测，并根据监测结果调整施工方案及参数，实现信息化动态施工。

矿山法施工具有如下特点：①受工程地质和水文地质条件的影响较大；②工作条件差、工作面少而狭窄、工作环境差；③施工对地面影响较小，不影响城市交通，无污染、无噪声，但埋置较浅的超浅埋工程易导致地面沉陷；④有大量废土须妥善处理；⑤对地层具有较强的适应性和高度灵活性，适合于各种尺寸与断面形式的隧道洞室。

施工工艺的选择应以断面尺寸、埋深、地质、地形及环境条件为主要依据，其中埋深和断面尺寸对施工工艺的选择有决定性影响。

矿山法施工方法的发展，除了技术人员对于地下工程受周围介质的复杂影响逐渐加深认识以外，还有赖于系列化、自动化施工机械的研制和新材料的创造，使在开挖、衬砌等作业中能综合运用，并形成新的施工方法，以缩短工期和保证质量。以北京为例，近年来矿山法工程由人工开挖逐渐发展为机械开挖，研发并试验成功了开挖、支护、渣土运输、注浆加固等一体化施工机械，提高了工作效率，同时节约了大量劳动力并进一步确保了作业人员安全。

### 2.2.1 台阶法

台阶法将结构断面分成两个以上部分，即分成上下两个工作面或几个工作面，分步开挖，如图2-7所示。台阶法是最基本的导洞开挖方法，是其他矿山法施工的基础。上台阶长度一般控制在$1H$～$1.5H$（$H$为隧道洞泾），当开挖断面较高时进行多台阶施工，每层台阶的高度宜控制在3.5～4.5m，或以施工人员方便站立施工为标准选择台阶高度。

台阶法适用于跨度小于8m且土质较好的隧道施工。

台阶法优点为：具有足够的作业空间和较快的施工速度，灵活多变，适用性强。有利于控制隧道结构变形及由开挖引起的地表等周边环境变形。

台阶法施工步骤：①施作超前支护；②上台阶土体开挖及支护；③下台阶土体开挖及支护；④施作防水；⑤施作二衬结构。

### 2.2.2 中隔壁法（CD法）

中隔壁法是指在隧道中间设置一道临时中隔壁将断面分为左右两个洞室进行开挖的施

图 2-7 台阶法

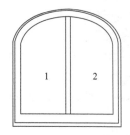

图 2-8 中隔壁法

工方法,每个洞室再分别进行台阶法施工。两洞室开挖进度宜错开 5~8m。

中隔壁法适用于一般土质或易坍塌的软弱围岩、断面较大的隧道施工。

中隔壁法施工步骤:①按照台阶法要求分别开挖 1、2 导洞;②分段拆除临时中隔壁;③施作防水;④施作二衬结构。具体如图 2-8 所示。

### 2.2.3 交叉中隔壁法(CRD 法)

交叉中隔壁法是在隧道内增设临时一道中隔壁及临时仰拱将隧道分为多个导洞(根据隧道断面大小确定导洞的划分数量),依次、分别进行导洞开挖的施工方法。每个导洞开挖后及时封闭成环,导洞与导洞之间须保持一定的纵向安全距离。

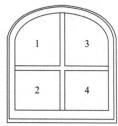

图 2-9 交叉中隔壁法

交叉中隔壁法适用于地质条件差、隧道断面大、周边环境变形控制要求较高的隧道。

施工步骤:①按照台阶法要求分别开挖 1、2、3、4 等分部小导洞;②分段拆除临时中隔壁及仰拱;③施作防水;④施作二衬结构。具体如图 2-9 所示。

其施工控制要点为:

(1) 保持各分部开挖断面和各部的纵向间距,开挖轮廓线要圆顺,以减少出现应力集中现象。及时设置临时仰拱封闭、步步成环,尽量缩短成环时间,必要时进行掌子面喷射混凝土临时支护。

(2) 中隔壁设置为弧形临时支护,隧道左右开挖断面底部临时仰拱保持在同一断面上,各节点的连接要对齐,螺栓连接要牢固,并及时施作锁脚锚杆。

(3) 必须保证中隔壁和临时仰拱的规格数量和喷射混凝土的厚度,格栅(钢架)之间纵向连接钢筋及时施作并连接牢固。

(4) 中隔壁混凝土拆除时,要防止对初期支护系统形成大的振动和扰动,并注意拆撑、换撑等受力体系转换关键部位施工的规范性。

### 2.2.4 双侧壁导坑法

双侧壁导坑法是指增设两道临时中隔壁及临时仰拱将隧道分为多个导洞（根据隧道断面大小可将两侧导洞及中间导洞再划分若干个小导洞分部开挖）的施工方法。

双侧壁导坑法开挖隧道时首先进行两侧洞的开挖与支护（一般是对称开挖），然后再进行中间导洞开挖与支护，每个导洞开挖后及时封闭成环，导洞与导洞之间保持一定的纵向安全距离。

施工步骤：①按照台阶法要求分别开挖支护分部小导洞；②分段拆除临时中隔壁及仰拱；③施作防水；④施作二衬结构。具体如图2-10所示。

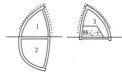

1. 施作洞室1拱部超前小导管，注浆加固地层；开挖洞室1土体，施作拱部支护及临时中隔壁、临时仰供。
2. 1号洞室超前2号洞室3～5m，开挖洞室2土体，施作边墙、仰供支护及临时中隔壁。
3. 施作洞室3拱部超前小导管，注浆加固地层；开挖洞室3土体、施作拱部支护及临时中隔壁、临时仰拱，2号洞室超前3号洞室15～20m。

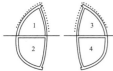
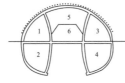

4. 3号洞室超前4号洞室3～5m，开挖洞室4土体，施作边墙、仰供支护及临时中隔壁。
5. 4号洞室前进20～30m后，施作5部超前小导管，注浆加固地层；弧形导坑开挖5部土体，施作初期支护；5部土体前进3～5m后开挖6部土体，施作临时仰供，架设临时支撑。
6. 6部土体前进3～5m后开挖7部土体，施作初期支护。

7. 铺设防水板及保护层，临时中隔壁位置防水需要根据防水节点特殊处理，防水层铺设及施工完成后，浇筑仰拱混凝土。
8. 纵向分段(6m)拆除两侧临时仰拱，施作侧部二次衬砌。
9. 浇筑拱部二次衬砌，封闭成环。
10. 顶拱混凝土达到强度后，拆除临时中隔壁及临时支撑，二衬封闭成环。

图2-10 双侧壁导坑法

该工法适用于地质条件差、隧道结构跨度大、周边环境变形要求较高的隧道。

施工控制要点为：

（1）工序变化处格栅应设锁脚锚杆，并须对锁脚锚杆进行注浆，以确保格栅基础稳定。

（2）当现场导坑开挖孔径及台阶高度需进行适当调整时，应保证侧壁导坑临时支护与主体洞身格栅连接牢固。

（3）临时支撑拆除应等洞身主体结构初期支护施工完毕并稳定后，方可进行。

## 2.2.5 中洞法

中洞法施工就是先开挖中间部分（中洞），在中洞内施作梁、柱结构，然后再开挖两侧部分（侧洞），并逐渐将侧洞顶部荷载通过中洞初期支护转移到梁、柱结构上。由于中洞的跨度较大，施工中一般采用中隔壁法、交叉中隔壁法或双侧壁导坑法进行施工。中洞法施工工序复杂，但两侧洞对称施工，比较容易解决侧压力从中洞初期支护转移到梁柱上时的不平衡侧压力问题，施工引起的地面沉降较易控制。

施工步骤：①中洞的开挖与支护；②中洞防水和二次衬砌施工；③两侧洞的开挖与支护；④侧洞防水和二次衬砌施工。具体如图 2-11 所示。

1. 施工中洞拱部超前小导管，预注浆加固地层；预留核心土开挖拱部土体1；施作拱部初期支护及临时仰拱，打锁脚锚管。

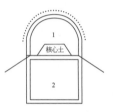

2. 预留核心土开挖2部土体，并施作中洞边墙及底部初期支护封闭成环。

3. 导洞贯通后，分段(根据监测情况确定，纵向不超过6m)拆除临时横撑，施作中隔墙顶底面防水层及中隔墙二衬。

4. 中隔墙完成并达到设计强度后在原拆撑位置恢复临时横撑。

5. 中隔墙贯通后，施作两侧洞拱部超前小导管，预注浆加固地层；同步开挖拱部土体3、4，施作侧洞拱部初期支护及临时仰拱，打锁脚锚管。

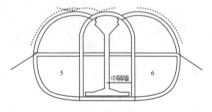

6. 预留核心土同步开挖5、6部土体，施作侧洞边墙及仰拱初期支护。

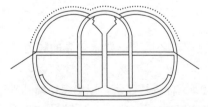

7. 分段(根据监测情况确定，纵向不超过6m)拆除中洞下部侧墙初期支护钢架，敷设防水板及保护层，施作仰拱二次衬砌。

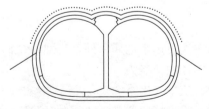

8. 分段(根据监测情况确定，纵向不超过6m)拆除中洞侧墙剩余初期支护及侧洞临时抑拱，对称施作侧洞边墙及拱部二次衬砌。

图 2-11 中洞法

中洞法的特点是初期支护自上而下,每一步均封闭成环,环环相扣,二次衬砌自下而上施工,施工质量容易得到保证。

## 2.2.6 侧洞法

侧洞法施工就是先开挖两侧部分(侧洞),在侧洞内做梁、柱结构,然后再开挖中间部分(中洞),并逐渐将中洞顶部荷载通过初期支护转移到梁、柱上。

侧洞法特点:在处理中洞顶部荷载转移时,相对于中洞法要困难一些。两侧洞施工时,中洞上方土体经受多次扰动,形成危及中洞的上小下大的梯形、三角形或楔形土体,该土体直接压在中洞上,中洞施工若不够谨慎则易发生坍塌。具体步骤如图 2-12 所示。

第一步:施作超前支护,开挖中部两侧1号洞室,施作初期支护,两侧同号洞室宜对称同步开挖,注浆加固地层。

第二、三步:采用CD法前后开挖两侧2、3号洞室,施作初期支护,1、2、3号洞室纵向间距15m左右。

第四步:局部地基注浆加固,施作地基纵梁及防水,架设钢管柱,施作顶纵梁及防水,留好施工缝,临时支撑固定。

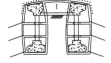
第五步:中洞上台阶开挖,纵向紧跟施作拱顶初期支护,中隔壁穿孔及时架设顶梁水平钢支撑;宜采用门式模板脚手架。

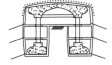
第六步:中洞纵向紧随下台阶开挖,视监测情况调整钢支撑,分段凿除顶部中隔壁并施作中拱顶板防水与二次衬砌。

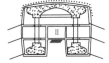
第七步:继续开挖中洞洞室,施作初期支护,Ⅰ号与Ⅱ号洞室纵向间距15m左右。

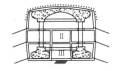
第八步:跟随开挖中洞下台阶土体,穿孔架设临时钢支撑,开挖至基底及时封闭底部初期支护。

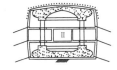
第九步:完成中洞底板及防水层。

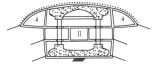
第十步:中洞内衬形成稳定承重结构后,开始侧洞4号洞室开挖。

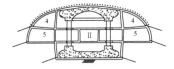
第十一步:采用CD法跟随开挖两侧5号洞室,4、5号洞室纵向间距15m左右。

第十二步:完成最后的两侧6号洞室开挖。

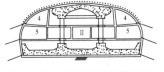
第十三步:根据监测情况纵向分段拆除中隔壁、临时支撑,逐步完成侧洞底板防水与二次衬砌;两侧导洞内作业应左右对称。

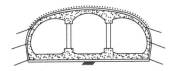
第十四步:根据监测情况纵向分段拆除剩余所有临时仰拱、中隔壁,逐步封闭全部完成防水层以及内衬结构。

图 2-12 侧洞法

## 2.2.7 柱洞法

柱洞法施工是先在立柱位置施作一个小导洞,当小导洞做好后,在洞内再做底梁,形成一个细而高的纵向结构。

柱洞法施工关键是如何确保两侧开挖后初期支护同步作用在顶纵梁上,而且柱子左右水平力要同时加上且保持相等。具体步骤如图2-13所示。

第一步:拱墙小导管超前注浆开挖中导洞①并施作初期支护。

第二步:拱墙小导管超前注浆开挖中导洞②并施作初期支护。

第三步:开挖中导洞③并施作初期支护。

第四步:开挖中导洞④并施作初期支护。

第五步:开挖中导洞⑤并施作初期支护。

第六步:开挖中导洞⑥并施作初期支护。

第七步:铺设顶、底板防水板,施作顶、底梁及钢管柱,钢管柱位置局部破除临时横撑,临时竖撑需换撑处理。

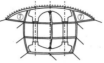
第八步:拱墙小导管超前注浆两侧对称开挖侧洞⑦并施作初期支护。

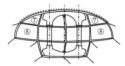
第九步:两侧对称开挖侧洞⑧并施作初期支护。

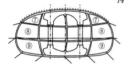
第十步:两侧对称开挖侧洞⑨并施作初期支护。

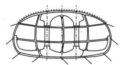
第十一步:铺设侧墙、底板防水层,浇筑侧墙、底板混凝土横、竖撑需换乘处理。

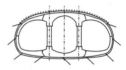
第十二步:分段拆除临时支撑,铺设防水层,浇筑混凝土结构封闭成环。

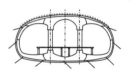
第十三步:结构内部附属结构施工。

图2-13 柱洞法

## 2.2.8 洞桩法(PBA法)

洞桩法是指在地下先施作导洞,在导洞内施作桩、梁、拱形成支撑框架棚护体系,在拱顶和桩的保护下向下逐层开挖并浇筑而成的一种结构体系的暗挖施工方法。

洞桩法分为双层导洞洞桩法和单层导洞(只开挖上层导洞)洞桩法。具体步骤如图2-14和图2-15所示。

双层导洞洞桩法施工步骤为:首先施工上下层导洞,在下导洞内做条形基础,并由上导洞向下开挖护壁桩孔和立柱孔,分别吊装钢管柱和浇筑护壁桩,使之置于条形基础之上,然后进行上层开挖和初期支护,施作二次衬砌的顶梁、拱部和上部边墙,施作中隔板,再向下完成下部开挖和衬砌。

单层导洞洞桩法施工步骤为:施工上层导洞,在上层导洞内用钻孔机械施工边桩及中柱,初支扣拱和二衬扣拱,进行土方开挖并施作车站中板及底板结构。该工法取消下层导洞施工,对土体减少扰动,对控制地表及周边环境变形较双层导洞洞桩法有利。

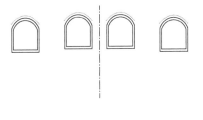
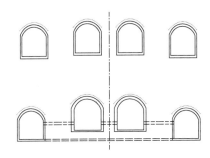

第一步：超前预注浆加固地层，台阶法开挖上导洞并施作初期支护。

第二步：台阶法开挖下导洞，并施作初期支护。

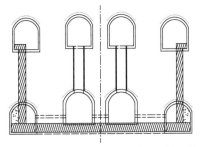
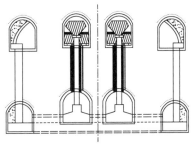

第三步：施作下边导洞内桩下条基及下横通道内条基。在上边导洞中施作边桩及桩顶冠梁中间导洞中上下导洞间钢管混凝土柱挖孔护壁。施作柱下底纵梁。

第四步：中间导洞中施工钢管混凝土柱(柱挖孔护壁与钢管混凝土柱间空隙用砂填实)。铺设防水层，施作顶纵梁。

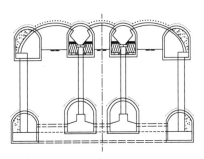
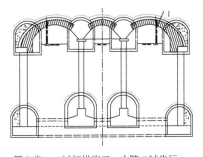

第五步：台阶法开挖拱部土体(挖土过程中不得拆除导洞边墙)，施作拱部初期支护。

第六步：二衬扣拱施工，中跨二衬先行。

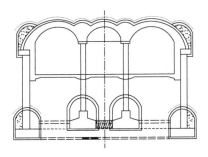
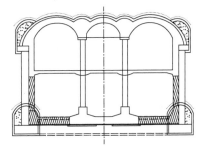

第七步：站厅土方开挖，施作中板。

第八步：站台土方开挖，施作底板，结构完成。

图 2-14 双层导洞洞桩法

第一步：自横通道进洞，深孔注浆或小导管超前支护，台阶法(台阶长度3～5m)开挖导洞并施作初期支护，开挖步距同格栅间距。上导洞初期支护格栅上预留节点板，便于后续钢架连接，封闭成环后及时进行初期支护背后回填注浆。先开挖边导洞后开挖中导洞，相邻导洞间掌子面进度错开不小于10m。

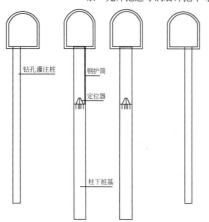

第二步：导洞贯通后在导洞内施作钻孔灌注桩，洞内成桩前导洞底板下进行孔口注浆加固，水位以下成桩需采取泥浆护壁措施。边导洞内边桩跳孔施工，隔四钻一；中导洞内钻孔施工中柱下桩基，并施作钢护筒及钢管柱定位器。钻孔时应注意对格栅底部基底的保护，必要时可采取注浆措施。

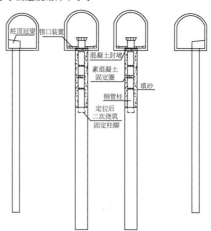

第三步：在中导洞内安装顶部吊架和下部锁口装置，分段逐节吊装钢管柱就位并浇筑固定柱脚，钢管柱外侧空隙在顶部和中部共设置二道素混凝土固定圈，其余用砂填实，浇筑柱芯混凝土；边导洞内施作冠梁。

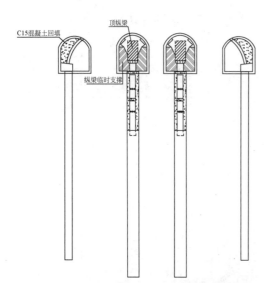

第四步：中导洞内铺设防水层，施作顶纵梁，预留钢筋及防水接头，顶纵梁顶与初支间空隙用同等级混凝土回填密实并预设二次回填注浆管，后续进行二衬背后回填注浆；边导洞内施作导洞内扣拱初支，外侧用C15混凝土回填密实。

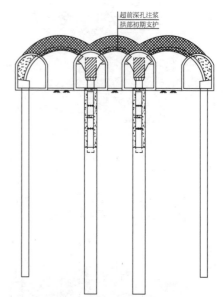

第五步：自横导洞进洞，超前深孔注浆支护，台阶法(台阶长度3～5m)开挖扣拱下土方(挖土过程中不得拆除导洞边墙)并施作初期支护，开挖步距同格栅间距；封闭成环后及时进行初支背后回填注浆。扣拱初衬开挖顺序为先边跨后中跨。

图 2-15　单层导洞洞桩法（一）

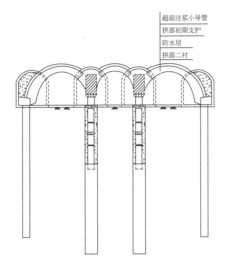
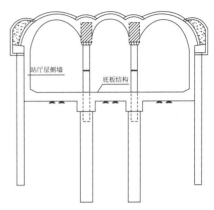

第六步：中拱及边拱初支贯通后，分段截断导洞边墙(分段长度4～6m)，铺设防水层，后退浇筑中拱及边拱二衬，留设回填注浆管；后续进行二衬背后回填注浆，边跨拱部二衬先行，与中跨拱部二衬前后错开8～12m，两侧边拱二衬对称浇筑。

第七步：待顶拱混凝土达到强度沿车站纵向分成若干个施工段，分层向下开挖至站厅层板底标高(边开挖边施工桩间网喷混凝土及切割掉挖孔护筒)，分段施工底纵梁及底板，并施工侧墙防水层、保护层及侧墙。施工分段长度应根据实际监测情况确定。开挖中如遇地下水应分析来源，进行处理后继续开挖施工。

图 2-15　单层导洞洞桩法（二）

## 2.3　盾构法

盾构（Shield）是一个既可以支承地层压力又可以在地层中推进的活动钢筒结构。钢筒的前端设置有支撑和开挖土体的装置，钢筒的中段安装有顶进所需的千斤顶，钢筒的尾部可以拼装预制或现浇隧道衬砌环。盾构每推进一环，随即在盾尾支护下拼装（或现浇）一环衬砌，并向衬砌环外围的空隙中压注水泥砂浆，以防止隧道及地面下沉，如图 2-16 所示。盾构施工前应先修建一竖井，在竖井内安装盾构，盾构开挖出的土体由竖井通道送出地面。盾构推进的反力由衬砌环承担。

图 2-16　盾构法

我国应用盾构法修建隧道始于 20 世纪五六十年代的上海。最初是用于修建城市地下排水隧道，采用的是比较老式的盾构机（如网格式、压气式、插板式等），20 世纪 80 年代末至 90 年代初开始采用土压式、泥水式等现代盾构机修筑地铁区间隧道。盾构法具有安全、可靠、快速、环保等优点，目前，该方法已经在我国的地铁建设中得到了迅速的发展。我国各城市地铁采用的盾构机大多是土压平衡盾构机型。随着盾构法研究的深入、工程应用的增多，盾构法施工技术以及盾构机修造配套技术也得到了发展和提高，如上海地铁隧道基本全部采用盾构法修建，除区间单圆盾构外，目前正在使用的还有双圆盾构一次施工两条平行的区间隧道，此外还试验采用了方形断面盾构修建地下通道，采用直径 11.2m 的泥水盾构建成了大连路越江道路隧道。广州地铁采用的具有土压平衡、气压平衡和半土压平衡模式的新型复合式盾构机成功应用于既有软土，又有坚硬岩石以及断裂破碎带复杂地层的地铁区间隧道修筑工程中，大大拓展了盾构法的应用范围。深圳、南京、北京、天津等城市虽然地质、水文条件各不相同，但采用盾构法修建区间隧道均取得了成功。

盾构机根据功能和原理可分为土压平衡盾构、泥水平衡盾构和复合式盾构。盾构法主要施工阶段为盾构始发、盾构正常掘进、盾构接收和联络通道施工等。

**1. 盾构始发**

盾构始发是指盾构从组装调试到盾构完全进入区间隧道并完成试掘进为止的施工过程。其主要工艺流程如图 2-17 所示。

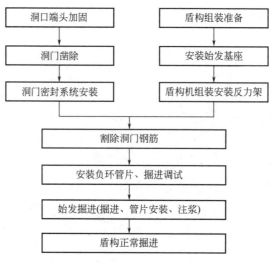

图 2-17 盾构始发工艺流程

（1）洞口地层加固

盾构始发前对洞口地层的稳定性评价，如不满足破洞门后稳定性要求，必须对进洞地层进行加固，加固范围一般为：需根据地层的强度、稳定性和地下水情况综合确定。无水地层，横向加固范围建议取隧道两侧 3m，纵向加固范围 6～8m；有水地层，纵向加固范围建议在盾体长度的基础上加 2～3m。常用的加固方法：地层注浆、搅拌桩、旋喷桩、钻孔素桩等。加固后需要进行抽芯验证，确保加固效果，满足洞门破除后的土体有充分的强度和稳定性。

(2) 洞门凿除

盾构始发的站或井围护结构一般为钢筋混凝土桩或连续墙,盾构刀盘无法直接切割通过,均需人工凿除,凿除洞门以不耽误盾构进洞、洞门内土体暴露时间不宜过长为原则。凿除时不能直接暴露土体,应保留围护结构的最后一层钢筋和保护层,待盾构刀盘到达之后再割除。

如进洞范围内的围护结构使用玻璃纤维筋,洞门不用凿除,盾构可直接磨围护结构进洞。

(3) 洞门密封系统安装

洞门密封是为保证洞门口处的管片背后可靠注浆。洞门密封系统可采用帘布橡胶板加折页压板形式。折页压板可自动压紧在盾壳和管片上,保证注浆时浆液不会外漏。

(4) 反力架、始发台的定位与安装

在盾构主机与后配套连接之前,开始进行反力架的安装。安装时反力架和始发井结构连接部位的间隙要垫实,保证反力架脚板有足够的抗压强度。因反力架和始发台为盾构始发时提供初始推力以及初始的空间姿态,在安装反力架和始发台时,反力架左右偏差控制在±10mm内,高程偏差控制在±5mm内,上下偏差控制在±10mm内,始发台水平轴线的垂直方向与反力架的夹角小于±2‰,盾构姿态与设计轴线竖直趋势偏差小于2‰,水平趋势偏差小于±3‰。

(5) 盾构组装调试

盾构组装先依次下放盾构的后配套系统,推入始发井的后部,并分别连接,为主机拼装让开空间。盾构主机与后配套拼装连接完成后,就可依次进行电气、液压等系统的调试。

(6) 负环管片安装

反力架的位置确定主要依据洞口第一环管片的起始位置、盾构的长度以及盾构刀盘在始发前所能达到的最远位置确定。然后进行负环管片安装准备、负环管片后移、负环管片与负环钢管片连接、负环管片的拼装,负环拼装常采用通缝拼装。

(7) 试掘进

经数环负环管片推进,刀盘抵拢掌子面,即可开始刀盘驱动系统和刀盘本身的负载调试和试掘进。逐渐增加盾构推力,当土仓压力达到设计值时,启动出渣系统,使出渣速率和掘进速率匹配,保证土仓压力稳定。

(8) 始发掘进

从正式进洞的第一环正数管片开始,到盾构机后配套系统完全进洞,负环管片拆除,系统完全到达设计生产能力为止,这一阶段为始发掘进。主要是不断进行盾构各系统的监测和调试,完善各系统的配套工作能力。

(9) 反力架、负环管片拆除

反力架、负环管片的拆除时间根据管片背后注浆的砂浆性能参数和盾构的始发掘进推力决定。一般情况下,掘进100m以上,可根据工序情况和工作整体安排进行反力架和负环管片拆除。

**2. 盾构正常掘进**

盾构正常掘进过程中重点控制盾构机掘进参数、掘进线形和注浆量及压力等,例如土压平衡盾构机掘进重点控制土压力、掘进速度、扭矩、推力、刀盘转速、出渣量、同步注浆量、同步注浆压力等参数。

(1) 土压（泥水压）控制

土压式盾构以土压和土体改良控制为主，辅以出土量控制。泥水式盾构以泥水压和泥浆性能控制为主，辅以出土量控制。开挖面的土压（泥水压）控制值按地下水压（间隙水压）+土压+预备压（用来补偿施工中的压力损失，土压式盾构通常取 $10\sim20kN/m^2$，泥水式盾构取 $20\sim50kN/m^2$）设定。

(2) 土压式盾构泥土的塑流化改良控制

土压式盾构掘进时，理想地层的土具有塑性变形好、流塑至软塑状、内摩擦角小和渗透性低等特征。当地层为细颗粒含量30%以上的土砂时，塑性流动性满足要求；当地层细颗粒含量低于30%时，砂卵石地层必须加泥或泡沫进行土体改良，以提高塑流性和止水性。常用改良材料为矿物系（膨润土泥浆）、界面活性剂系（泡沫）、高吸水性树脂系和水溶性高分子系等。目前我国常用前两种；对于普通的粉土、黏土、粉质黏土等地层一般采用膨润土和泡沫改良剂进行改良；对于砂土、砂卵石地层通常还需要配合高分子聚合物、植物凝胶等材料进行综合改良。

流动化改良控制是土压式盾构施工的最重要因素之一，可根据渣土性状、土砂输送效率、盾构机负荷等方法掌握塑流性状态。

(3) 泥水式盾构的泥浆性能控制

泥水盾构掘进时，泥浆起着两方面的重要作用：一是依靠泥浆压力在开挖面形成泥膜或渗透区域，开挖面土体强度提高，同时泥浆压力平衡了开挖面土压和水压，达到了开挖面稳定的目的；二是泥浆作为输送介质，担负着将所有开挖出的土砂送到工作井外的任务。

(4) 排土量控制

土压式盾构的出土量控制方法分为重量控制和容积控制两种。重量控制有监测运土车重量、用出土漏斗监测出土量等控制方法；容积控制采用比较单位掘进距离开挖土砂运土车台数的方法和根据螺旋输送机转数推算的方法。

泥水式盾构排土量控制分为容积控制和干砂量控制两种。容积控制是监测单位掘进循环送泥流量与排泥流量；干砂量控制是监测单位掘进循环送泥干砂量和排泥干砂量进行计算比对。

(5) 管片拼装控制

盾构推进结束后，应迅速拼装管片成环。管片拼装宜采取错缝拼装，在纠偏或急曲线施工的情况下，有时采用通缝拼装。拼装顺序一般从下部的标准（A型）管片开始，依次左右两侧交替安装标准管片，然后拼装邻接（B型）管片，最后安装楔形（K型）管片。随着管片拼装顺序分别收缩盾构千斤顶，然后紧固连接螺栓（先环向再纵向）。拼装过程中要保持真圆状态，对于确保隧道尺寸精度、提高施工速度、止水性及减少地层沉降非常重要。另外，拼装时各管片连接面要整齐，连接螺栓要充分紧固。如发生误差要及时、连续地进行纠偏，过大的偏斜量不能采取一次性纠偏的方法，纠偏时不得损坏管片，并保证后一环管片的顺利拼装。

(6) 注浆控制

管片拼装完成后，随着盾构的推进，管片和隧道周围岩体之间出现空隙，如不及时填充,地层应力得以释放,会产生变形。随着松动圈的发展对地表及周边环境均带来不利影响。注浆目的就是抑制隧道周边地层松弛,防止松动圈进一步发展。

注浆分为同步注浆和二次注浆。注浆控制分为压力控制和注浆量控制,注浆过程中宜同时关注注浆压力和注浆量的变化。

(7)线形控制

随着盾构掘进,对盾构机衬砌位置进行测量,以把握偏离设计中心线的程度。测量项目包括:盾构位置、倾角、偏转角、转角及盾构千斤顶行程、盾尾间隙和衬砌位置等。基于上述测量结果,得出盾构及衬砌与设计中心线位置关系,直接预测下一环盾构掘进偏差。

盾构掘进过程中,主要对盾构倾斜及其位置,以及拼装管片的位置进行控制。

**3. 盾构接收**

盾构接收是指掘进距离接收井一定距离(由原状土进入接收端头加固土体区域)到盾构机接收井内接收基座上为止。分为常规接收、钢套筒接收和水下接收。

(1)常规接收

盾构常规接收是在盾构出洞前对接收端头土体进行加固,安装洞门橡胶帘布板及洞门压板等洞门密封装置,盾构机直接顶出洞门出洞。该接收方式施工相对简单,成本较低,但对端头地层及加固质量要求较高,且不能适应特殊地层及复杂环境。

(2)钢套筒接收

钢套筒盾构接收是为了在富水砂层或者周边环境复杂时,确保盾构接收时洞门密封不漏水的一种安全有效的工法。面对富水地层或复杂条件时,只依靠洞门橡胶帘布板和洞门压板对洞门进行密封是不够的,盾构在出洞时会有漏水涌砂风险,因此在接收井安装钢套筒,同时连接至洞门,让盾构机出洞后掘进至钢套筒内部这一密封环境,达到避免盾构机出洞时漏水涌砂风险。

(3)水下接收

在富水砂层或者周边环境复杂时,因接收井内外存在压力差,盾构接收时洞门会发生漏水涌砂事故,因此直接采用接收井回填水或泥浆的方式,利用接收井内外水土压力平衡的机理防止出现洞门漏水涌砂现象发生。通常接收井回填水深度达到地下水位以上,使接收井内外水土压力平衡,确保盾构出洞接收时洞门不发生漏水涌砂事故,该方法因在水下接收,因此对盾构机脱离洞门前密封、姿态控制及接收托架固定要求较高。

另外,盾构接收前要进行贯通测量,确保盾构在偏差范围内进行接收。

**4. 联络通道**

区间隧道长度每超过600m时应设置一处联络通道以便安全疏散人员。目前联络通道常采用矿山法施工。辅助加固措施有全断面深孔注浆和冷冻法等。

盾构法的主要优点:①对周边环境影响小。除竖井施工外,施工作业均在地下进行,既不影响地面交通,穿越河道时不影响航运,施工不受风雨等气候条件的影响,又可减少对附近居民的噪声和振动影响;②自动化程度高。盾构的推进、出土、拼装衬砌等全过程可实现自动化作业,施工劳动强度低,施工人员较少,施工便于管理;③安全开挖和衬砌,掘进速度快;④在地质条件差、地下水位高的地方建设埋深较大的隧道,盾构法有较高的技术经济优越性。

盾构法的缺点：①断面尺寸多变的区段适应能力差；②新型盾构购置费用昂贵，对施工区段短的工程不太经济。

## 2.4 辅助加固措施

施工过程中需根据地质条件、水文条件、结构断面尺寸、埋深、周边环境风险源等级等因素，经综合考虑选用不同的辅助工法以达到加固地层、无水施工、少扰动围岩等目的，确保工程安全施工。

常用的辅助加固措施有降水、注浆、冻结、旋喷及搅拌桩等。

### 2.4.1 降水

在有水地层中进行明挖法、矿山法及盾构始发、接收和联络通道施工时，有条件的地方应首先采用降水措施，确保施工无水作业。

常用的降水方法有管井降水、水平井、斜井降水和真空降水。

**1. 管井降水**

管井降水就是在区间隧道或车站两侧（一般要求≥2m）布置降水井点，在每眼井中安装抽水泵，通过抽水形成水位降落漏斗，各个降水井抽水形成群井水位降落漏斗叠加，以此来达到降低施工范围内地下水位的目的。具体如图2-18所示。

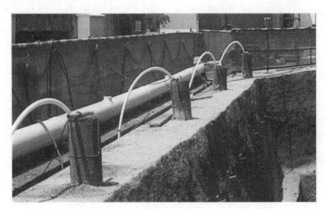

图2-18 管井降水

**2. 水平井、斜井降水**

水平井、斜井降水是指由不同深度上若干水平辐射管和一个竖直大井所组成的辐射型抽水装置组合。水平辐射管是用来汇集含水层中的地下水至竖井内。竖直大井一般有两个作用：一是通过竖井设置施工平台，开凿不同深度和不用方向的水平辐射管；二是汇集由水平辐射管流入的地下水，并设置潜水泵将汇集的水排至地表排水管道。具体如图2-19所示。

**3. 真空降水**

真空降水是采用真空负压，深井泵抽水复合降水的方法，即在深井井点系统上增设真空泵抽气集水系统，井管除滤管外均严密封闭以保持真空度，并与真空泵吸气管相连，吸气管和各个管路接头均应不漏气，将井管埋置于深于基底或掌子面前方土体等需要降水的地层中，通过真空泵不断抽气，使井孔周围的土体形成一定的真空度，土内孔隙水在大气

图 2-19 水平井降水

压及土体重力作用下由高压向低压流动，流入井管内，然后由设置在井管内的深井泵或潜水泵将地下水抽出。具体如图 2-20 所示。

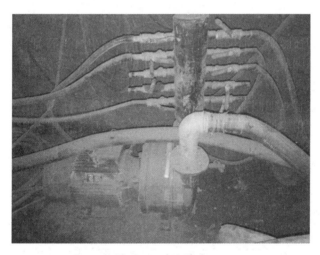

图 2-20 真空降水

真空降水系统由井点管、集水总管及抽水设备等组成。其特点主要是群孔排水的同时产生了止水帷幕，真空井点降水主机产生的强真空传递到各吸水井孔，实现群孔同时排水，每一个吸水井孔对其周围 5m 以内产生负压效应，由于井孔埋设间距一般为 1.5～2.0m，因此，同时排水的群孔负压效应相互搭接构成了真空效应很强的地下真空连续墙，真空连续墙能够有效地阻挡隧道导洞外地下水从隧道侧壁侵入，起到止水帷幕的作用，并局部提高围岩地层的密实度，出现良好的渗流固结效果，有利于围岩的自稳性能发挥。

该方法适用于浅埋矿山法隧道无法实施地面管井降水的情况，可以有效地解决上层滞水、弱透水层（黏土层和粉土层）中的饱和水和界面残留水。

### 2.4.2 注浆

注浆主要用于地层止水或加固，常用的辅助方法为小导管注浆、管棚和深孔注浆等。

施工中常采用小导管注浆，当小导管注浆不能满足开挖安全和周边环境安全要求时，常增加打设管棚，或有堵水要求时采用深孔注浆。一般的注浆材料有普通水泥、超细水泥、水泥水玻璃、改性水玻璃、化学浆等。注浆作业可概括为充填或裂隙注浆、渗透注浆、压密注浆和劈裂注浆四类。根据注浆材料的不同，又可分为单液注浆和双液注浆。

**1. 小导管注浆**

超前小导管是稳定开挖工作面的一种非常有效的辅助施工方法。在软弱及破碎岩层施工中，超前小导管对松散岩层起到加固作用，通过超前小导管注浆能改变围岩状况及稳定性，浆液注入软弱、松散地层或含水破碎围岩裂隙后，能与之紧密接触并凝固。浆液以充填、劈裂等方式，置换土颗粒间和岩石裂隙中的水分及空气后占据其位置，经过一定时间凝结，将原有的松散土颗粒或裂隙胶结成一个整体，形成一个新的结构，强度大，防水性能良好的固结体，使得围岩松散破碎状况得到大幅度改善，有利于围岩开挖后与完成初期支护时间内围岩的稳定，不至于围岩失稳破坏直至坍塌。

超前小导管施工的各项参数确定应根据围岩边界地质条件、围岩状况、支护结构形式及隧道断面尺寸而定。一般超前小导管施工沿着开挖轮廓线120°范围设置。一般情况下：小导管长度 $L$ 为 2~3m，小导管直径为 38~50mm，小导管前段做成约 10cm 长的圆锥状，在尾端焊接直径 6~8mm 的钢筋箍，外插角度一般控制在 10°~15°，注浆压力控制在 2MPa 左右，浆液扩散半径一般为 0.5m，注浆速度控制在 50~100L/min，每循环小导管的搭接长度控制在 1m 以内。

超前小导管施工要点为：①钻孔时要控制好外插角、钻孔深度及小导管顶入长度，且小导管的纵向搭接长度不小于设计要求；②注浆过程中严格控制注浆压力，注浆终压必须达到设计要求并稳压，保证浆液的渗透范围。在注浆过程中，应加强对初支结构及周边环境的监测，防止因注浆压力过大造成初支结构、管线或周边建（构）筑物变形过大而被破坏；另外注浆过程中随时观察注浆压力和注浆量情况的变化，分析浆液情况。注浆中途停止超过 30 分钟应清洗浆液管路，防止堵管；发生串孔跑浆时应先将跑浆孔堵塞，等到该孔注浆时拔出堵塞物，将孔内清洗干净后再重新注浆，发生漏浆时应将漏浆部位的裂缝封堵，再喷射混凝土封堵牢固后继续注浆；③严格控制配合比与凝胶时间，初选配合比后，用凝胶时间控制调节配合比，并测定注浆固结体的强度，选定最佳配合比；④注浆的顺序由两侧对称向中间进行，自下而上跳孔注浆。当注浆量和注浆压力达到设计要求后结束注浆，用塑料布将导管孔口封堵，然后喷射拱顶混凝土，必须保证孔口部位的混凝土喷射密实，以防浆液从工作面外冒。

超前小导管注浆适用于隧道拱部软弱围岩，松散、无粘结土层、自稳能力差的砂层及砂砾（卵）石层级破碎岩层，是开挖隧道常用的辅助加固措施。具体如图 2-21 所示。

**2. 深孔注浆**

深孔注浆是用浆液从注浆孔道均匀地注入土体中，以填充、渗透和挤密等方式填充岩层中的水分和气体，形成悬浮胶体和团粒，硬化后形成强度大、压缩小和抗渗性高、稳定性良好的土体，从而防止或减少掌子面土体坍塌和加固止水的作用。

图 2-21 超前小导管注浆

根据注浆方式可分为前进式分段注浆、后退式分段注浆和全孔一次性注浆三种形式。①前进式分段注浆。是一种采取钻、注交替作业的注浆方式。在施工过程中,需根据地层状况,将钻孔注浆长度分为若干段,段长一般控制在 1.0~2.0m,采用地质钻机从孔口管内进行钻孔,钻一段注一段,直到设计长度。该种注浆方式优点为:适用范围广,可以适用于任何地层,并且可以利用孔口管防止出现大量流砂涌泥现象;其缺点为:工序转换比较多,需重复扫孔,工作量大,施工效率比较低,成本较高。②后退式分段注浆。主要有袖阀管后退式分段注浆和 WSS 后退式分段注浆两种。袖阀管后退式分段注浆是利用钻机一次性钻到设计深度,退出钻杆,在孔内安装 PVC 袖阀管,然后进行封孔,在袖阀管内安装带止浆系统的 $\phi 22$ 镀锌管,从孔底向外分段进行注浆,一般分段长度为 0.5~1.0m。该种注浆方式优点为:能很好地保证注浆效果;其缺点为:需要成孔并安装袖阀管,为确保安装管顺利,一般都需要带套管进行施工,工艺复杂,工期长,适用范围比较窄。WSS后退式分段注浆实现了钻注一体化,施工时利用钻机一次性钻到设计深度,利用中空的钻杆将浆液输送到钻头出口,通过一定压力将浆液注入地层,当注浆压力或注浆量达到设计要求后,后退钻杆进行下段注浆,分段长度一般为 1.5~2.0m(钻杆长度)。该种注浆方式优点为:与袖阀管后退式注浆相比,工艺简化,不需要成孔安装管材,工期缩短,适用范围得到扩大;其缺点为:止浆困难,在注单液浆时,容易造成浆液回流,浪费材料并影响注浆效果,注双液浆时,容易造成钻杆抱箍现象。③全孔一次性注浆。利用钻机一次性钻到设计深度,退出钻杆,从孔口一次性进行注浆。其优点是工艺简单,缺点是注浆效果较差,如在开挖面利用小导管进行一次性注浆,还存在后期开挖,反复割除小导管,增加了开挖难度。

注浆材料采用普通水泥单液浆和普通水泥-水玻璃双液浆。普通水泥单液浆优点为:①凝胶时间长,具有较长的可注期;②结实体强度较高;③价格低。缺点为:①初凝时间长,易被地下水稀释;②终凝时间长,强度上升缓慢,不利于注浆完成后立即开挖作业;

③可注浆差；④凝固后，有一定的收缩性等。适用范围：①适宜于宽度大于 0.2mm 的裂隙岩体注浆；②渗透系数大于 $10^{-2}$cm/s 且地下水流速不大于 80～100m/d 的中粗砂、砂卵石等地层。水泥-水玻璃双液浆优点：①凝胶时间可控，凝胶时间从几秒至几十分钟可调；②早期强度高，利于注浆后立即进行开挖作业；③注浆体结石率高，达95%以上。缺点：①抗压、抗剪强度较低，易被高压水击穿；②可注性差；③耐久性较差。适用范围：适用于渗透系数大于 $10^{-2}$cm/s 的中粗砂、粗砂、砂卵石以及断层破碎带注浆堵水工程。

深孔注浆与小导管注浆的区别：深孔注浆较小导管注浆深度更深、孔径更大。深孔注浆只是注浆，钻杆退出不保留在土中；小导管注浆小导管不退出留在土中，只会将多余的进行切割。深孔注浆具有加固地层的作用，小导管仅打设不注浆只具有超前支护作用，管中注浆后不仅具有超前支护，且具有加固地层的作用。

因小导管加固范围有限，故深孔注浆是针对断面较大的双线隧道或跨度较大的渡线隧道等风险级别较高的风险源采取的辅助加固措施。具体如图 2-22 所示。

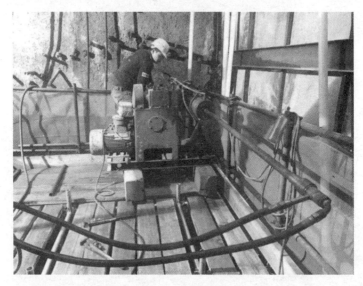

图 2-22 深孔注浆

**3. 管棚**

管棚是预先提供增强地层承载力的临时支护方法，确保在特殊条件下隧道安全开挖。管棚具有梁拱效应和加固效应，梁拱效应就是先行施工的管棚以掌子面前方围岩支撑和后方围岩支撑为支点，形成一个梁式结构，二者形成环绕隧道轮廓的壳状结构，可有效抑制围岩松动和坍塌。加固效应就是注浆浆液经管壁孔注入围岩裂隙中，使松散岩体胶结、固结，从而改善软弱（破碎）围岩的物理力学性质，增强围岩的自承受能力，达到加固管棚周边围岩的目的。

管棚常分为长管棚和短管棚。短管棚为长度小于10m 的小钢管，一次超前量小，基本上与开挖作业交替进行，占用循环时间较大，但钻孔安装或顶入安装较易。长管棚为长度为 10～45m 的钢管，直径较粗，一次超前量大，单次钻入或打入长钢管作业时间较长，但减少了安装钢管次数和与开挖作业之间的干扰。管棚材质一般选用直径 80～180mm、壁厚 4～8mm 的无缝钢管。

管棚施工一般从拱脚向拱部隔孔进行。钻孔采用水平定向钻机钻进，钻孔前应进行精准定位，钻进过程中，应严格控制钻孔角度及孔深。注浆浆液采用单液浆或双液浆。注浆压力一般为 1.0~1.5MPa，注浆时一般采取低压力中流量注入，注浆过程中压力逐步上升，流量逐渐减少，当压力升至注浆终压时，继续压注 10 分钟后结束注浆。

隧道通过自稳能力较差的地层，或地表附加荷载较大，或邻近有重要建（构）筑物时，为防止因隧道施工造成围岩体及周边环境变形超量，常采用管棚预支护辅助措施。具体如图 2-23 所示。

图 2-23　管棚施作

### 2.4.3　冻结

冻结法就是利用人工制冷技术，在冻结孔中循环低温盐水，使地层中的水低温冻结，将松散含水岩土变为人工冻土，以达到增加土体强度和稳定性的目的。具体如图 2-24 所示。

图 2-24　冻结法

实施过程中在要开挖土体周围形成封闭的连续冻土帷幕，以抵抗土压、水压并隔绝地下水与开挖面之间的联系，在冻结壁的保护下，进行土方安全开挖。

目前，因冻结法施工经济费用较高，该方法仅常见于风险较高的盾构联络通道施工中，局部地区施工风险较高的地铁车站采用冻结法施工仍在初步试用及经验总结阶段。

### 2.4.4 旋喷及搅拌桩

旋喷及搅拌桩是以高压泵为动力源，通过水平钻机钻杆、喷嘴把配制好的浆液喷射到土体内，喷射流以巨大的能量将一定范围内的土体射穿，并在喷嘴缓慢旋转和进退的同时切割土体，强制土颗粒和浆液进行搅拌混合，待浆液凝固后即形成水平圆柱状水泥土固结体，当固结体相互咬合时即形成封闭的旋喷帷幕。具体如图2-25所示。

图2-25 旋喷施工

旋喷及搅拌桩主要用于地层加固。如盾构法隧道始发和到达的端头土体加固及联络通道施工时，常用高压旋喷注浆及搅拌桩进行地层加固。

近年来，随着技术的成熟进步及工程的需要，在隧道内施作水平旋喷注浆加固技术也逐步被采用。

## 2.5 风险管控

与常规工程相比，城市轨道交通工程建设过程极为复杂，各类风险高度聚集、工程不安全状态周期长且可能影响工程安全的因素非常复杂。因此，为减少工程建设期间事故发生，减少人民生命财产的损失，开展工程建设期进行风险识别、风险分析、风险评价和风险管控具有重要意义。

### 2.5.1 城市轨道交通工程建设特点

**1. 沿线工程地质、水文地质条件变化复杂**

随着新建城市轨道交通工程的增多，新一轮的城市轨道交通工程埋深不断加大（以北京为例,几年前在建城市轨道交通工程底板埋深超过30m的很少,车站超过25m的也不多。而新一轮城市轨道交通工程车站埋深都超过了25m,超过30m的也越来越多),随着埋深的加大,工程地质和水文地质条件更加复杂,施工过程中直接作用于围护结构上的地层压力可能成倍增加。并且面临的地下水机会增多,特别是承压水。处理地下水既是工程施工的重点,也关系到施工安全。如果工程地质、水文地质条件未查清就盲目进行城市轨道交通工程施工,或处理措施不当,便会酿成重大安全事故。

以北京为例,近几年由于南水北调引水、永定河引水等,北京地下水位呈逐年上升趋势,其中北京西部、北部水位上升2~4m,部分地区达到5m;东部和南部水位也上升1~4m。特别是2020年永定河引水后,北京西部水位进一步上升,地下水位的上升致使城市轨道交通工程带水作业区域大范围增加。另外,《北京市建设工程施工现场管理办法》规定:新建、改建、扩建建设项目严格限制施工降水。为实现无水作业,不降水只能进行堵水,但是目前堵水(注浆和冷冻法)工艺不成熟,缺乏完善的技术标准体系,并且堵水造成施工掌子面由原来的无压或小压力作业变为带压作业,致使地铁施工风险成倍增加。

**2. 周边环境复杂**

城市轨道交通车站多位于十字路口,交通繁忙,地下管网密布,邻近建(构)筑物较多;区间隧道多下穿、侧穿或邻近城市主干道、建(构)筑物、河流、既有城市轨道交通和铁路、地下管线等,工程周边环境条件十分复杂、风险级别较高,施工过程中确保周边环境安全是风险管控的又一重点。

**3. 工程体量大、周期长、要求高**

城市轨道交通工程建设具有建设周期长、施工难度大、施工技术复杂、施工质量要求高等特点。随着城市轨道交通工程施工客观条件难度的加大,城市轨道交通工程建设面临着"工期延长和短期抢工并存"的现象,极易造成施工无序和引发较大规模的地层松动,诱发过大地层荷载情况发生,给风险管控带来极大的挑战。

### 2.5.2 城市轨道交通工程全过程风险管控

**1. 前期方案规划阶段**

城市轨道交通工程建设前期方案规划阶段在满足线路要求的情况下尽量调整避开可能发生风险的位置,或在经济合理的情况下考虑拆迁改移,或考虑直接采用加固等辅助措施进行保护。具体如下:

(1) 合理规划城市轨道交通线路走向、位置和埋深

根据城市总体规划,城市轨道交通线路走向尽量避免较大风险源,车站及附属结构位置选择尽量考虑施工对周边环境的影响,并依据全线总体坡度和曲线半径、参照相邻车站的埋深和周边环境基础埋深等初步确定新建结构的埋深。

(2) 合理选择城市轨道交通结构形式及施工方法

在"能明则明、能盾不暗"的原则下,根据周边环境条件情况,合理选择施工工法。方案初步确定后要反复进行论证和修改,最大限度地做到经济技术合理且便于施工及风险管控。

**2. 设计、招标阶段**

在初步设计基础上进一步深化和优化,为施工提供详细的数据、具体的施工工法、辅

助加固措施、施工组织、确定围挡范围等,包括详细的地质水文资料、施工范围内管线探测调查结果、周边建(构)物的结构形式和修建年代、周边古建筑物及古树等资料。

(1) 确定车站、区间结构形式和埋深

充分考虑后期设备条件、满足结构安全和施工可行性的基础上,确定结构跨度、面积和高度,同时对结构的安全系数进行验算,对施工中的节点、结构受力转换点进行计算及必要时采取相应的辅助措施。

(2) 确定对不良地质、管线、建(构)筑物等风险源的保护措施

对不良地质、管线、建(构)筑物等风险源的保护措施及降水方案等进行专项方案设计。

(3) 确定合理、科学的支护参数

明挖基坑根据地质资料中地层力学性能和现场实验数据进行支护形式设计及支撑力计算;矿山法工程根据断面尺寸采用"化整为零"的方法进行开挖断面及辅助加固措施设计。

**3. 施工阶段**

施工阶段是风险管控的实施阶段,控制风险变化非常重要。

(1) 编制施工组织方案

在全面掌握设计资料基础上,结合施工单位自身条件和技术措施的可行性,编写施工组织方案指导施工,确保施工质量、进度、安全措施、技术措施切实可行。经专家评审后实施。

(2) 动态监控风险源变化

根据设计资料,编制监测方案,经专家评审后实施。施工过程中对围护结构自身及周边环境等风险源进行布点、监测和巡查。出现异常情况及时预警并通报各参建方,及时采取相应的有效整改措施,避免事态扩大,若失控应立即启动抢险应急预案,并及时通报有关政府部门。

### 2.5.3 各施工工法关键环节及风险管控要点

**1. 明挖法**

随着基坑宽度加大、埋深加大、带水作业等不利因素影响,基坑工程施工过程中围护结构变形开裂、围护结构渗漏、围护结构滑坡失稳、坑底管涌和流砂、降水坍塌等事故频发,事故位置多发生在基坑腰部和底部。这些对工程建设风险管控提出更高要求。明挖法施工关键环节如下:

(1) 根据工点工程水文地质条件、环境条件选择适宜的明挖工法及开挖步序。

(2) 进行工程自身及周边环境风险源调查,并进行风险源分级。

(3) 根据工点自身工程水文地质及施工方案等条件,选择适宜的降水或堵水方案,尽量做到无水作业,同时要对降水效果制定核验标准和措施。

(4) 严格按照施工方案及设计蓝图进行规范施工。

(5) 确保拆撑和换撑均按照方案进行,确保受力体系转换平稳过渡。

根据明挖法施工要点及工程经验,明挖法施工风险管控要点如下:

(1) 开挖面地质状况

开挖面地质状况包括围岩性质、稳定性和降(止)水效果。核查开挖面地层与勘察结果、设计条件是否相符,如存在变化较大地层及时上报给各参建方进行重新地层评价。巡查现场是否存在带水作业问题,评价降(止)水效果及降水井抽出含砂量等。并结合监测

数据对降水影响范围及造成周边环境变形程度进行分析评价。

（2）围岩变形塌落

关注施工过程中围岩塌落（如桩间土体塌落、桩间渗水流砂及桩间空洞、坡体垮塌等）、超挖和围岩变形及发生裂缝等病害。如发生变形塌落需详细记录位置、大小、发展趋势和原因分析结果等，并及时采取相应有效的补救措施。

（3）围护结构体系

重点关注围护体系施作及时性、开裂变形、渗漏水、施工质量等情况。及时性主要关注挂网喷射混凝土、支撑架设、锚索施作及张拉等情况是否及时；开裂变形情况主要关注围护结构顶与冠梁脱开、冠梁开裂、支撑扭曲、混凝土面开裂、连续墙面开裂等情况；渗漏水主要关注渗漏水量、发生位置、是否存在流砂现象及流砂量等；施工质量主要关注围护结构是否存在夹泥、断桩、缩颈及侵限等情况，如出现以上问题需进行论证并制定整改措施，确保围护体系安全可靠。另外支撑体系须关注支撑装配整体完好性、支撑与围凛连接是否符合规定、围凛与围护结构密贴情况、支撑体系破损情况、是否安装防脱落装置等。

（4）土方开挖规范性

关注开挖是否满足施工图和施工方案要求，土方开挖是否严格遵循"横拉槽、纵分段"的分层分段施工原则，且施工开挖过程中避免出现反坡土过陡、过少和"神仙土"等现象。

根据以往大量明挖法巡查发现问题的总结和归类分析，明挖工程施工过程中常见问题图库如表2-1所示。

明挖工程施工过程中常见问题图库　　　　　　表2-1

|  |  |
|---|---|
| 围护结构侵限,凿除主筋及保护层 | 围护结构断桩 |
|  |  |
| 钢支撑架设滞后 | 土方开挖不对称造成支护不及时 |

续表

| | |
|---|---|
| <br>钢支撑无防坠落措施 | <br>钢支撑偏心受力 |
| <br>侧壁涌水涌砂 | <br>钢围檩背后不密实 |
| <br>钢围檩不封闭 | <br>桩后土体位移开裂 |
| <br>坑底涌水积水 | <br>斜撑未设置抗剪蹬 |

续表

| | |
|---|---|
| <br>坑边堆载 | <br>未留置反压土 |
| <br>格构柱剪力撑安装不及时 | <br>未进行分层分段开挖 |
| <br>基坑围护结构裂缝 | <br>锚索孔口流水流砂 |
| <br>连续墙渗水 | <br>开挖土体放坡过陡 |

**2. 矿山法**

近年来,受开挖断面扩增、埋深加大、带水作业等不利因素影响,城市轨道交通工程人工暗挖已经濒于安全储备的临界状态,加之参建各方管理的主观认识与客观投入也有所摊薄,暗挖过量沉降和结构超量变形现象愈发频繁。这些均对城市轨道交通工程建设风险管控提出更高要求。矿山法施工关键环节如下:

(1) 根据工点工程水文地质条件、环境条件选择适宜的矿山法及开挖步序,创造良好的暗挖作业条件。

(2) 进行工程自身及周边环境风险源调查,并进行风险源分级及确定暗挖控制指标的分解。

(3) 做好掌子面前方地质超前预报,风险分析纳入"地质风险识别与分析"。

(4) 根据工点自身工程水文地质及施工方案等条件,选择适宜的降水或堵水方案,尽量做到无水作业,同时要对降水效果制定核验标准和措施。

(5) 严格遵守"十八字方针",做到管超前、严注浆、短开挖、强支护、早封闭、勤量测。结合现场地层经现场试验确定注浆材料、注浆压力及注浆孔的布设,确保注浆效果。

(6) 临时支护和永久支护结构受力转换是矿山法受力转换的关键环节。要严格按方案实施,并根据监测成果调整拆除长度和顺序,保证受力体系转换顺利。

矿山法施工风险管控重点关注马头门部位(开设马头门 0~5m 范围)、平顶直墙段、大断面(断面大于 6m)、转弯段、扩大段、仰挖、俯挖段、浅埋段、拱顶不良地质段(粉细砂层、淤泥等地层)。具体施工过程中风险管控要点如下:

(1) 开挖面地质状况

包括围岩性质、稳定性和降(止)水效果。核查开挖面地层与勘察结果、设计条件是否相符,如存在变化较大地层,及时上报给各参建方进行重新地层评价。巡查是否存在带水作业问题,评价降(止)水效果及降水井抽出含砂量等,并结合监测数据对降水影响范围及造成周边环境变形程度进行分析评价。

(2) 围岩变形塌落

作业过程中重点控制掌子面、拱顶土体坍塌情况发生,尽量避免围岩因开挖产生较大的松动圈,如发生坍塌情况及时并详细记录位置、大小、发展趋势及原因分析结果,后期应加强初支背后回填注浆给予补救。

(3) 支护结构体系

关注支护体系施作及时性、开裂变形、渗漏水等情况。及时性主要关注挂网喷射混凝土、初支架设、锁脚锚杆施作等情况是否及时;开裂变形情况主要关注混凝土面开裂等情况;渗漏水主要关注渗漏水量、发生位置、是否存在流砂现象及流砂量等。

(4) 开挖规范性

关注开挖是否满足施工图和施工方案要求,核心土、减压槽等留置规范,避免出现超挖、"神仙土"等现象。

(5) 临时支撑拆除

临时支撑拆除前须保证临时支撑拆除段支护已经封闭完成,拆除顺序、拆除长度应符合设计及方案要求,并根据监测数据进行合理优化。

根据以往大量矿山法工程巡查发现问题的总结和归类分析,矿山法工程施工过程中常见问题图库如表 2-2 所示。

矿山法工程施工过程中常见问题图库  表 2-2

| 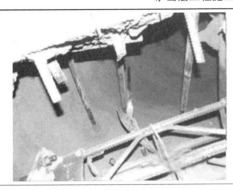 |  |
|---|---|
| 掌子面拱顶塌方 | 掌子面下台阶坍塌 |
|  |  |
| 掌子面渗水、底板积水 | 掌子面涌水涌泥 |
|  |  |
| 核心土留置过小 | 连续多榀开挖 |
|  |  |
| 超前小导管打设数量不足 | 钢格栅连接不符合要求 |

续表

| | |
|---|---|
|  锁脚锚杆打设长度不足 | 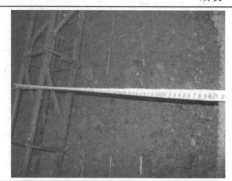 格栅间距过大 |
|  初支喷射混凝土不密实、露筋 |  多导洞步距不满足要求 |
|  掌子面坍塌造成格栅拱脚悬空 |  无减压槽 |
|  初支开裂 |  拱顶渗水 |

续表

|  |  |
|---|---|
| 端头墙垮塌 | 纵向连接筋无有效连接 |
|  |  |
| 临时支撑拆除过长 | 初支背后回填注浆滞后 |

**3. 盾构法**

盾构法施工重点控制盾构掘进开挖面的稳定、盾构推进隧道线性偏差在允许范围内、尽早回填盾尾空隙以确保减少围岩松动范围。具体施工关键环节及风险管控要点如下：

（1）盾构机选型

根据工点地质情况选择适合的盾构机，包括刀盘、刀具类型及数量、注浆系统、注浆材料等，并做好盾构机适应性和可靠性评价。

（2）盾构洞门破除

盾构始发和接收前均要对预留洞口钢筋混凝土进行凿除。凿除时间较长，洞口内土体暴露时间较长易造成土体塌方，如遇含水饱和的砂性土，极易引起大量泥砂涌入，造成严重的工程事故。常采用措施为：

① 采用玻璃纤维筋代替钢筋，盾构始发和接收前不需要凿桩直接推进。

② 对始发接收段地层进行加固，并对加固效果进行抽芯检测，确保端头加固的整体性和抗渗性满足设计要求。

③ 对富水地层采取降水措施，一般地层须打设应急减压降水井。

（3）盾构始发接收

盾构始发时应避免盾构推进轴线偏离设计轴线、后靠系统出现失稳等情况发生。采取措施为：

① 对盾构基座、后靠支撑、反力架等进行应力验算，避免出现位移变形等情况发生。

② 做好洞口密封装置，控制好土压等盾构掘进参数，保持掘进面土体稳定。

(4) 盾构正常掘进

盾构掘进过程中应根据地层特性及埋深计算好土压力、扭矩等相关掘进参数，并做好土体改良，检查盾尾密封装置，控制盾构轴线偏差，避免掘进面土体失稳，提前做好超前地质探测等。

(5) 管片质量

主要关注管片破损、就位不准确、螺栓连接失效、管片接缝渗漏、管片上浮、管片开裂、渗漏和失稳等。

(6) 盾构注浆

盾构掘进过程注浆包括同步注浆和二次补浆。主要关注注浆质量（浆液配比、初凝时间等）、注浆压力、及注补浆的及时性。

(7) 联络通道

根据地层等条件选取合适的施工方法与工艺，采用注浆工艺要确保注浆效果，施工过程中重点巡查开挖面是否存在带水作业；采用冻结法工艺要确保冻结效果。尽量避免出现开挖面土体及围护结构失稳等情况。

根据以往大量盾构法工程巡查发现问题的总结和归类分析，盾构法工程施工过程中常见问题图库如表 2-3 所示。

盾构法工程施工过程中常见问题图库　　　　表 2-3

|  |  |
|:---:|:---:|
| 管片错台 | 盾尾漏浆 |
|  |  |
| 管片破损 | 管片渗水 |

续表

| | |
|---|---|
|  盾尾刷破损造成漏浆 |  管片开裂 |
| 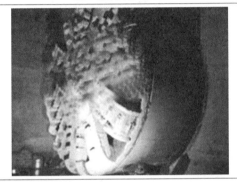 未安装止水帘布 |  注浆造成接收洞门鼓胀变形 |
|  地面冒浆 | 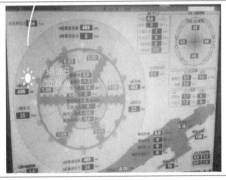 土压偏低 |
|  泥浆初凝时间较长 | 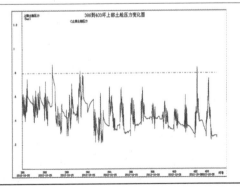 推力过低 |

续表

| 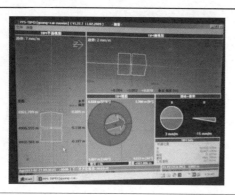 | 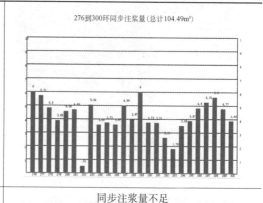 |
|---|---|
| 姿态偏差 | 同步注浆量不足 |

**4. 周边环境**

周边环境主要关注地表道路积水、凹陷、龟裂、开裂等病害，建（构）筑物和管线的开裂变形情况，必要时可结合监测数据给予安全评价，其中管线重点关注差异沉降和斜率，低层建（构）筑物重点关注差异沉降，高层建（构）筑物重点关注倾斜。

根据以往大量工程周边环境巡查发现问题的总结和归类分析，在施工程影响范围内周边环境常见问题图库如表2-4所示。

周边环境常见问题图库　　　　　　表2-4

|  |  |
|---|---|
| 周边地表开裂 | 管线断裂 |
|  |  |
| 燃气泄漏 | 路基塌陷 |

续表

| | |
|---|---|
|  地面凹陷 |  既有地铁站厅层渗水 |
|  既有地铁楼梯装修层脱落 |  既有地铁变形缝渗水 |
|  道路路面塌陷 |  建筑物开裂 |

# 第3章 城市轨道交通工程施工安全风险监测设计

城市轨道交通工程建设监测是在土建施工过程中对周边环境、工程自身关键部位及围岩实施监测与巡查,基本掌握周边环境、围护结构体系和围岩动态,较全面地掌握工点施工安全控制程度,并动态指导施工,对施工过程实施全面监控和有效控制管理。促进工程建设安全风险技术管理工作的系统化、规范化,最大限度地规避风险,避免人员伤亡和环境损害,降低工程费用和工期损失,为工程建设提供安全保障服务。

## 3.1 安全风险监测设计特点

城市轨道交通工程施工安全风险监测设计要围绕监测实施的全过程进行,包括基准网的建立、监测点位的设计与布设、数据的采集与传输、监测数据信息的反馈报送、监测过程中各种预警事务及风险事件的跟踪处置,直至成果的移交。为确保各项工作的有效开展、各个阶段的无缝衔接、风险管控措施得当且可行,需要重点针对监测实施过程中的重点和难点,加以分析和跟进,拟定出具有针对性的监测设计方案。监测方案设计特点如下:

**1. 风险源多、级别较高需进行全面识别风险**

城市轨道交通线路为长条性,沿线地上/下建(构)筑物众多、管线密集,并可能存在穿越既有轨道交通、既有铁路、既有城市主干道等,特、一级重要风险工程众多,特别是城市中心地区,周边环境更为复杂,作业持续时间久。监测方案设计时需针对全线风险源进行风险识别,且根据施工工法工艺进行风险评价,建立针对性监测方案。

**2. 监测项目全、精度高需多种监测手段**

城市轨道交通工程施工大部分均包含明挖法、矿山法、盾构法三大地下工程施工工法,不同的环境状态对城市轨道交通工程施工提出的要求也不同,施工所需要采取的方案和措施也需要随之进行调整,而不同的工法对周边环境产生的影响范围、强度和变形规律也存在差异,因此,其复杂的环境条件直接决定了监测的项目、对象、技术方法的多变性,也导致工程监测需要根据现场条件灵活采用多种监测手段实施。

**3. 线路长、工期长需稳定的变形控制网**

变形监测控制网是取得可靠变形数据的关键基础,而建立稳定的基点是保证变形控制网安全稳定的基本保证。面对城市轨道交通独有的线路较长、规模巨大、工期长及监测变形是相对变形量等特点,为剔除因区域沉降基准点发生变形给监测带来的误差,变形监测实施过程中应按照工点分段布设独立变形控制网及埋设基准点。

基准点选择以稳定可靠、不受施工影响、方便为关键,工程中常选取线路测量控制网基准点、施工单位埋设的深埋点（应达到相对稳定的岩土层）和经确认沉降基本为零的既有建筑物点作为监测控制网基准点。根据基准点、工作基点、监测点共同组成稳定的变形观测控制网，并定期进行复核，采取多重措施保障变形控制网的长期稳定。

**4. 工法全、工艺多需建立对应风险管控理念**

城市轨道交通工程线路施工均涵盖全部施工工法，施工工艺多样化。监测方案设计需根据不同工法、工艺建立针对性的风险管理措施。

（1）明挖法

城市轨道交通工程明挖法车站主体基坑及部分盾构井开挖深度较大，属于深大基坑，围护结构变形控制及施工控制均具有一定难度，对周边环境影响也更为剧烈。所以监测方案设计要加强风险识别，分析出工程重难点、风险薄弱点，加强针对性的监测与施工过程的巡查力度。比如基坑阳角、长边中心、结构形式转换处等位置必须布设监测点；施工过程中重点巡查支撑架设及时性、施工规范性等。结合监测数据、巡查情况和施工进度综合分析评价风险状态，明确基坑开挖步序与围护结构及周边环境变形的关联，加强分析，及时反馈存在的问题，提出下一步调整、优化的建议，并根据风险发展动态调整监测与巡查频率。

（2）矿山法

矿山法涉及多种施工工艺，不同工艺核心关键节点不尽相同，施测过程中必须结合工艺特点采取针对性的监测和巡查风险管控措施。重点关注马头门、仰挖、工序转换处、不良地质处等风险较高位置监测点布设，加强对开挖步序的规范性、初支施作的及时性及是否存在"带水作业"现象的巡查力度，并根据风险发展动态调整监测与巡查频率。

（3）盾构法

掘进速度快是盾构施工的显著特点，盾构刀盘到达前、机身通过中、盾尾脱出后是三个典型的时间节点，各个阶段的变形规律不同，变形持续的时间也不同，可供采取措施以减小沉降的时机较为有限，因此监测过程中必须注意盾构法与明挖法、矿山法工点在时效性上的不同，在盾构施工的强烈、显著影响区内加强、加密监测，为数据反馈和指导意见提供客观准确的数据支持。

监测应重点加强盾构到达、始发和联络通道位置监测点布设、加大监测频率，正常掘进过程中及时监测刀盘前方和盾尾后方一定范围内的地表及管线等周边环境监测，全过程关注盾构土压力、推力、刀盘扭矩、刀盘转速、推进速度、同步注浆压力及注浆量等主要施工参数控制情况。巡查应重点关注始发、到达端头加固及洞门破除情况、隧道内铰接密封、管片破损、错台、渗漏水、盾尾漏浆及盾构掘进姿态等，加强对盾构施工情况与监测巡查情况的结合分析。

**5. 监测与巡查相结合需多专业融合**

基于多专业融合的项目管理队伍，能够较为深入地认识工程地质条件，并明确结构设计的本质及其在施工不同阶段、不同工序和工艺对结构受力、变形的控制影响，充分认识并领会结构体系的设计及施工特点，更有效地进行安全风险管控。

**6. 线路长、地质多变需进行地质风险识别**

监测方案设计过程中需根据工程沿线地质、水文情况变化动态进行风险识别，调整监测点布设、监测频率、巡查重点等。另外鉴于城市轨道交通线路较长、勘察手段的局限性，工程中不可避免地出现实际揭露的岩层、水文情况与勘察有所出入，监测实施过程中需根据工程超前地质预报信息提前动态调整监测方案。加强地质情况、监测巡查结果与施工进度的综合分析力度，更有效地进行安全风险管控。

## 3.2 监测前期准备及流程

地铁工程建设监测工作的流程，宜参考下列步骤进行：

**1. 接受委托**

工程中标，签订合同。

**2. 现场踏勘，收集资料**

接到任务通知后，应了解设计文件和工程概况、施工方法、工作量等，收集地形、导线等的控制条件，收集并分析水文气象资料、工程地质、水文地质、周边环境调查报告、安全风险评估报告等，并对监控量测方法适应性进行综合分析。

将收集的资料进行初步分析后，对工程进行实地踏勘。首先了解线路沿线区域的现状地貌情况和施工影响区域内的风险工程及其相关产权单位，全面落实风险工程的位置、性质、结构、观测条件等情况，然后对风险分级列表中风险源进行现场核查并现场拍摄记录，为编写观测工作的实施方案做好准备。

**3. 制定监测方案，组织方案评审**

资料准备及踏勘工作完成后，根据相关文件，结合所收集的资料和踏勘的实地结果，依据有关的规程规范及设计图纸，编写监测实施方案，并针对拟测各车站、区间的监测范围及方法、使用仪器、监测精度等内容细化，提出针对重点区域、关键部位，尤其是特一级风险工程的监测措施，对设计文件中的监测方法及原投标方案进行优化。

方案编制完成后，报给建设单位并参加建设单位组织的专家评审论证，将评审通过后的方案，提交给建设单位及其许可的相关单位（如设计、施工、监理等）。监测方案宜包括以下内容：

① 工程概况
② 工程地质、水文地质概况、沿线环境概况及风险工程特点
③ 监测目的和依据
④ 现场安全监测项目及对象
⑤ 基准点、监测点布设原则及保护要求
⑥ 监测频次与周期
⑦ 监测等级、精度及监测方法
⑧ 现场巡查要求
⑨ 预警控制标准
⑩ 监测应急预案

⑪ 监测信息的处理与发送

⑫ 监测质量、安全管理等要求

**4. 开展前期准备工作，设置监测点、校验设备、仪器**

（1）人员培训

参与监测的人员需进行专业技能及岗位服务意识的培训，培训合格后方可上岗，并对工作人员进行观测实施方案的交底。

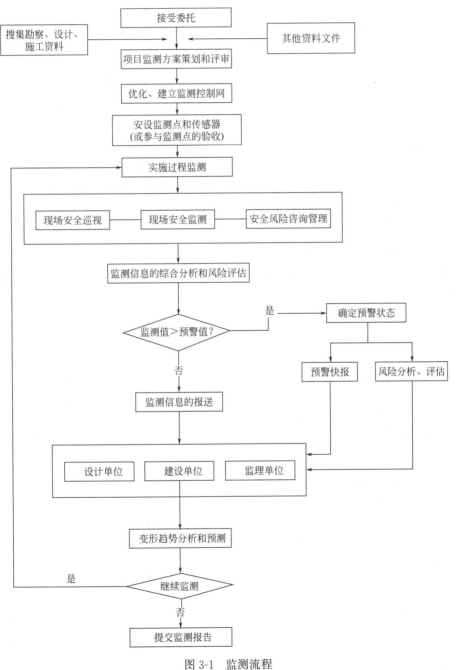

图 3-1　监测流程

（2）建立监测控制网

根据工程所处地点及周边环境、待测对象的分布关系，建立监测控制网，明确各级监测点安设范围、位置及相应型制。

（3）监测点安设及验收

严格按照监测实施方案（评审论证通过的）的要求规范安设基准点及监测点。

（4）校验仪器设备

工程在施过程中监测使用的仪器在有效期内方可使用。

严格按照规定的时间对仪器进行检定，保证所使用的仪器检定合格，确保监测工作的顺利进行。

**5. 现场监测及巡查**

严格按照监测实施方案进行现场监测的组织实施工作，及时采集初始值，并根据工程筹划、施工进度进行监测部署，每次监测时进行现场巡查，做好观测日志。

**6. 监测数据的计算、分析及信息反馈**

监测数据应及时计算、整理，结合工程施工工序、工况进行分析，绘制典型区域、关键部位监测点时程曲线，得出在施工程监测状态评价，并及时反馈至相关参建单位，如有数据预警或异常，第一时间通知相关参建单位，必要时提出指导性建议，加密观测、加强巡查，并全程跟踪预警及风险事件的发展。

**7. 提交阶段性监测成果**

根据建设单位要求，结合工程进度、工期节点提交阶段性监测成果，报告内容应详尽细致、主次分明，能够体现该阶段的监测变形规律及监测结论，并明确下阶段监测计划。

**8. 提交完整的监测资料**

待现场监测工作结束后，及时总结整理，提交完整的监测资料。

具体监测流程如图 3-1 所示。

## 3.3　监测等级划分

根据《城市轨道交通工程监测技术规范》GB 50911—2013 的要求，工程监测等级宜按照基坑、隧道工程的自身风险等级、周边环境风险等级的最高等级确定，在此基础上可根据当地经验并结合地质条件复杂程度进行调整。

基坑、隧道工程的自身风险等级可根据基坑设计深度、隧道埋深和断面尺寸等元素进行划分，具体如表 3-1 所示。

基坑、隧道自身风险等级　　　　表 3-1

| 风险等级 | | 等级划分标准 |
|---|---|---|
| 基坑工程 | 一级 | 设计深度≥20m |
| | 二级 | 20m＞设计深度≥10m |
| | 三级 | 设计深度＜10m |

续表

| 风险等级 | | 等级划分标准 |
|---|---|---|
| 隧道工程 | 一级 | 超浅埋隧道；超大断面隧道(断面尺寸>100m²) |
| | 二级 | 浅埋隧道；近距离并行或交叠隧道；盾构始发和接收；大断面隧道(100m²≥断面尺寸>50m²) |
| | 三级 | 深埋隧道；一般断面隧道(50m²≥断面尺寸>10m²) |

周边环境风险等级可根据周边环境的类型、重要性、与工程的空间位置关系和对工程的危险性进行划分。主要影响区内存在既有轨道交通设施、重要建（构）筑物、重要桥梁与隧道、河流或湖泊的可划分为一级；主要影响区存在一般建（构）筑物、一般桥梁与隧道、高速公路或重要管线，次要影响区内存在既有轨道交通设施、重要建（构）筑物、重要桥梁与隧道、河流或湖泊，或者隧道工程上跨穿越既有轨道交通设施的可划分为二级；主要影响区内存在城市重要道路、一般地下管线或一般市政设施，次要影响区内存在一般建（构）筑物、一般桥梁与隧道、高速公路或重要管线的可划分为三级；其余划分为四级。

## 3.4 明挖法工程监测设计

根据相关规范要求，开挖深度≥5m 或开挖深度<5m 但现场地质情况和周边环境较复杂的基坑工程以及其他需要监测的基坑工程均需要在施工期间进行监测。

### 3.4.1 基坑变形特点及风险识别

基坑开挖造成围护结构自身及周边环境的变形与水文地质条件、施工方法、支护方法、过程中采取的辅助加固措施等均存在关系，但大概率呈现的变形规律为：随着基坑的开挖，因围岩应力卸载会造成基坑底部回弹隆起，周边土体由被动土压力变为主动土压力，围护结构发生向坑内的变形。具体表现为：

**1. 围护结构深层水平位移**

内支撑体系围护结构水平位移呈"鼓肚形"曲线变形；土钉墙支撑体系围护结构水平位移呈"倒三角"上大下小的曲线变形；桩锚支撑体系围护结构水平位移呈"先倒三角、后鼓肚形"曲线变形。

**2. 围护结构顶水平位移**

随着基坑开挖，围护结构顶水平位移向坑内逐步变形。前期开挖变形较大，随着支撑体系受力，后期变形较小，但是如遇到超挖等现象，易产生较大速率变形。

**3. 轴力变化**

轴力分为混凝土支撑轴力、钢支撑轴力和锚索轴力。混凝土轴力随着土方开挖数据逐渐增大，计算时需进行温度、干缩、徐变等改正，且初始频率取基坑开挖前为初始值更为合理（应避免工程中常见的轴力值远大于设计值的现象出现）。

随着基坑开挖致使迎土侧主动土压力短时间内急剧增加，造成钢支撑轴力也急剧增加。预加轴力损失严重且受施工、过往车辆及温度等因素影响产生波动。下层钢支撑受力时，上一层钢支撑均会趋于稳定。基坑土方开挖阶段结束后，各支撑轴力均出现下降并趋于稳定。

锚索轴力随着基坑开挖呈现预应力骤减反弹、紊乱变化和平缓过渡三阶段的变形规律。

**4. 周边地表、道路及管线**

随着基坑开挖，周边地表及道路呈现下沉变形趋势。横向变形规律为：距离基坑边线约5m处沉降量最大，较近及远离基坑地表沉降量较小；纵向变形规律为：基坑边中心位置沉降变形最大，基坑边两端变形较小。

**5. 周边建（构）筑物**

随着基坑开挖整体呈现向基坑方向的倾斜变形。监测过程中重点关注差异沉降、倾斜变形及建（构）筑物病害的产生及发展趋势。

**6. 土压力**

随着基坑开挖，土压力变换受施工进度、围岩变形、围护结构变形、作业机械等各种因素影响而变得异常复杂，它是荷载作用与结构变形、土体与围护结构变形协调的结果。整体呈现规律为：随着深度增加，土压力增大；随着基坑开挖，土压力减少。

**7. 围护结构内力**

呈现开挖面附近弯矩较大的规律，且随着基坑开挖，桩身最大弯矩点随着桩身弯矩的逐渐增大而下移。

**8. 格构柱、立柱变形**

随着基坑开挖，前期受上部荷载及自重影响出现轻微下沉变形，后期主要受土方开挖卸载作用出现隆起变形。格构柱、立柱的竖向变形对支撑轴力影响很大，随着变形位移增大，钢支撑承载力明显减少。

基坑工程施工过程中围护结构开裂变形、围护结构渗漏、围护结构滑坡失稳、坑底管涌和流砂、降水坍塌等事故频发，事故位置多发生在基坑腰部和底部。这均对地铁建设风险管控提出了更高要求。因此施工过程中重点关注开挖面地质状况、土体变形塌落、围护结构体系施作及时性和开裂变形、土方开挖规范性、周边环境变形及病害等风险较大的部位。

### 3.4.2 监测项目

监测对象为围护结构自身和周边环境。监测项目设计应结合风险源及其级别情况，与工程安全风险等级相匹配，做到关键部位重点监测，并应形成有效、完整的监测系统。

第三方监测项目宜包括围护结构顶水平位移、围护结构体水平位移、支撑体系应力、立柱竖向位移、周边地表及周边环境变形等。施工监测在此基础上增加围护结构顶竖向位移、地下水位、施工竖井收敛等项目。具体监测项目可根据监测等级进行选择，详见表3-2和表3-3（《城市轨道交通工程监测技术规范》GB 50911—2013）。

基坑工程监测项目　　　　　　表3-2

| 序号 | 监测项目 | 工程监测等级 | | |
|---|---|---|---|---|
| | | 一级 | 二级 | 三级 |
| 1 | 支护桩(墙)、边坡顶部水平位移 | √ | √ | √ |
| 2 | 支护桩(墙)、边坡顶部竖向位移 | √ | √ | √ |

续表

| 序号 | 监测项目 | 工程监测等级 | | |
|---|---|---|---|---|
| | | 一级 | 二级 | 三级 |
| 3 | 支护桩(墙)体水平位移 | √ | √ | ○ |
| 4 | 支护桩(墙)结构应力 | ○ | ○ | ○ |
| 5 | 立柱结构竖向位移 | √ | √ | ○ |
| 6 | 立柱结构水平位移 | √ | ○ | ○ |
| 7 | 立柱结构应力 | ○ | ○ | ○ |
| 8 | 支撑轴力 | √ | √ | √ |
| 9 | 顶板应力 | ○ | ○ | ○ |
| 10 | 锚杆、锚索拉力 | √ | √ | √ |
| 11 | 土钉拉力 | ○ | ○ | ○ |
| 12 | 地表沉降 | √ | √ | √ |
| 13 | 竖井初期支护井壁净空收敛 | √ | √ | √ |
| 14 | 土体深层水平位移 | ○ | ○ | ○ |
| 15 | 土体分层竖向位移 | ○ | ○ | ○ |
| 16 | 基坑底回弹 | ○ | ○ | ○ |
| 17 | 支护桩(墙)侧向土压力 | ○ | ○ | ○ |
| 18 | 地下水位 | √ | √ | √ |
| 19 | 孔隙水压力 | ○ | ○ | ○ |

周边环境监测项目    表3-3

| 监测对象 | 监测项目 | 工程影响分区 | |
|---|---|---|---|
| | | 主要影响区 | 次要影响区 |
| 建(构)筑物 | 竖向位移 | √ | √ |
| | 水平位移 | ○ | ○ |
| | 倾斜 | ○ | ○ |
| | 裂缝 | √ | ○ |
| 地下管线 | 竖向位移 | √ | ○ |
| | 水平位移 | ○ | ○ |
| | 差异沉降 | √ | ○ |

注：√—应测项目，○—选测项目。

实施时根据具体工程情况及地域要求进行选择确定，且当基坑周边有地铁、铁路、道路或其他对位移有特殊要求的建筑及设施时，监测项目应与有关管理部门或产权单位协商确定。

### 3.4.3 监测点位设计

监测设计中监测点的布设部位和监测点间距应根据施工工法、工程风险等级、地质条件及监测方法的要求综合确定，并应满足反映监测对象实际状态、位移和内力变化规律，及分析监测对象安全状态的要求。监测点的布设应符合下列基本要求：

（1）监测点布设位置应合理可行、便于观测，并不影响和妨碍监测对象的正常受力和使用，并避免因施工影响而破坏。

（2）监测点应综合考虑周边环境与围护结构情况进行优化布设，首先考虑变截面、阳角、各边中点、基坑深度变化处、邻近建（构）筑物及地下管线等重要环境部位、地质条件复杂部位等基坑关键部位布点，然后在此基础上布设标准断面。围护结构体水平位移监测等级为一、二级时，监测点间距为20～40m，监测等级为三级时，监测点间距为40～50m；围护结构顶水平位移及竖向位移监测等级为一、二级时，监测点间距为10～20m，监测等级为三级时，监测点间距为20～30m；周边地表竖向位移监测点间距为30～50m；建筑物变形监测点宜布设在四角、分界处等，间距10～15m，或2～3根柱基；管线变形宜布设在节点、转角点、变形曲率较大点等处，水平间距为15～25m。具体可参考《城市轨道交通工程监测技术规范》GB 50911—2013，如表3-4和表3-5所示。

明挖法基坑工程监测点布设原则　　　　表3-4

| 序号 | 监测项目 | 监测点布设原则 |
|---|---|---|
| 1 | 支护桩（墙）、边坡顶部水平位移和竖向位移 | (1)监测点应沿基坑周边布设，且监测等级为一级、二级时，布设间距宜为10～20m；监测等级为三级时，布设间距宜为20～30m；<br>(2)对于出入口、风井等附属工程的基坑，每侧的监测点不应少于1个 |
| 2 | 支护桩（墙）体水平位移 | 监测等级为一、二级时，布设间距宜为20～40m；监测等级为三级时，布设间距宜为40～50m |
| 3 | 支护桩（墙）结构应力 | (1)基坑各边中间部位、深度变化部位、桩（墙）体背后水土压力较大部位、地面荷载较大或其他变形较大部位、受力条件复杂部位等，应布设竖向监测断面；<br>(2)监测点的竖向间距应根据桩（墙）体的弯矩大小及土层分布情况确定，监测点竖向间距不宜大于5m，在弯矩最大处应布设监测点 |
| 4 | 立柱结构竖向位移、水平位移和结构应力 | (1)竖向位移和水平位移监测数量不应少于立柱总数量的5%，且不应少于3根。当基底受承压水影响较大或采用逆作法施工时，应适当增加监测数量；<br>(2)竖向位移和水平位移监测宜选择基坑中部、多根支撑交汇处、地质条件复杂处的立柱；<br>(3)水平位移监测点宜在立柱结构顶部、底部上下对应布设，必要时可在中部增加监测点；<br>(4)结构应力监测应选择受力较大的立柱，监测点宜布设在各层支撑立柱的中间部位或立柱下部的1/3部位，可沿立柱周边均匀布设4个监测点 |
| 5 | 支撑轴力 | (1)宜选择基坑中部、阳角部位、深度变化部位、支护结构受力条件复杂部位及在支撑系统中起控制作用的支撑；<br>(2)应沿竖向布设监测断面，每层支撑均应布设监测点；<br>(3)每层支撑的监测数量不宜少于每层支撑数量的10%，且不应少于3根；<br>(4)采用轴力计监测时，监测点应布设在支撑的端部；采用钢筋计或应变计监测时，可布设在支撑中部或两支点间1/3部位，当支撑长度较大时也可布设在1/4点处，并应避开节点位置 |
| 6 | 盖挖法顶板应力 | (1)应选择具有代表性的断面进行顶板应力监测；<br>(2)监测点宜布设在立柱（或边桩）与顶板的刚性连接部位和两根立柱（或边桩与立柱）的跨中部位，每个监测点纵横两个方向均应进行监测 |

续表

| 序号 | 监测项目 | 监测点布设原则 |
|---|---|---|
| 7 | 锚杆拉力 | (1)宜选择基坑各边中间部位、阳角部位、深度变化部位、地质条件复杂部位及周边存在高大建(构)筑物部位的锚杆;<br>(2)应沿竖向布设监测断面,每层锚杆均应布设监测点,每层锚杆的监测数量不应少于3根;<br>(3)每根锚杆上的监测点宜设置在锚头附近或受力有代表性的位置 |
| 8 | 土钉拉力 | (1)宜选择基坑各边中间部位、阳角部位、深度变化部位、地质条件复杂部位及周边存在高大建(构)筑物部位的土钉;<br>(2)应沿竖向布设监测断面,每层土钉均应布设监测点;<br>(3)每根杆体上的监测点应设置在受力有代表性的位置;<br>(4)监测点的布设位置与支护桩(墙)体水平位移监测点宜共同组成监测断面 |
| 9 | 地表沉降 | (1)沿平行基坑周边边线布设地表沉降监测点不应少于2排,排距宜为3~8m,第一排监测点距基坑边缘不宜大于2m,每排监测点间距宜为10~20m;<br>(2)应根据基坑规模和周边环境条件,选择有代表性的部位布设垂直于基坑边线的横向监测断面,每个横向监测断面监测点的数量和布设位置应满足对基坑工程主要影响区和次要影响区的控制,每侧监测点数量不宜少于5个;<br>(3)监测点及监测断面的布设位置应与周边环境监测布设相结合 |
| 10 | 竖井井壁围护结构净空收敛 | (1)沿竖向每3~5m应布设一个监测断面;<br>(2)每个监测断面在竖井结构的长、短边中部应布设监测点,每个监测断面不应少于2条测线 |
| 11 | 土体深层水平位移 | 宜布置在基坑周边的中部、阳角处及有代表性的部位。监测点水平间距宜为20~50m,每边监测点数目不应少于1个 |
| 12 | 土体分层竖向位移 | 应布置在靠近被保护对象且有代表性的部位,数量视具体情况确定。在竖向布置上测点宜设置在各层土的界面上,也可等间距设置。测点深度、测点数量应视具体情况确定 |
| 13 | 基坑底回弹(回弹) | (1)应根据基坑的平面形状和尺寸布设纵向、横向监测断面;<br>(2)监测点宜布设在基坑的中央、距坑底边缘的1/4坑底宽度处以及其他能反映变形特征的位置,当基底土质软弱、基底以下存在承压水时,宜适当增加监测点;<br>(3)回弹监测标志埋入基坑底面以下20~30cm |
| 14 | 支护桩(墙)侧向土压力 | (1)监测点应布置在受力、土质条件变化较大或其他有代表性的部位;<br>(2)平面布置上基坑每边不宜少于2个监测点。在竖向布置上,监测点间距宜为2~5m,下部宜加密;<br>(3)当按土层分布情况布设时,每层应至少布设1个测点,且布置在各层土的中部 |
| 15 | 地下水位 | (1)应根据水文地质条件的复杂程度、降水深度、降水的影响范围和周边环境保护要求,在降水区域及影响范围内分别布设地下水位观测孔,观测孔数量应满足掌握降水区域和影响范围内的地下水位动态变化的要求;<br>(2)当降水深度内存在2个以上含水层时,应分层布设地下水位观测孔观测各层地下水位变化情况;<br>(3)降水区靠近地表水体时,应在其附近增设地下水位观测孔,观测和分析地表水对地下水的影响 |
| 16 | 孔隙水压力 | 宜布置在基坑受力、变形较大或有代表性的部位。监测点竖向布置宜在水压力变化影响深度范围内按土层分布情况布设,竖向间距宜为2~5m,数量不宜少于3个 |

周边环境监测点布设原则　　　　　　　　　　　　　　表 3-5

| 序号 | 监测项目 | 监测点布设原则 |
| --- | --- | --- |
| 1 | 建(构)筑物竖向位移 | (1)监测点应布设在外墙或承重柱上,位于强烈影响区时监测点沿外墙间距宜为10～15m,或每隔2根承重柱布设1个监测点;位于显著影响区时监测点沿外墙间距宜为15～30m,或每隔2～3根承重柱布设1个监测点;在外墙转角处应有监测点控制;<br>(2)在高低悬殊或新旧建(构)筑物连接、建(构)筑物变形缝、不同结构分界、不同基础形式和不同基础埋深等部位的两侧应布设监测点;<br>(3)对烟囱、水塔、高压电塔等高耸构筑物,应在其基础轴线上对称布设监测点,每栋构筑物监测点布设数量不应少于3个;<br>(4)风险等级较高的建(构)筑物应适当增加监测点数量 |
| 2 | 建(构)筑物水平位移 | 监测点应布设在邻近基坑或隧道一侧的建(构)筑物外墙、承重柱、变形缝两侧及其他有代表性的部位,可与建(构)筑物竖向位移监测点布设在同一位置 |
| 3 | 建(构)筑物倾斜 | (1)监测点应沿主体结构顶部、底部上下对应按组布设,必要时中部增加监测点;<br>(2)每栋建(构)筑物倾斜监测数量不宜少于2组,每组监测点布设数量不应少于2个;<br>(3)采用基础的差异沉降推算建(构)筑物倾斜时,监测点的布设应符合竖向位移监测点的布设要求 |
| 4 | 地下管线竖向位移、水平位移和差异沉降 | (1)地下管线监测点埋设形式和布设位置应根据地下管线的重要性、修建年代、类型、材质、管径、接口形式、埋设方式、使用状况,以及与工程的空间位置关系等综合确定;<br>(2)地下管线位于强烈影响区时,竖向位移监测点布设间距宜为5～15m;位于显著影响区时,布设间距宜为15～30m;<br>(3)监测点宜布设在地下管线的节点、转角点、位移变化敏感或预测变形较大的部位;<br>(4)地下管线邻近基坑或隧道时,宜采用位移杆法在管体上布设直接监测点对管线变形进行监测;距离基坑或隧道较远且无法布设直接监测点时,可在地表或土层中布设间接监测点对管线变形进行监测;<br>(5)隧道下穿污水、供水、燃气、热力等地下管线且风险很高时,应布设管线结构直接监测点及管侧土体监测点,对管线变形及管侧土体变形进行监测,判断管线与管侧土体的协调变形情况;<br>(6)地下管线水平位移监测点的布设位置和数量应根据地下管线特点和工程需要确定;<br>(7)地下管线密集、种类繁多时,应对重要的、抗变形能力差的、容易渗漏或破坏的管线进行重点监测 |

(3)为便于监测数据互相验证及综合分析判别风险源、风险状态及影响范围,周边环境、围护结构监测点应尽量布置在同一断面。

(4)遵循主要影响范围内密,次要影响范围疏的原则进行布设。具体基坑工程影响区宜按表 3-6 和图 3-2 的规定进行划分。

基坑工程影响分区　　　　　　　　　　　　　　表 3-6

| 基坑工程影响区 | 范围 |
| --- | --- |
| 主要影响区(Ⅰ) | 基坑周边 $0.7H$ 或 $H \cdot \tan(45°-\varphi/2)$ 范围内 |
| 次要影响区(Ⅱ) | 基坑周边 $0.7H \sim (2.0 \sim 3.0)H$ 或 $H \cdot \tan(45°-\varphi/2) \sim (2.0 \sim 3.0)H$ 范围内 |
| 可能影响区(Ⅲ) | 基坑周边 $(2.0 \sim 3.0)H$ 范围外 |

注：1. $H$—基坑设计深度（m），$\varphi$—岩土体内摩擦角（°）；
  2. 基坑开挖范围内存在基岩时，$H$ 可为覆盖土层和基岩强风化层厚度之和；
  3. 工程影响分区的划分界线取表中 $0.7H$ 或 $H \cdot \tan(45°-\varphi/2)$ 的较大值。

当 $0.7H = H \cdot \tan(45°-\varphi/2)$ 时，$\varphi=20°$，当 $\varphi$ 增大时，$H \cdot \tan(45°-\varphi/2)$ 会变得更小。

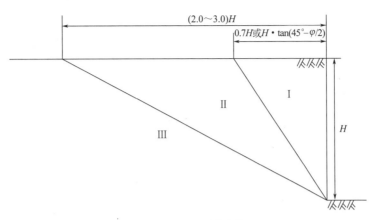

图 3-2 基坑工程影响分区

### 3.4.4 监测频率与周期

**1. 监测频率**

监测频率应以满足监测信息及时、系统全面地反映出施工工况及监测对象的动态变化特征为目标，具体实施时根据工程施工进度、监测项目、监测对象、地质条件等情况和特点，并结合当地工程经验及相关规范标准进行。

（1）基坑开挖前及时采取初值，并根据降水等工程实际需要确定频率。

（2）基坑开挖期间 1 次/(1～3) 天，随着基坑开挖深度增加，频率逐步提高。

（3）结构施作期间 1 次/(1～7) 天，底板结构强度满足要求前 1 次/(1～3) 天，满足要求后可为 1 次/7 天，具体可根据监测数据变形情况进行动态调整，但是支撑拆除期间应适当加密监测；经分析监测数据达到基本稳定至满足停测条件期间监测频率为 1 次/30 天。

（4）施工竖井收敛监测频率为：开挖期间 1 次/天，结构整体完成后 1 次/(2～7) 天，经分析监测数据达到基本稳定至满足停测条件期间监测频率为 1 次/30 天。

（5）坑底回弹监测应在基坑开挖前、开挖后、底板浇筑前各监测 1 次。当基坑开挖完成至基础施工之间间隔时间较长时，可增加监测次数。

（6）当遇到监测数据异常，特别是变化速率较大，发生红色监测预警；暴雨或长时间连续降雨；存在勘察未发现的不良地质条件，并影响工程安全；建设单位或产权单位有特殊要求等情况时，应适当提高频率。

**2. 监测周期**

监测工作从工程施工前开始，至基坑回填完成、监测数据变形趋于稳定，且满足建设单位合同要求时可结束监测工作。

监测频率与周期具体可参考《城市轨道交通工程监测技术规范》GB 50911—2013 和当地相关规范技术标准。

## 3.5 矿山法工程监测设计

矿山法工程应在施工阶段对围护结构、周边岩土体及周边环境进行监测。

### 3.5.1 矿山法工程变形特点及风险识别

矿山法工程土方开挖致使围岩四周应力卸载,造成隧道拱顶下沉变形、两腰向隧道内变形、底板隆起变形,随着拱顶围岩松动圈向地表发展,造成拱顶上方土体、地表发生沉降变形。具体地表典型变形时程曲线规律如图 3-3,地表变形等值线如图 3-4 所示。

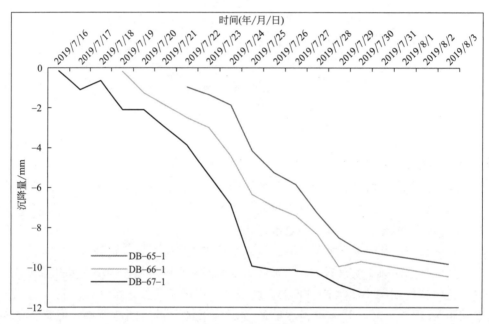

图 3-3 矿山法工程地表变形时程曲线

近年来,受开挖断面扩增、埋深加大、带水作业等不利因素影响,城市轨道交通人工暗挖已经濒于安全储备的临界状态;加之参建各方管理的主观认识与客观投入也有所摊薄,暗挖过量沉降和结构超量变形现象愈发频繁。这些对城市轨道交通建设风险管控提出更高要求。矿山法工程施工过程中主要风险为:

(1) 施工规范性。严格遵守"十八字方针",做到管超前、严注浆、短开挖、强支护、早封闭、勤量测。目前城市轨道交通工程建设普遍存在施工周期延长与短期抢工现象,极易造成施工不规范情况发生,致使矿山法工程周围被扰动围岩范围增大,增加工程风险。

(2) 施工过程中水的处理。根据工点自身工程水文地质及施工方案等条件,选择适宜的降水或堵水方案,尽量做到无水作业,同时要对降水效果制定核验标准和措施。城市轨道交通工程建设过程中水的处理是重中之重,带水开挖极易造成水土流失,严重时出现土体突涌、坍塌事件发生,特别是在粉细砂层、砂层、砂卵石等地层中发生概率更大。

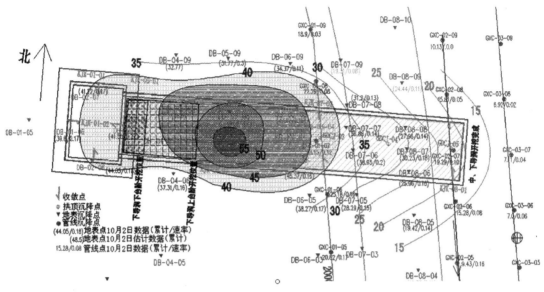

图 3-4 矿山法工程地表变形等值线

(3) 重点关注部位。矿山法施工风险管控重点关注马头门部位（开设马头门 0~5m 范围）、平顶直墙段、大断面（断面大于 6m）、转弯段、扩大段、仰挖、俯挖段、浅埋段、拱顶不良地质段（粉细砂层、淤泥等地层）等部位，施工过程中应加密监测点布设、监测加测。

(4) 重点施工阶段。矿山法工程在土方开挖期间、临时围护和永久围护结构受力转换期间应重点关注，必要时应加密监测。

(5) 做好周边环境风险源调查。进行工程自身及周边环境风险源调查，并进行风险源分级及确定矿山法控制指标的分解。

### 3.5.2 监测项目

监测对象为围护结构自身和周边环境。监测项目设计应结合风险源及其级别情况，与工程安全风险等级相匹配，做到关键部位重点监测，并应形成有效、完整的监测系统。

第三方监测一般对矿山法工程影响范围内地表及周边环境进行监测，施工监测项目在第三方监测项目基础上还包括洞内围护结构变形、应力及水位等监测。详见表 3-7（《城市轨道交通工程监测技术规范》GB 50911—2013）。

矿山法隧道围护结构和周围岩土体监测项目　　　　表 3-7

| 序号 | 监测项目 | 工程监测等级 | | |
|---|---|---|---|---|
| | | 一级 | 二级 | 三级 |
| 1 | 初期围护结构拱顶沉降 | √ | √ | √ |
| 2 | 初期围护结构底板竖向位移 | √ | ○ | ○ |

续表

| 序号 | 监测项目 | 工程监测等级 | | |
|---|---|---|---|---|
| | | 一级 | 二级 | 三级 |
| 3 | 初期围护结构净空收敛 | √ | √ | √ |
| 4 | 隧道拱脚竖向位移 | ○ | ○ | ○ |
| 5 | 中柱结构竖向位移 | √ | √ | √ |
| 6 | 中柱结构倾斜 | ○ | ○ | ○ |
| 7 | 中柱结构应力 | ○ | ○ | ○ |
| 8 | 初期围护结构、二次衬砌应力 | ○ | ○ | ○ |
| 9 | 地表沉降 | √ | √ | √ |
| 10 | 土体深层水平位移 | ○ | ○ | ○ |
| 11 | 土体分层竖向位移 | ○ | ○ | ○ |
| 12 | 围岩压力 | ○ | ○ | ○ |
| 13 | 地下水位 | √ | √ | √ |

注：√—应测项目，○—选测项目。

### 3.5.3 监测点位设计

监测设计中监测点的布设部位和监测点间距应根据工程风险等级、地质条件及监测方法的要求综合确定，并应满足反映监测对象实际状态、位移和内力变化规律，以及分析监测对象安全状态的要求。具体矿山法工程监测点的布设应符合下列基本要求：

（1）监测点布设位置应合理可行、便于观测，且不影响和妨碍监测对象的正常受力和使用，并避免因施工影响而破坏。

（2）监测点应综合考虑周边环境与结构情况进行优化布设，首先考虑变截面、马头门、调高段、明暗挖结合段、地层偏压、围岩软硬不均、地下水位较高、下穿或邻近重要风险源等暗挖工程关键部位布设监测断面（控制断面应布设在关键部位处，每断面宜布设7～11个监测点），其次在此基础上布设标准断面。地表沉降监测点布设横向监测断面，自身风险等级为一级时，监测断面间距宜为10～50m，自身风险等级为二、三级时，间距宜为50～100m；且保证每个开挖小导洞上方及沉降变形中心部位均布设监测点，具体可参考《城市轨道交通工程监测技术规范》GB 50911—2013，如表3-8所示。

矿山法隧道工程监测点布设原则　　　　表3-8

| 序号 | 监测项目 | 监测点布设原则 |
|---|---|---|
| 1 | 初期围护结构拱顶沉降、净空收敛 | (1)应布设垂直于隧道轴线的横向监测断面，车站监测断面间距宜为5～10m，区间监测断面间距宜为10～15m；<br>(2)监测点宜在隧道拱顶、两侧拱脚处(全断面开挖时)或拱腰处(半断面开挖时)布设，拱顶的沉降监测点可兼作净空收敛监测点，净空收敛测线宜为1～3条；<br>(3)分部开挖施工的每个导洞均应布设横向监测断面；<br>(4)监测点应在初期围护结构完成后及时布设 |

续表

| 序号 | 监测项目 | 监测点布设原则 |
| --- | --- | --- |
| 2 | 初期围护结构底板竖向位移 | 监测点宜布设在初期围护结构底板的中部或两侧,监测点的布设位置与拱顶沉降监测点宜对应布设 |
| 3 | 隧道拱脚竖向位移 | 在隧道周围岩土体存在软弱土层时应布设隧道拱脚竖向位移监测点 |
| 4 | 车站中柱沉降、倾斜及结构应力 | 应选择有代表性的中柱进行沉降、倾斜监测。当需进行中柱结构应力监测时,监测数量不应少于中柱总数的10%,且不应少于3根,每柱宜布设4个监测点,并在同一水平面内均匀布设 |
| 5 | 围岩压力、初期围护结构应力、二次衬砌应力 | (1)在地质条件复杂或应力变化较大的部位布设监测断面,应力监测断面与净空收敛监测断面宜处于同一位置; <br>(2)监测点宜布设在拱顶、拱脚、墙中、墙脚、仰拱中部等部位,监测断面上每个监测项目不宜少于5个监测点; <br>(3)需拆除竖向初期围护结构的部位应根据需要布设监测点 |
| 6 | 地表沉降 | (1)监测点应沿每个隧道或分部开挖导洞的轴线上方地表布设,自身风险等级为一、二级时,监测点间距宜为5~10m;自身风险等级为三级时,监测点间距宜为10~15m; <br>(2)横通道(含挑高段)布点间宜为3~5m; <br>(3)应根据周边环境和地质条件沿地表布设垂直于隧道轴线的横向监测断面,自身风险等级为一级时,监测断面间距宜为10~50m;自身风险等级为二、三级时,间距宜为50~100m; <br>(4)在车站与区间、车站与附属结构、明暗挖等的分界部位,洞口、隧道断面变化、联络通道、施工通道等部位及地质条件不良易产生开挖面坍塌和地表过大变形的部位,应有横向监测断面控制; <br>(5)横向监测断面的监测点数量宜为7~11个,监测点间距宜为3~10m |
| 7 | 土体深层水平位移和分层竖向位移 | (1)地层疏松、土洞、溶洞、破碎带等地质条件复杂地段,软土、膨胀性岩土、湿陷性土等特殊性岩土地段,工程施工对岩土体扰动较大或邻近重要建(构)筑物、地下管线等地段应布设监测孔及监测点; <br>(2)监测孔的位置和深度应根据工程需要确定,并应避免管片背后注浆对监测孔的影响; <br>(3)土体分层竖向位移监测点宜布设在各层土的中部或界面上,也可等间距布设 |
| 8 | 地下水位 | (1)应根据水文地质条件的复杂程度、降水深度、降水的影响范围和周边环境保护要求,在降水区域及影响范围内分别布设地下水位观测孔,观测孔数量应满足掌握降水区域和影响范围内的地下水位动态变化的要求; <br>(2)当降水深度内存在2个以上含水层时,应分层布设地下水位观测孔观测各层地下水位变化情况; <br>(3)观测孔数量应根据工程需要确定 |

(3)为便于监测数据互相验证及综合分析判别风险源、风险状态及影响范围,周边环境、结构监测点应尽量布置在同一断面。

(4)遵循主要影响范围内密,次要影响范围疏的原则进行布设。具体暗挖影响区宜按表3-9和图3-5的规定进行划分。

土质隧道工程影响分区  表3-9

| 基坑工程影响区 | 范围 |
| --- | --- |
| 主要影响区（Ⅰ） | 隧道正上方及沉降曲线反弯点范围内 |
| 次要影响区（Ⅱ） | 隧道沉降曲线反弯点至沉降曲线边缘 $2.5i$ 处 |
| 可能影响区（Ⅲ） | 隧道沉降曲线边缘 $2.5i$ 外 |

注：1. $i$ 为隧道地表沉降曲线 Peck 计算式中的沉降槽宽度系数（m）；
2. 北京地区沉降槽宽度参数 $K$ 可取最大值 0.6，$z_0$ 即为隧道埋深 $H_i$，隧道沉降曲线反弯点 $i=0.6H_i$，隧道沉降曲线边缘 $2.5i=1.5H_i$。因此，北京地区隧道主要影响区可取隧道正上方及 $0.6H_i$ 范围内，次要影响区可取隧道周边 $0.6\sim1.5H_i$ 范围内，可能影响区可取隧道周边 $1.5H_i$ 以外。

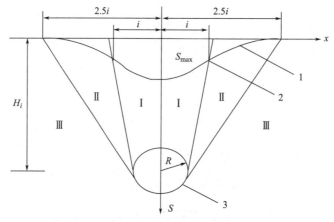

1—沉降曲线；2—反弯点；3—隧道

图 3-5 浅埋隧道工程影响分区

### 3.5.4 监测频率与周期

**1. 监测频率**

矿山法隧道工程施工中隧道初期围护结构、周围岩土体和周边环境的监测频率如表 3-10 所示。

矿山法隧道工程监测频率  表3-10

| 监测部位 | 监测对象 | 开挖面至监测点或监测断面的距离 | 监测频率 |
| --- | --- | --- | --- |
| 开挖面前方 | 周围岩土体和周边环境 | $2B<L\leqslant5B$ | 1次/2天 |
| | | $L\leqslant2B$ | 1次/天 |
| 开挖面后方 | 初期围护结构、周围岩土体和周边环境 | $L\leqslant B$ | 1次/天 |
| | | $B<L\leqslant2B$ | 1次/天 |
| | | $2B<L\leqslant5B$ | 1次/2天 |
| | | $L>5B$ | 1次/7天 |
| 监测数据趋于稳定后 | | | 1次/30天 |

注：1. $B$ 为矿山法隧道或导洞开挖宽度（m），$L$ 为开挖面至监测点或监测断面的水平距离（m）；
2. 当工程发生异常情况时，应增大监测频率，发生红色监测预警时监测频率应≥2次/天。

**2. 监测周期**

监测工作从工程施工前开始,至监测数据变形趋于稳定,且满足建设单位合同要求可结束监测工作。

## 3.6 盾构法工程监测设计

盾构工程应在施工阶段对盾构管片、周边岩土体及周边环境进行监测。

### 3.6.1 盾构法工程变形特点及风险识别

盾构施工过程中的地表沉降变形规律与矿山法基本类似,但因盾构掘进过程中有一定的推力,造成刀盘前方土体发生一定的上浮变形,随后随着土方的开挖围岩应力的卸载,土体发生沉降变形。其典型变形规律如图 3-6 和图 3-7 所示。

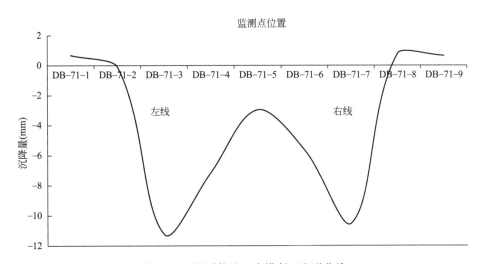

图 3-6 双洞盾构法地表横断面变形曲线

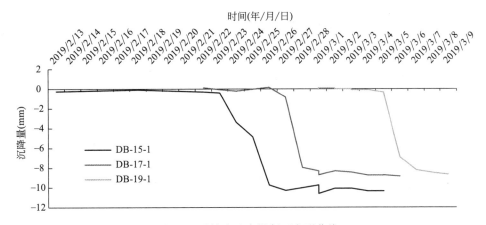

图 3-7 盾构法地表纵断面变形曲线

盾构法工程施工过程中的主要风险为:

**1. 盾构始发与接收段**

盾构始发和接收前应对预留洞口钢筋混凝土进行凿除。凿除时间越长，洞口内土体暴露时间越长，越易造成土体塌方，如遇含水饱和的砂性土，极易引起大量泥砂涌入，造成严重的工程事故。施工过程中常采用地层加固和打设减压降水井的方式进行处理。

**2. 联络通道段**

联络通道施工常采用矿山法施工，采取的辅助加固措施有深孔注浆和冻结，每种加固措施均要确保无水作业及尽量避免出现开挖面土体、围护结构失稳等情况。另外，若联络通道带有泵房，因泵房开挖深度更大，开挖过程风险也随之增加。

**3. 盾构正常掘进过程中**

盾构掘进过程中应控制好土压力、扭矩等相关掘进参数，并做好土体改良，检查盾尾密封装置，控制盾构轴线偏差，避免掘进面土体失稳，提前做好超前地质探测等。需做好同步注浆和二次补浆，注浆过程中重点关注注浆质量（浆液配比、初凝时间等）、注浆压力以及注补浆的及时性。

### 3.6.2 监测项目

监测对象为管片应力应变、对应地表及周边环境。监测项目设计应结合风险源及其级别情况，与工程安全风险等级相匹配，做到关键部位重点监测，并应形成有效、完整的监测系统。

盾构工程施工过程中第三方监测单位监测项目一般包含地表沉降及周边环境变形，施工单位监测项目在此基础上宜增加管片及周围岩土体的应力应变。具体可参考《城市轨道交通工程监测技术规范》GB 50911—2013，如表 3-11 所示。

盾构法隧道管片结构和周围岩土体监测项目  表 3-11

| 序号 | 监测项目 | 工程监测等级 | | |
|---|---|---|---|---|
| | | 一级 | 二级 | 三级 |
| 1 | 管片结构竖向位移 | √ | √ | √ |
| 2 | 管片结构水平位移 | √ | ○ | ○ |
| 3 | 管片结构净空收敛 | √ | √ | √ |
| 4 | 管片结构应力 | ○ | ○ | ○ |
| 5 | 管片连接螺栓应力 | ○ | ○ | ○ |
| 6 | 地表沉降 | √ | √ | √ |
| 7 | 土体深层水平位移 | ○ | ○ | ○ |
| 8 | 土体分层竖向位移 | ○ | ○ | ○ |
| 9 | 管片围岩压力 | ○ | ○ | ○ |
| 10 | 孔隙水压力 | ○ | ○ | ○ |

注：√—应测项目，○—选测项目。

### 3.6.3 监测点位设计

监测点的布设部位和监测点间距应根据工程风险等级、地质条件及监测方法的要求综合确定,并应满足反映监测对象实际状态、位移和内力变化规律,及分析监测对象安全状态的要求。盾构工程监测点的布设应符合下列基本要求:

(1) 监测点布设位置应合理可行、便于观测,并不影响和妨碍监测对象的正常受力和使用,并避免因施工影响而破坏。

(2) 监测点应综合考虑周边环境与结构情况进行优化布设,首先考虑始发接收段、联络通道、地层偏压、围岩软硬不均、地下水位较高、下穿或邻近重要风险源等盾构工程关键部位布点(控制断面宜布设在关键部位,且监测点数量宜为7~11个),其次在此基础上布设标准断面(自身风险等级为一级时,监测点间距宜为5~10m;自身风险等级为二、三级时,监测点间距宜为10~30m,且保证盾构正上方及沉降变形最大处均布设监测点)。具体可参考《城市轨道交通工程监测技术规范》GB 50911—2013,如表3-12所示。

盾构法隧道工程监测点布设原则　　　　　　　　　　　表 3-12

| 序号 | 监测项目 | 监测点布设原则 |
|---|---|---|
| 1 | 盾构管片结构竖向、水平位移和净空收敛 | (1) 在盾构始发与接收段、联络通道附近、左右线交叠或邻近段、小半径曲线段等区段应布设监测断面;<br>(2) 存在地层偏压、围岩软硬不均、地下水位较高等地质条件复杂区段应布设监测断面;<br>(3) 下穿或邻近重要建(构)筑物、地下管线、河流湖泊等周边环境条件复杂区段应布设监测断面;<br>(4) 每个监测断面宜在拱顶、拱底、两侧拱腰处布设管片结构净空收敛监测点,拱顶、拱底的净空收敛监测点可兼做竖向位移监测点,两侧拱腰处的净空收敛监测点可兼做水平位移监测点 |
| 2 | 盾构管片结构应力、管片围岩压力、管片连接螺栓应力 | (1) 应布设垂直于隧道轴线的监测断面,监测断面宜布设在存在地层偏压、围岩软硬不均、地下水位较高等地质或环境条件复杂地段,并与管片结构竖向位移和净空收敛监测断面处于同一位置;<br>(2) 每个监测项目在每个监测断面的监测点数量不宜少于5个或每环管片数量 |
| 3 | 地表沉降 | (1) 监测点应沿盾构隧道轴线上方地表布设,自身风险等级为一级时,监测点间距宜为5~10m;自身风险等级为二、三级时,监测点间距宜为10~30m,始发和接收段应适当增加监测点;<br>(2) 应根据周边环境和地质条件布设垂直于隧道轴线的横向监测断面,自身风险等级为一级时,监测断面间距宜为50~100m;自身风险等级为二、三级时,间距宜为100~150m;<br>(3) 在始发和接收段、联络通道等部位及地质条件不良易产生开挖面坍塌和地表过大变形的部位,应有横向监测断面控制;<br>(4) 横向监测断面的监测点数量宜为7~11个,在强烈影响区监测点间距宜为3~5m,显著影响区间距宜为5~10m |
| 4 | 土体深层水平位移和分层竖向位移 | (1) 地层疏松、土洞、溶洞、破碎带等地质条件复杂地段,软土、膨胀性岩土、湿陷性土等特殊性岩土地段,工程施工对岩土体扰动较大或邻近重要建(构)筑物、地下管线等地段应布设监测孔及监测点;<br>(2) 监测孔的位置和深度应根据工程需要确定,并应避免管片背后注浆对监测孔的影响;<br>(3) 土体分层竖向位移监测点宜布设在各层土的中部或界面上,也可等间距布设 |

续表

| 序号 | 监测项目 | 监测点布设原则 |
|---|---|---|
| 5 | 孔隙水压力 | (1)宜选择在隧道管片结构受力和变形较大、存在饱和软土和易产生液化的粉细砂土层等有代表性的部位进行布设;<br>(2)竖向监测点宜在水压力变化影响深度范围内按土层分布情况布设,竖向监测点间距宜为 2~5m,数量不宜少于 3 个 |

（3）为便于监测数据互相验证及综合分析判别风险源、风险状态及影响范围,周边环境、结构监测点应尽量布置在同一断面。

（4）遵循主要影响范围内密,次要影响范围疏的原则进行布设。具体影响范围划分同矿山法工程。

### 3.6.4 监测频率与周期

**1. 监测频率**

盾构法隧道工程施工中隧道管片结构、周边环境和周围岩土体监测频率应符合表 3-13 的规定。

盾构法施工周边环境和周围岩土体监测频率表　　表 3-13

| 监测部位 | 监测对象 | 开挖面至监测点或监测断面的距离 | 监测频率 |
|---|---|---|---|
| 开挖面前方 | 周围岩土体和周边环境 | $5D<L\leqslant 8D$ | 1次/3天 |
| | | $3D<L\leqslant 5D$ | 1次/2天 |
| | | $L\leqslant 3D$ | 1次/1天 |
| 开挖面后方 | 管片结构、周围岩土体和周边环境 | $L\leqslant 3D$ | 1次/1天 |
| | | $3D<L\leqslant 8D$ | 1次/2天 |
| | | $L>8D$ | 1次/7天 |
| 监测数据趋于稳定后 | | | 1次/30天 |

注:1. $D$ 为盾构法隧道开挖直径（m）,$L$ 为开挖面至监测点或监测断面的水平距离（m）;
　　2. 当工程发生异常情况时,应增大监测频率,发生红色监测预警时监测频率应≥2次/天。

**2. 监测周期**

监测工作从工程施工前开始,至监测数据变形趋于稳定,且满足建设单位合同要求可结束监测工作。

## 3.7 穿越既有交通设施监测设计

### 3.7.1 穿越既有轨道交通工程

随着城市轨道交通工程建设数量的增加,必然会出现新建城市轨道交通邻近、穿越既有城市轨道交通的情况发生（穿越城市轨道交通工程是指在轨道交通控制保护区内,以不同穿越方式穿越既有城市轨道交通设施并对其产生影响的新建、改建、扩建工程等）,根据相关文件及规范规定，在穿越城市轨道交通工程施工的过程中，对保护区内（车站主体50m范围内；附属结构30m范围内）既有轨道实行独立、专业的第三方监测工作，动态指导施工及对既有轨道安全评估，对防止重大运营事故发生具有十分重要的意义。

穿越既有轨道交通工程监测应编写专项监测方案，方案设计主要参考《城市轨道交通工程监测技术规范》GB 50911—2013、《城市轨道交通地下工程建设风险管理规范》GB 50652—2011 等国家规范。具有地方规范及标准的应优先参考，以北京市为例，相关地方规范及技术标准主要为《穿越城市轨道交通设施检测评估及监测技术规范》DB11/T 915—2012、《穿越既有交通基础设施工程技术要求》DB11/T 716—2010、《地铁工程监控量测技术规程》DB11/490—2007、《建设工程第三方监测技术规程》DB11/T 1626—2019、《北京地铁工务维修规则》（北京地铁运营有限公司，2002年12月）等。监测方案需通过相关产权单位组织的专家评审后方可实施。

**1. 穿越既有轨道交通工程变形特点及风险识别**

新建城市轨道交通工程施工造成周边地层扰动，引起周围土体应力状态发生变化，甚至施工过程中发生地层损失和涌水涌砂等事故，均导致施工影响范围内的既有运营地铁结构、轨道及道床结构发生变形，严重者发生开裂等病害，威胁行车安全，给市民生活带来不便，给国家财产带来重大损失。根据穿越位置关系不同，既有轨道变形特点不同，具体如下：

（1）下穿既有轨道工程。新建隧道施工过程中因开挖造成上部围岩松动，形成围岩松动圈，并随着时间推移上移影响到既有轨道，造成既有轨道道床、结构均以新建隧道轴线为中心发生沉降变形。但有时也会因新建隧道拱顶注浆压力过大造成既有轨道工程上浮变形。

（2）上跨既有轨道工程。上跨工程对既有轨道道床、结构影响较小，主要是因新建隧道开挖造成底板围岩应力释放，围岩应力二次重分布过程中松动上浮，造成既有轨道道床、结构均以新建隧道轴线为中心发生上浮变形。

（3）旁穿既有轨道工程。新建隧道施工造成周围围岩应力释放、松动，致使旁穿既有轨道道床、结构均向新建隧道方向发生变形。

**2. 监测项目**

根据被穿越工程为地下线、地面线及高架线等不同分类，穿越既有轨道工程监测项目如表 3-14 所示。

穿越既有轨道工程监测项目　　　　　　　　　　表 3-14

| 序号 | 监测项目 | | 工程影响分区 | |
|---|---|---|---|---|
| | | | 主要影响区 | 次要影响区 |
| 1 | 既有城市轨道交通（地下线） | 隧道结构竖向位移 | √ | √ |
| 2 | | 隧道结构水平位移 | √ | ○ |
| 3 | | 隧道结构净空收敛 | ○ | ○ |
| 4 | | 隧道结构变形缝差异沉降 | √ | √ |
| 5 | | 轨道结构(道床)竖向位移 | √ | √ |
| 6 | | 轨道静态几何形位(轨距、轨向、高低、水平) | √ | √ |
| 7 | | 隧道、轨道结构裂缝 | √ | ○ |

续表

| 序号 | 监测项目 | | 工程影响分区 | |
|---|---|---|---|---|
| | | | 主要影响区 | 次要影响区 |
| 8 | 既有城市轨道交通(地面线) | 路基竖向位移 | √ | √ |
| 9 | | 轨道静态几何形位(轨距、轨向、高低、水平) | √ | √ |
| 10 | 既有城市轨道交通(高架线) | 墩台竖向位移 | √ | √ |
| 11 | | 墩台差异沉降 | √ | √ |
| 12 | | 墩柱倾斜 | √ | √ |
| 13 | | 裂缝 | √ | ○ |

注：√—应测项目，○—选测项目。

**3. 监测点位设计**

监测点的布设部位和间距应满足反映监测对象实际状态、位移和内力变化规律，及分析监测对象安全状态的要求。具体监测点的布设应符合下列基本要求：

（1）监测点布设位置应合理可行、便于观测，并不影响和妨碍监测对象的正常受力和使用，并避免因施工影响而破坏。

（2）监测点应综合考虑结构情况进行优化布设，首先考虑在既有轨道结构变形缝、施工前检测报告所给出的病害位置、结构变截面处、换乘通道接驳既有结构处等既有轨道变形敏感关键部位处布点，其次在此基础上根据规范要求布设标准断面。既有轨道交通地下线、地面线监测断面间距均要求主要影响区为5m，次要影响区为10m；高架线要求每个墩柱和承台均布设监测。具体可参考《城市轨道交通工程监测技术规范》GB 50911—2013，如表3-15所示。

**既有轨道交通监测点布设原则** 表3-15

| 序号 | 监测对象 | 监测项目 | 监测点布设原则 |
|---|---|---|---|
| 1 | 既有轨道交通(地下线) 既有轨道交通(地面线) | 道床竖向位移、结构竖向位移、水平位移、净空收敛、静态几何形位、地面路基 | 主要影响区监测断面不宜大于5m；次要影响区监测断面不宜大于10m |
| 2 | 既有轨道交通(高架线) | 竖向位移 | 每个墩柱和承台监测点不应少于1个，群桩承台宜适当增加监测点 |
| 3 | | 墩柱倾斜 | 每个墩柱不应少于1组 |

（3）为便于监测数据互相验证及综合分析判别风险源、风险状态及影响范围，各监测项目监测点尽量布置在同一断面。

（4）优先采用静力水准、智能型全站仪加小棱镜等自动化监测。

**4. 监测频率与周期**

（1）监测频率

自动化监测可根据工程需要实时进行频率调整，人工监测频率宜按下穿期间1次/2~3天，贯通后1次/3~5天进行，具体实施过程中需根据运营公司可批复进入既有轨道线路的窗口期进行动态调整。可参考当地规范或《城市轨道交通工程监测技术规范》GB 50911—2013相关规定，具体如表3-16所示。

## 第3章 城市轨道交通工程施工安全风险监测设计

监测频率　　　　　　　　　　　　　　　　　　　表 3-16

| 序号 | 监测项目 | 监测频率 |
|---|---|---|
| 1 | 人工监测 | 下穿期间1次/2~3天，贯通后1次/3~5天，监测数据稳定后1次/15~30天 |
| 2 | 自动化监测 | 1次/10~20min，穿越后1次/20min~2h |
| 3 | 裂缝监测 | 下穿期间1次/5天，贯通后1次/天15天，数据稳定后1次/30天 |

注：当发生预警、既有轨道发生异常情况或运营单位有要求时，监测频率均可动态调整。

(2) 监测周期

穿越工程进入影响区之前布设监测点并采取初始值，直到穿越工程完成穿越工后一年，且数据变形趋于稳定（数据变形稳定标准可参考《建筑变形测量规范》JGJ 8—2016 相关规定，具体为100天的最大沉降速率小于 0.01~0.04mm/d 时，可认为已达到稳定状态），可根据相关合同要求结束监测工作。

### 3.7.2 穿越既有公路交通工程

随着城市建设步伐加快，地下工程穿越既有城市道路、桥梁和通道设施几率增大，在穿越施工过程中因各类原因引发突发事件，在一定程度上影响着公路交通的安全，给行人及车辆带来安全隐患，若发生事故将造成巨大的社会财产损失及不良的社会影响。如北京市区 2010 年至 2019 年地下穿越工程影响范围内共发生 31 起突发事件（地铁工程穿越范围内 27 起，管线穿越工程范围内 4 起），因此做好穿越过程中的道路、桥梁和通道设施监测工作，对保障道路、桥梁和通道设施安全使用起着至关重要的作用。

穿越道路、桥梁和通道工程监测应编写专项监测方案，方案设计主要参考的规范为《城市轨道交通工程监测技术规范》GB 50911—2013、《城市轨道交通地下工程建设风险管理规范》GB 50652—2011 等国家规范。具有地方规范及标准的应优先参考。

以北京市为例，相关地方规范及技术标准主要有北京市路政局关于印发《地下工程穿越交通设施安全监管暂行办法》的通知（京路法制发〔2008〕64 号）、《北京市路政局关于印发《地下工程穿越市管城市道路安全监管工作程序》的通知（京路城养发〔2009〕367 号）、《穿越既有道路设施工程技术要求》DB11/T 716—2019、《建设工程第三方监测技术规程》DB11/T 1626—2019 等。专项监测方案需通过相关产权单位组织的专家评审后方可实施。穿越既有道路、桥梁和通道设施工程监测方案具有以下特殊点：

(1) 需设置深埋式监测点

为及时了解在施隧道拱顶围岩松动圈发展动态，及时掌握被穿越道路桥梁周围土体扰动情况，要求在穿越道路桥梁影响范围及试验段内宜布设深埋式监测点。

穿越段和试验段单体工程深埋式监测点均不少于 3 个。重点布设在安全风险评估报告指出的变形较大或其他关键部位。穿越道路的土体深层沉降测点一般布设在机动车道以外，根据现场条件确需布设在机动车道范围内时，宜沿道路车道分界线，在固定且不受车辆碾压的位置布设。

具体埋设方法为：采用钻机竖直成孔，位移杆的长度应满足规范的要求。当穿越工程埋深不超过 10m 时，位移杆底部距离穿越工程净距为 0.5~1.5m，当穿越工程埋深超过 10m 时，位移杆底部距离穿越工程净距要超过穿越工程覆土深度的 50%。具体埋设如图 3-8 所示。

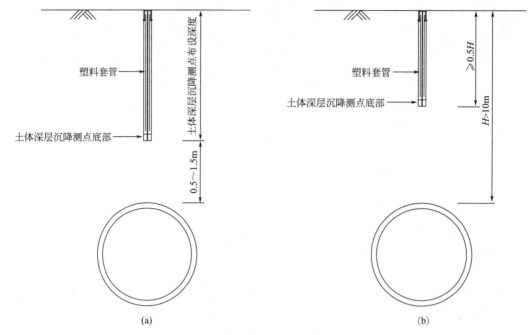

图 3-8 深层沉降测点布设
(a) 穿越工程覆土深度不大于 10m；(b) 穿越工程覆土深度大于 10m

另外，如果工程设计中有径向深孔注浆加固时，位移杆底部要保证与径向深孔注浆范围有 2m 左右的净距，避免注浆施工过程中浆液击穿地层，顺位移杆外侧流到地面，具体埋设如图 3-9 所示。

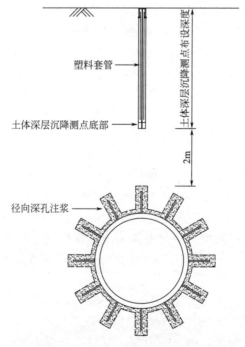

图 3-9 隧道径向注浆情况下深层沉降监测点的埋深

(2) 预警标准自成体系

监测预警分为黄色预警、橙色预警和红色预警,采用单控预警标准,即累计值或速率有一项达到预警标准,则触发预警,当累计值或速率均触发预警时,以级别高的为准。监测预警分级及预警响应如表 3-17 所示。

监测预警分级及预警响应　　　　表 3-17

| 序号 | 预警状态 | 预警条件 | 预警响应 |
| --- | --- | --- | --- |
| 1 | 黄色预警 | 实测累计值大于或等于累计控制值的 60% 且小于 80% 时;或日变化速率大于或等于变化速率控制值的 60% 且小于 80% 时 | 发送预警快报,加密监测并协助分析原因 |
| 2 | 橙色预警 | 实测累计值大于或等于累计量控制值的 80% 且小于 100% 时;或日变化速率大于或等于变化速率控制值的 80% 且小于 100% 时 | 发送预警快报,加密监测、启动会商机制,并采取调整开挖进度、优化支护参数、完善工艺方法等措施 |
| 3 | 红色预警 | 实测累计值大于累计量控制值时,或日变化速率大于或等于变化速率控制值时 | 发送预警快报,加密监测、启动会商机制和应急预案,并立即采取必要的补强或停止开挖等措施 |

(3) 需设置监测点破坏快速修复机制

监测点的安全稳固,对数据的可靠和连续至关重要。道路、桥梁和通道产权单位要求施工过程中定期对现场监测点进行巡查,发现测点破坏情况(如保护盖丢失等问题),要及时通知相关单位整改,并及时重新采集初值,保证数据连续性。

**1. 穿越道路、桥梁和通道工程变形特点及风险识别**

在剔除道路本身质量问题,及道路车流量大、路面老化、雨水冲刷、路面渗水等客观原因情况下,造成道路塌陷的主要原因为路基下方土体因穿越工程施工被扰动、发展为松散土体和空洞。根据地下工程施工影响范围在桩基标高以上和在桩基标高以下两种情况,分别分析穿越工程对桥梁和通道设施的变形特点及风险如下:

(1) 地下工程施工影响范围在桩基标高以上

地下工程施工易扰动桥梁桩基础周围土体,引起土中应力释放和附加应力,造成桩侧摩阻力下降,导致桩基础的承载力下降和变形的产生。如果承载力和变形过大超过安全规定值,则会影响桥梁的正常安全使用。

(2) 地下工程施工影响范围在桩基标高以下

除了上面所分析的桩侧摩阻力下降,桩端周围地层的扰动亦造成变形,导致桩端阻力的下降。造成桩基整体承载力下降和变形,变形过大超过安全规定值,同样影响桥梁的正常安全使用。

穿越道路桥梁和通道设施过程中主要风险识别如下:

(1) 地质条件较差

如遇局部颗粒较细等不良地质体,地层承载力较差,不具"拱效应"或形成"拱效应"较晚,在地下工程施工的扰动下,围岩松动圈快速发展到地面对道路基础下土体扰动后易发生道路塌陷。

(2) 施工降水影响

地下工程施工前期及施工期对周边地层降水周期长,致使地层原有结构破坏,产生固结沉降,导致地层不稳定,易造成道路路基下方土体变形形成空洞或松散导致道路塌陷。

(3) 穿越工程施工影响

人工开挖或机械开挖施工出现超挖、初支支护不及时、初支拱脚悬空致使初支下沉变形、未及时进行初支背后回填注浆等不规范行为时,极易造成大范围内围岩被扰动,地层原有结构发生改变,土体失去平衡,致使原有土体内部及表面发生变形。通常情况下,地下工程施工均会造成地层松动圈形成及逐步向上发展,道路路基下方土体土质疏松,导致道路塌陷。

(4) 管线渗漏水影响

老旧管线老化年久失修出现破损,管线内部压力过大导致爆管,施工影响造成管线开裂变形等均会造成管线渗漏水,致使地下水位升高,改变了土的物理力学状态,造成土的承载力降低和变形增大,长期的渗漏水造成冲刷周围岩体致使水土流失形成空洞、松散土体和水囊等病害,严重时造成塌陷。

(5) 道路洒水的影响

地下工程施工期间长期对道路进行洒水,致使道路下面的基础土质受到下渗水的影响,土质易形成疏松和空洞等病害。

(6) 明挖基坑等回填土不密实

道路修建于明挖基坑回填土上时,常因回填土的密实不佳,造成道路路基的后期不稳定性。

(7) 非开挖管道施工

管道施工对周围土体的扰动作用致使管道与土体产生离隙。当施工单位自行简化施工流程、不按规范作业时,离隙会进一步扩大,以至于形成地下空洞。且部分施工单位缺乏雨期顶管施工经验,致使雨水灌入顶管施工基坑,水流沿着管道方向侵蚀,逐渐形成水流,将管道周围大量疏松泥土带走,进而形成空洞。

根据风险源分析情况,目前所能采取的措施如下:

(1) 对道路及管线进行监测并建立预警机制

工程穿越过程对道路、管线及桥通设施进行及时的监测。并需注意道路监测点需穿透路基层,坐落在老土地层中。管线监测点宜为管侧式监测点,监测点坐落在管底标高处。

(2) 对道路进行雷达空洞探测

根据相关规范及体系要求,目前在工前、工后均进行雷达空洞探测的基础上,建议增加施工过程中的空洞检测,如凡是发生红色监测预警、变形速率较大时均进行空洞探测,遇到雨期或监测发现道路变形不收敛的情况下加大探测频率。

(3) 建立给水排水、热力等带压带水管线排查动态台账

建立定期的管道渗漏水检测巡查机制。发现渗漏水情况,及时上报并维修。并建立管道隐患排查台账,明确地下管线的主体责任,及时对排查出的隐患进行整改,避免管道渗漏情况发生。

(4) 建立地下工程施工过程拱顶塌方、超挖位置及处理情况台账

针对地下工程施工过程拱顶塌方、超挖位置建立台账,记录位置及对应的道路地表位置,另外,详细记录超挖、塌方处理情况,注浆量等情况。并进行超挖量和注浆量对比,分析评价围岩密实情况。根据台账,后续针对该位置应进行雷达探测。

(5) 路基下方回填土需进行密实度检测

针对回填的土体要进行密实度检测。合格后才允许在此基础上修建道路。

(6) 穿越桥梁和通道设施施工过程中，要确保隔离桩、地面注浆加固等地铁工程辅助措施的施工质量。

**2. 监测项目**

穿越道路、桥梁和通道设施工程中涉及的监测对象为道路、桥梁、挡墙、管线及城市隧道和地下通道等设施。道路监测主要关注竖向变形及病害发生发展的巡查，管线监测主要关注竖向变形、斜率及渗漏水等异常情况的巡查，挡墙监测主要关注竖向变形、倾斜及裂缝等病害巡查，通道监测主要关注竖向、水平及净空收敛变形和结构病害的巡查，桥梁监测主要关注桥墩竖向位移、倾斜变形及相邻桥梁的差异沉降、承台的竖向位移和桥梁裂缝等病害的巡查等。具体监测项目如表 3-18 所示。

穿越道路、桥梁和通道设施监测项目　　　　表 3-18

| 序号 | 监测对象 | 监测项目 |
| --- | --- | --- |
| 1 | 道路 | 竖向位移 |
| 2 | 管线 | 竖向位移 |
| 3 | 挡墙 | 竖向位移 |
| 4 |  | 倾斜 |
| 5 | 通道 | 竖向位移 |
| 6 |  | 水平位移 |
| 7 |  | 净空收敛 |
| 8 | 桥梁 | 桥墩、承台竖向位移 |
| 9 |  | 桥墩倾斜 |

**3. 监测点位设计**

监测点布设应综合考虑穿越工程施工引起的地层变形规律，对既有道路设施的影响程度及既有道路设施的结构特点等因素。监测点的布设部位和监测点间距应满足反映监测对象实际状态、位移和内力变化规律及分析监测对象安全状态的要求。具体监测点的布设应符合下列基本要求：

(1) 监测点布设位置应合理可行、便于观测，并不影响和妨碍监测对象的正常受力和使用，并避免因施工影响而破坏。

(2) 监测点应综合考虑结构情况进行优化布设，具体为：

① 道路监测点宜布设在不受车辆荷载影响的道路中心线、左右路面边缘线、车道的分界线处。监测点须穿透道路基层，坐落在老土地层中。城市快速道路车流量较大、车速较快，为确保道路监测人员安全，可考虑利用三维激光扫描、自动化监测等方法代替人工监测。

② 管线监测点重点布设在管线节点、转折点、位移变化敏感或预测变形较大的部位，且优先考虑燃气、热力、上水、污水等风险较高的带压带水管线。监测点宜为管侧式监测点，监测点坐落在管底标高处。目的是监测管底土体动态发展情况。

③ 挡墙监测点布设重点关注变形缝两侧、预测变形较大及工前检测结果显示病害处等。监测点型制可参考建（构）构筑监测点。

④ 通道监测点布设重点关注评估报告给出的挠度和弯矩较大处、变形敏感处、应力集中及变形缝两侧等部位。

⑤ 桥梁监测点布设重点关注挠度和应力较大处、变形敏感处、应力集中及变形缝两侧等部位。且影响范围内宜每个桥墩均布设监测点。在风险较大、不便实施人工监测的风险源处可考虑使用自动化监测方法。

各监测点纵向、横向间距可参考当地规范和《城市轨道交通工程监测技术规范》GB 50911—2013。

(3) 为便于监测数据相互验证及综合分析判别风险源、风险状态及影响范围，各监测项目监测点应尽量布置在同一断面。

**4. 监测频率与周期**

(1) 监测频率

具体可按照当地规范、标准、产权单位要求或参考《城市轨道交通工程监测技术规范》GB 50911—2013 相关规定，监测频率同地铁工程自身结构监测频率。当发生预警或产权单位有要求时，监测频率可适当加密。当发生地面塌陷、严重凹陷、洞内发生塌方对应道路等部位需加密监测点和加大监测频率。

(2) 监测周期

穿越工程进入影响区之前，若采取降水施工时需在降水实施之前布设监测点并采取初始值，直到工程完工后一年，且数据变形趋于稳定时（数据变形稳定标准可参考《建筑变形测量规范》JGJ 8—2016 相关规定，具体为 100 天的最大沉降速率小于 $0.01\sim0.04$mm/d 时，可认为已达到稳定状态），可根据相关合同要求结束监测工作。

## 3.8 工程巡查

### 3.8.1 巡查的特点

工程巡查是城市轨道交通工程监测工作的重要组成部分，同时也是确保城市轨道交通工程安全施工的一项重要措施。通过对在建城市轨道交通工程周边、既有线路内及自身结构进行巡查，可以及时发现施工中存在的问题，为消除安全隐患、采取措施提供可靠依据，巡查具有仪器监测所不能完成、达到的作用和效果。在工程风险管控中只有采用巡查和仪器监测相结合的方法，才能有效地对城市轨道交通工程周边及自身结构变形进行全方位的风险监控。

**1. 巡查具有全面性**

仪器监测只是对被监测对象关键部位进行布点监测，而巡查工作不仅对关键部位进行巡查，对影响范围内所有建（构）筑物、管线、道路、既有线隧道、既有线车站及工程自身等进行综合描述、记录、分析及反馈等。

**2. 巡查具有及时性**

巡查现场能及时地发现安全问题，如明挖法工程的支持架设不及时、桩间渗水、流砂等；矿山法工程的格栅架设不及时、锁脚锚杆未打设或长度不够、无减压槽、核心土不规范、出现"神仙土"、初支背后注浆不及时、初支渗漏水、开裂等；盾构法工程的管片破损、地面冒浆等,周边环境的地面凹陷、裂缝及建(构)筑物裂缝、剥落等,能在第一时间掌握了解情况,采取对应有效措施及时消除隐患。

**3. 巡查具有直观性**

通过现场巡查及时了解掌子面地层条件、渗水、流砂、坍塌情况,了解基坑周边堆载情况等,为安全施工提供可靠依据。

### 3.8.2 巡查的方法

根据巡查计划及巡查需求准备游标卡尺、裂缝读数显微镜、钢卷尺、手电筒、照相机等巡查辅助器具。巡查分为初次巡查和常规巡查。

**1. 初次巡查**

初次巡查是在施工影响前调查周边环境的现状,采用图表、影像、录像等方式记录初始状况,按要求填写巡查成果表,特殊情况下应适当扩大巡查范围。如发现有裂缝存在,需做好标识,并详细记录裂缝的位置、形态,用游标卡尺或裂缝读数显微镜测量并记录裂缝宽度。对既有裂缝、积水等异常情况,采用拍摄方式进行影像、录像资料存档。

**2. 常规巡查**

常规巡查是在施工过程中按照方案规定的频率进行的日常巡查,巡查过程中重点观察上次巡查中发现的问题(例如裂缝测量宽度、剥落体测量大小)及其发展、处置情况,在现场将巡查的各项内容如实填入巡查表,并与初始巡查情况进行现场比较,发现裂缝等变形发展速率超过预警标准或者其他异常情况,及时上报,并拍摄存档。

施工过程现场巡查记录可参考表 3-19。

施工过程现场巡查记录  表 3-19

编号:

| 工程名称 | | | | | |
|---|---|---|---|---|---|
| 风险工程名称<br>(级别) | | | 风险单元名称<br>(级别) | | |
| 施工部位 | | 天气 | | 监测单位 | |
| 巡查内容 | 存在问题的描述 | 原因分析 | 可能导致后果 | 安全状态评价<br>(正常、预警) | 处置措施建议 |
| | | | | | |
| | | | | | |
| | | | | | |
| 专业工程师 | | | 项目技术负责人 | | |
| | 年  月  日 | | | 年  月  日 | |

主要巡查内容包括:1.开挖面地质状况:土层性质及稳定性、地下水效果和其他情况;2.围护结构体系:围护体系施作及时性、渗漏水情况、围护体系开裂、变形变化和其他情况;3.周边环境:坑边超载、地表积水及截排水措施、建(构)筑物变形及开裂情况、地表变形及开裂情况、管线沿线地面开裂、渗水、塌陷情况、管线检查井开裂及积水变化和其他情况

### 3.8.3 巡查的内容

**1. 明挖法工程**

明挖法工程现场安全巡查内容可划分为施工工况和围护结构两个方面，如表3-20所示。

明挖法工程现场巡查内容  表3-20

| 巡查类别 | 序号 | 巡查项目 | 巡查内容 |
|---|---|---|---|
| 施工工况 | 1 | 开挖面地质条件 | (1)岩土体的类型、特征、自稳性；<br>(2)有无渗漏水，渗漏水量大小及发展情况 |
| 施工工况 | 2 | 开挖进度 | (1)开挖长度、分层高度及坡度；<br>(2)开挖面暴露时间 |
| 施工工况 | 3 | 地下水和地表水控制效果 | (1)降水或回灌等地下水控制效果及设施运转情况；<br>(2)基坑侧壁及周边地表截、排水措施及效果；<br>(3)坑边或基底有无积水 |
| 施工工况 | 4 | 侧壁土体/基底稳定性 | (1)支护桩(墙)后土体有无裂缝、明显沉陷；<br>(2)基坑侧壁或基底有无涌水、流砂、管涌 |
| 施工工况 | 5 | 坑边超载 | 基坑周边有无超载 |
| 施工工况 | 6 | 边坡稳定性 | 放坡开挖的基坑边坡有无位移、坡面有无开裂 |
| 围护结构 | 7 | 成桩(墙)质量 | 支护桩(墙)有无裂缝、侵限情况 |
| 围护结构 | 8 | 围檩施作规范性 | (1)冠梁、围檩的连续性；<br>(2)围檩与桩(墙)之间的密贴性；<br>(3)围檩与支撑的防坠落措施 |
| 围护结构 | 9 | 围护结构裂缝 | 冠梁、围檩、支撑有无过大变形或裂缝 |
| 围护结构 | 10 | 支撑架设及时性 | 支撑架设是否及时 |
| 围护结构 | 11 | 盖挖法顶板 | (1)盖挖法顶板有无明显变形和开裂；<br>(2)顶板与立柱、墙体的连接情况 |
| 围护结构 | 12 | 锚杆、土钉垫板 | 锚杆、土钉垫板有无明显变形、松动 |
| 围护结构 | 13 | 止水帷幕 | 止水帷幕有无开裂、较严重渗漏水 |

**2. 矿山法工程**

矿山法工程现场安全巡查内容如表3-21所示。

矿山法工程现场巡查内容  表3-21

| 序号 | | 巡查内容 |
|---|---|---|
| 1 | | 开挖掌子面是否存在掉块、开裂情况，拱顶是否有漏砂情况，掌子面是否有坍塌情况，停工是否及时封闭，工作面是否有渗水、涌水、涌砂情况 |
| 2 | 超前围护 | (1)超前导管长度及打设步距是否满足设计要求 |
| 3 | 超前围护 | (2)超前导管横向分布范围是否满足设计要求 |
| 4 | 超前围护 | (3)超前导管施工数量是否满足设计要求 |
| 5 | 超前围护 | (4)注浆机具、浆液、注浆压力、注浆量是否达到设计及施工方案要求，注浆效果是否达到设计或施工方案的预期效果 |

续表

| 序号 | | 巡查内容 |
|---|---|---|
| 6 | 土方开挖 | (1)开挖进尺是否大于(格栅间距+20cm) |
| 7 | | (2)核心土形状是否满足设计要求 |
| 8 | | (3)施工台阶长度是否达到设计要求[(1~1.5)$D$] |
| 9 | | (4)施工台阶坡度是否有垂直、反坡情况 |
| 10 | | (5)多部开挖各部工作面距离是否满足设计要求 |
| 11 | | (6)超挖和小塌方回填是否按规定回填处理 |
| 12 | 初期围护 | (1)架设纵向间距是否达到设计要求 |
| 13 | | (2)格栅拱脚悬空是否达到2榀及以上 |
| 14 | | (3)钢格栅或钢架连接是否达到设计要求 |
| 15 | | (4)初支是否出现纵向裂缝、剥离掉块、扭曲变形等情况 |
| 16 | | (5)钢筋网片是否达到设计要求 |
| 17 | | (6)喷射混凝土是否达到设计要求,是否存在漏喷、离鼓现场、出现离层或剥离、喷射混凝土不密实(表面离散、有孔隙)、喷射混凝土流淌,初支格栅或钢筋网是否外露 |
| 18 | | (7)回填注浆注浆机具、浆液材料是否符合设计要求,注浆孔数量、布置是否满足设计要求,注浆控制压力、注浆量是否满足设计或施工方案要求,是否按设计及施工方案要求及时进行回填注浆,初支背后空洞,是否进行回填 |
| 19 | 大断面及特殊部位施工 | (1)马头门施工是否采取加强措施,马头门破除时序是否规范 |
| 20 | | (2)大断面隧道施工是否按设计要求架设临时支撑,临时支撑与初支结构是否脱离、虚接或连接构造是否满足设计要求,临时支撑拆除和二衬施工顺序是否按论证后施工方案实施,各导洞施工间距是否满足设计要求 |

### 3. 盾构法工程

盾构法工程现场安全巡查内容如表3-22所示。

**盾构法工程现场巡查内容** 表3-22

| 巡查类别 | 序号 | 巡查内容 |
|---|---|---|
| 施工工况 | 1 | 实际出土量与控制量的相差大小 |
| | 2 | 盾构姿态隧道轴线平面或高程偏差和滚动角的大小 |
| | 3 | 盾尾漏浆的严重程度 |
| | 4 | 管片错台的严重程度 |
| | 5 | 管片间渗漏水、涌砂的严重程度 |
| | 6 | 管片破损严重程度,是否出现贯通裂缝 |
| | 7 | 铰接是否出现小股流水、流砂、严重涌水、涌砂情况 |
| | 8 | 同步注浆量与控制量的相差大小 |
| | 9 | 土压力与控制值的相差大小 |

### 4. 周边环境

周边环境现场巡查内容如表3-23所示。

周边环境现场巡查内容  表 3-23

| 巡查类别 | 序号 | 巡查项目 | 巡查内容 |
|---|---|---|---|
| 建(构)筑物 | 1 | 建(构)筑物开裂、局部剥落 | 包括裂缝宽度、深度、数量、走向、剥落体大小、发生位置、发展趋势等 |
| | 2 | 地下室渗水 | 包括渗漏水量、发生位置、发展趋势等 |
| 道路（地面） | 3 | 地面开裂 | 包括裂缝宽度、深度、数量、走向、发生位置、发展趋势等 |
| | 4 | 地面沉陷、隆起 | 包括沉陷深度、隆起高度、面积、位置、距墩台的距离、距基坑（或隧道）的距离、发展趋势等 |
| | 5 | 地面冒浆/泡沫 | 包括出现范围、冒浆/泡沫量、种类、发生位置、发展趋势等 |
| 河流湖泊 | 6 | 水面漩涡、气泡 | 包括水面有无出现漩涡、水泡、出现范围、发生位置、发展趋势等 |
| | 7 | 堤坡开裂 | 包括裂缝宽度、深度、数量、走向、位置、发展趋势等 |
| 地下管线 | 8 | 管体或接口破损、渗漏检查井等附属设施的开裂及进水 | (1)管线沿线地表开裂、沉陷情况；<br>(2)管体或接口破损、渗漏：包括位置、管线材质、尺寸、类型、破损程度、渗漏情况、发展趋势等；<br>(3)检查井等附属设施的开裂及进水：包括裂缝宽度、深度、数量、走向、位置、发展趋势、井内水量等 |
| | 9 | | |
| 邻近施工情况 | 10 | 邻近在施工程 | (1)项目规模、结构、位置、进度；<br>(2)与工程水平距离、垂直距离等 |
| 桥梁 | 11 | 桥梁结构、墩台 | 包括墩台开裂、桥梁结构开裂、混凝土剥落等 |
| 通道 | 12 | 混凝土结构 | 包括通道结构的开裂、渗水情况及其发展趋势 |
| 挡墙 | 13 | 面板、变形缝 | 包括挡墙面板的开裂、渗水情况，变形缝处的错台、渗水情况 |
| 既有地铁线 | 14 | 裂缝、渗水 | (1)结构开裂、剥落：包括裂缝宽度、深度、数量、走向、剥落体大小、发生位置、发展趋势等；<br>(2)结构渗水：包括渗漏水量、发生位置、发展趋势等；<br>(3)道床结构开裂：包括裂缝宽度、深度、数量、走向、发生位置、发展趋势等；<br>(4)变形缝开合及错台：包括变形缝的扩展和闭合大小、变形缝处结构有无错开、位置、发展趋势等 |
| 既有边坡 | 15 | 裂缝、渗水 | 包括既有边坡护坡结构的开裂、渗水情况，坡后墙体的开裂情况等 |

### 3.8.4 巡查周期与频率

巡查周期同监测周期。工程施工期间，巡查宜每天一次，且巡查频率不宜低于监测频率，并做好巡查记录。在关键工况、工程异常等情况下应增加巡查频率。

## 3.9 预警管理

根据相关规范、规程及技术标准等，预警分监测预警、巡视预警、综合预警三类和黄色、橙色、红色三个等级。工程实施中应依据风险工程级别、风险等级与类型不同，实施分层次预警、响应、处置及消警管理。工程预警分类、分级如图 3-10 所示。

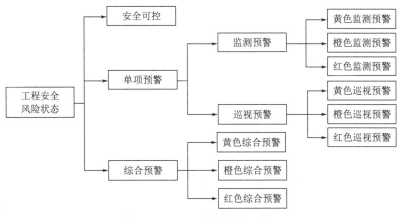

图 3-10 工程预警分类、分级

## 3.9.1 监测预警管理

监测预警根据风险源控制值、变形量（累计值和变形速率）等进行分级预警。预警管理标准具体如表 3-24 所示。

监测预警判定参考表　　　　　　　　　　表 3-24

| 预警级别 | 预警状态描述 |
| --- | --- |
| 黄色监测预警 | "双控"指标(变化量、变化速率)均超过监控量测控制值(极限值)的 70%时,或双控指标之一超过监控量测控制值的 85%时 |
| 橙色监测预警 | "双控"指标均超过监控量测控制值的 85%时,或双控指标之一超过监控量测控制值时 |
| 红色监测预警 | "双控"指标均超过监控量测控制值,且实测变化速率出现急剧增长时 |

## 3.9.2 巡查预警管理

巡查预警分级标准可参考表 3-25。

巡查预警分级标准　　　　　　　　　　表 3-25

| 施工工法及周边环境类型 | 巡查内容或对象 | 巡查预警参考标准(满足以下条件之一) | | |
| --- | --- | --- | --- | --- |
| | | 黄色 | 橙色 | 红色 |
| 明(盖)挖法 | 围护结构 | 1. 桩体出现断桩、夹泥；2. 同一流水段内有两根桩体侵入主体结构并须切断主筋进行处置的 | 1. 同一流水段内有两根(含)以上桩体出现断桩、夹泥；2. 同一流水段内有三根(含)以上或连续两根桩体侵入主体结构并须切断主筋进行处置的 | 1. 同一流水段内有 50%以上桩体出现断桩、夹泥；2. 同一流水段内有 50%以上桩体侵入主体结构并须切断主筋进行处置的；3. 基坑阳角、明暗挖结合段等部位出现下列情况：(1)两根(含)以上桩体出现断桩、夹泥；(2)三根(含)以上或连续两根桩体侵入主体结构并须切断主筋进行处置的 |

79

续表

| 施工工法及周边环境类型 | 巡查内容或对象 | 巡查预警参考标准(满足以下条件之一) | | |
|---|---|---|---|---|
| | | 黄色 | 橙色 | 红色 |
| 明(盖)挖法 | 土方开挖 | 1. 未采取分层分段方式开挖；<br>2. 边坡坡度超过设计值，或一次性开挖超过一个流水段长度；<br>3. 侧壁喷护不及时 | 围护结构喷护不及时或边坡坡度超过设计值，且局部出现明显变形、开裂或存在滑塌趋势 | 基坑阳角、明暗挖结合段等部位出现侧壁喷护不及时或边坡坡度超过设计值，且局部出现明显变形、开裂或存在滑塌趋势 |
| | 围护体系 | 1. 同一道(水平方向)支撑连续三根架设滞后；<br>2. 基坑阳角、明暗挖结合等部位的支撑有一根架设滞后；<br>3. 围檩与围护结构间未密贴；<br>4. 支撑未按设计要求安装防坠落装置；<br>5. 钢围檩设置不连续或连接不牢固；<br>6. 一次支撑拆除数量超过一个流水段长度 | 1. 同一道(水平方向)支撑连续超过三根架设滞后；<br>2. 基坑阳角、明暗挖结合等部位的支撑有两根架设滞后；<br>3. 同一开挖区段同一横剖面(竖向)内存在两道支撑架设滞后；<br>4. 阳角部位钢围檩设置不连续或连接不牢固；<br>5. 锚索未按设计要求拉拔锁定即进行下层土方开挖；<br>6. 抗剪蹬设置数量不符合要求；<br>7. 结构混凝土强度未达到设计要求即拆除支撑 | 1. 基坑阳角、明暗挖结合段等部位出现下列情况：<br>(1)同一道(水平方向)支撑连续三根(含)架设滞后；<br>(2)同一开挖区段同一横剖面(竖向)内存在两道支撑架设滞后；<br>(3)锚索未按设计要求拉拔锁定即进行下层土方开挖；<br>(4)结构混凝土强度未达到设计要求即拆除支撑；<br>2. 未设置抗剪蹬 |
| | 围护结构稳定与基坑渗漏水 | 1. 围护结构土体塌落形成空洞；<br>2. 基坑渗水 | 1. 围护结构土体塌落形成空洞且有发展；<br>2. 基坑流水、流砂(土) | 基坑涌水、涌砂(土) |
| | 坑边堆载 | 1. 基坑边长期有重型设备作业，且未采取加固措施；<br>2. 基坑强烈影响区单位荷载超出设计值 | 基坑阳角、明暗挖结合等部位的坑边荷载超过设计值 | 因坑边荷载引起基坑或地面产生可见过大变形或开裂，且有发展 |
| 矿山法 | 超前围护 | 1. 注浆效果不明显；<br>2. 超前围护数量或长度较设计值减少 10%(含)之内 | 1. 注浆效果不佳；<br>2. 超前围护数量或长度较设计值减少约 10%～30%(含) | 1. 无注浆效果；<br>2. 超前围护数量或长度较设计值减少超过 30% |
| | 土方开挖 | 1. 核心土留设、台阶长度、近距及多部开挖隧道开挖面间距未满足设计或施工方案要求；<br>2. 下台阶一次开挖 2 榀 | 1. 塌方及超挖段未按规定回填处理；<br>2. 隧道贯通相距两倍洞跨或小于 10m 时相对开挖面同时开挖；<br>3. 开挖进尺超出设计值 1.5 倍(含)以内；<br>4. 下台阶一次开挖 3 榀 | 1. 开挖面反坡；<br>2. 开挖进尺超出设计值 1.5 倍以上；<br>3. 下台阶一次开挖 4 榀(含)以上 |

续表

| 施工工法及周边环境类型 | 巡查内容或对象 | 巡查预警参考标准(满足以下条件之一) | | |
|---|---|---|---|---|
| | | 黄色 | 橙色 | 红色 |
| 矿山法 | 开挖面稳定性 | 1. 开挖面停工未及时封闭;<br>2. 开挖面渗水 | 1. 开挖面掉块、开裂;<br>2. 拱顶少量漏砂;<br>3. 开挖面小股涌水或涌砂 | 1. 开挖面坍塌;<br>2. 开挖面大股涌水且含砂 |
| | 初期围护 | 纵向连接筋、锁脚锚杆(数量、长度、范围等)未按设计参数施工 | 1. 标准断面格栅连接及拱脚处理未按设计、规范或施工方案施工;<br>2. 未及时喷射混凝土 | 1. 初期支护开裂;<br>2. 大断面、变断面、斜坡段、平顶直墙段、转弯段格栅连接及拱脚处理未按设计或规范要求施工 |
| | 回填注浆 | 未及时进行回填注浆 | 回填注浆效果未达到要求,初支可见明流水 | 回填注浆未达到要求,初支可见涌水 |
| | 马头门施工 | 破除顺序不规范 | 马头门位置未按施工方案采取加固措施 | 1. 对开马头门;<br>2. 未按设计要求及时封闭成环 |
| | 临时围护体系 | 临时围护体系架设、连接未满足设计要求 | 临时围护体系拆除未满足设计要求 | 平顶直墙段、斜坡段或大断面段等拆撑未满足设计要求 |
| 盾构法 | 始发、接收 | 1. 端头加固效果不佳,存在渗水现象;<br>2. 洞门止水装置安装质量差;<br>3. 反力架结构形式不合理或质量差;<br>4. 现场施工未按方案执行 | 1. 盾构设备组装、调试后未进行验收;<br>2. 盾构位置及导向基点未进行测量验收;<br>3. 未安装洞门止水装置 | 端头加固效果差,存在流砂及涌水现象 |
| | 开仓检修及换刀 | 现场施工与方案不符或落实不到位 | 无有害气体检测设备 | 无通风设备 |
| | 盾构掘进参数控制 | 1. 同步注浆量连续多环(≥3环)小于方案设定值,或连续多环(≥3环)大于方案设定值且注浆压力为0;<br>2. 浆液质量连续多次(≥2次)不满足要求 | 1. 土压力连续多环(≥3环)小于方案设定值;<br>2. 掘进过程中螺旋输送持续发生喷涌(超过5分钟);<br>3. 铰接密封或盾尾密封持续发生(超过10分钟)涌水、涌砂 | 出土量连续多环(≥2环)大于方案设定值 |
| | 盾构姿态控制 | 1. 线路半径≤350m的盾构轴线平面偏差在±80~90mm;<br>2. 线路半径>350m或直线的盾构轴线平面偏差在±50~60mm;<br>3. 盾构轴线高程偏差在±20~30mm | 1. 线路半径≤350m的盾构轴线平面偏差在±90~100mm;<br>2. 线路半径>350m或直线的盾构轴线平面偏差在±60~70mm;<br>3. 盾构轴线高程偏差在±30~40mm | 1. 线路半径≤350m的盾构轴线平面偏差超过±100mm;<br>2. 线路半径>350m或直线的盾构轴线平面偏差超过±70mm;<br>3. 盾构轴线高程偏差超过±40mm |

续表

| 施工工法及周边环境类型 | 巡查内容或对象 | 巡查预警参考标准(满足以下条件之一) | | |
|---|---|---|---|---|
| | | 黄色 | 橙色 | 红色 |
| 盾构法 | 联络通道开口 | 地层加固效果差,存在渗水现象 | 相邻管片未采取变形控制措施 | 加固效果差,存在流砂及涌水现象 |
| 周边环境 | 建(构)筑物及地下室 | 1. 建(构)筑物墙体出现开裂、剥落或可见变形,但不影响正常使用;<br>2. 地下室墙面或顶板局部渗水、滴水 | 1. 建(构)筑物墙体出现开裂、剥落或可见变形;<br>2. 地下室墙面或顶板较大面积渗水、滴水 | 1. 建(构)筑物墙体、柱或梁出现开裂、剥落或可见显著变形,影响正常使用;<br>2. 地下室墙面或顶板涌水 |
| 周边环境 | 桥梁 | 墩台、梁板或桥面、锥体、引道挡墙出现新增裂缝或可见变形 | 墩台、梁板或桥面裂缝或可见变形有发展 | 墩台、梁板或桥面混凝土剥落、露筋或可见显著变形 |
| 周边环境 | 既有运营线和铁路 | 道床结构出现新增裂缝或可见变形 | 道床结构裂缝或可见变形有发展 | 变形缝混凝土剥落、主筋外露或可见显著变形 |
| 周边环境 | 地面、道路及临时设施 | 施工影响区内地面出现新增裂缝或可见明显变形 | 施工影响区内地面裂缝或可见变形有发展 | 可见显著地面沉陷或隆起 |
| 周边环境 | 河湖 | 施工影响范围内堤坡出现新增裂缝 | 施工影响范围内堤坡裂缝有发展 | 隧道上方河流湖泊水面出现水泡或漩涡 |
| 周边环境 | 悬吊管线 | 未按方案采取保护措施 | 可见变形、渗漏 | 可见明显变形、渗漏且有发展 |
| 周边环境 | 架空高压线 | 基础与周边地面出现新增裂缝 | 基础与周边地面裂缝有发展 | 基础及周边地面沉陷 |
| 其他 | 汛期施工 | 挡水墙未闭合或高度不足,且无补充措施 | 挡水墙未施作 | 挡水墙未施作,且影响工程安全 |

注:1. 当同时满足两个以上预警参考条件时,可将预警等级提高一级;
  2. 对矿山法工程的斜坡段、变断面、平顶直墙段、转弯处,明暗挖结合段,紧邻重要环境设施,以及处于特、一级环境风险处等部位发生预警时,可将预警等级提高一级;
  3. 当预警数量增加、预警时间延长或预警未及时处置或处置不当使可能导致的风险程度有增大趋势时,可将预警等级提高一级;
  4. 表中未有列入,但发生对影响工程自身和环境设施安全的其他情形时,可根据安全风险发生的大小、部位、范围等综合判定预警等级。

### 3.9.3 综合预警管理

综合预警的分组判定可参考表3-26。

**综合预警分组判定参考表**      表3-26

| 预警级别 | 判定条件 | | |
|---|---|---|---|
| | 监测预警 | 巡视预警 | 风险状况评价 |
| 黄色 | 橙色或红色 | 黄色 | 存在风险隐患 |

续表

| 预警级别 | 判定条件 | | 风险状况评价 |
| --- | --- | --- | --- |
| | 监测预警 | 巡视预警 | |
| 橙色 | 橙色或红色 | 橙色 | 存在风险隐患，且出现危险征兆 |
| 红色 | 橙色或红色 | 红色 | 风险不可控或出现严重危险征兆 |

注：1. 综合预警的判定应同时具备监测预警、巡视预警、风险状况评价3列中的状态；
  2. 监测数据缺失或无巡视预警的情况下，但工程出现危险征兆也应发布综合预警。其预警等级由发布单位依据风险状况及专业经验直接判定。

# 第 4 章 变形监测技术方法

在城市轨道交通工程建设监测实施过程中应规范布设监测点,在此基础上根据监测项目精度选取相应的监测技术方法、观测精度等级及同精度等级的测量仪器,确保监测数据的精度、可靠性、准确性等。

## 4.1 竖向位移监测

竖向位移监测可采用几何水准测量、三角高程测量、静力水准测量、三维激光扫描、摄影测量、GNSS、InSAR 等方法,具备监测条件下优先选择几何水准测量方法(精度高、易操作),需采用自动化监测的可选静力水准测量方法,城市快速道路竖向位移需采用非人工监测的可选三维激光扫描方法,摄影测量、GNSS、InSAR 等较前沿的方法目前在城市轨道交通工程监测中应用偏少。竖向位移监测对象为道路地表、管线、建(构)筑物等周边环境及围护结构自身的竖向位移。

### 4.1.1 几何水准测量

**1. 方法原理**

几何水准测量,是用水准仪和水准尺测定地面上两点间高差的方法。在地面两点间安置水准仪,观测竖立在两点上的水准标尺,按尺上读数推算两点间的高差。如图 4-1 所示,待测 A、B 两点间的高差为 $h_{AB}$,可在 A、B 两点分别竖立水准尺,并在 A、B 之间架设水准仪,分别读取 A 点水准尺上的读数 $a$ 和 B 点水准尺上的读数 $b$,则 A、B 两点间的高差为

$$h_{AB} = a - b \tag{4-1}$$

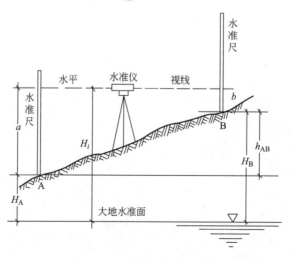

图 4-1 水准测量原理示意图

如果 A 点是已知高程点，B 点是待求高程点，则 B 点的高程为
$$H_B = H_A + h_{AB} = H_A + (a-b) \tag{4-2}$$

竖向位移监测中，本次 B 点的高程减去前次 B 点的高程即为 B 点的本次竖向位移量，位移量除以间隔时间即为变形速率。

几何水准测量按照水准路线可分为附合水准路线、支水准路线、闭合水准路线，按照等级可分为一、二、三、四等。地铁工程监测中应采用闭合水准路线或附合水准路线。监测控制网中的基准点、工作基点按不低于二等水准测量标准及技术要求进行联测并定期复核其稳定性，监测点按不低于四等水准测量标准及技术要求进行测量。

仪器精度应满足监测精度要求，具体要求参考《建筑变形测量规范》JGJ 8—2016 相关规定。监测实施过程中要定期进行仪器 $i$ 角校核，且不应大于 $10''$，校核标准可参考《国家一、二等水准测量规范》GB/T 12897—2006 有关规定。

**2. 变形控制网设计**

地铁工程中分段独立竖向变形控制网以施工高程系统为基准，控制网由基准点和工作基点构成。实施过程中根据地铁线路各车站、区间工程自身及周边环境待监测对象分布密度、风险工程的等级以及施工现场的具体情况分级埋设基准点和工作基点。整个工程的高程控制网由分段布设的独立闭合环组成，高程控制网组成如图 4-2 所示。

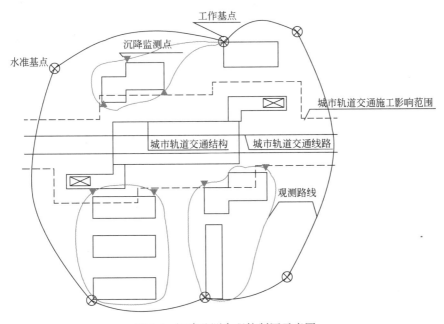

图 4-2　沉降监测高程控制网示意图

（1）基准点的布设原则

① 基准点是沉降变形观测基本起始数据点，其安全性、稳定性、可靠性是影响整个监测工作质量的关键和核心，应采取深埋式水准基点以满足监测体系的稳定性和高精度要求。

② 基准点的埋深和选址将根据现场条件、周边工程特点、场地使用性质、地下埋藏物情况、长期保存条件及场地工程地质情况等综合确定，基准点埋深应大于监测邻近城市轨道交通结构开挖施工影响深度及附近建筑物基础最大埋深。基准点设置在地铁施工影响

范围以外，同时考虑地基土层的组成性质综合确定。

③ 基准点应选通视良好，且易于长期保存和观测的位置。

④ 基准点应避开容易受水淹、地下水位较高的地点，也要避开土堆、河堤、土质松软与地下水变化较大的地点。

⑤ 基准点应布设在离铁路 50m、离公路 30m 以外的地方，防止受到剧烈振动的影响。

⑥ 基准点的分布应方便测定全部观测点的需要，每个相对独立的测区的水准基点个数均不应少于 3 个，以保证必要的检核条件。

(2) 工作基点的布设原则

① 工作基点是每次监测工作的直接出发点，工作基点的选取原则是要保证监测的便利性和稳定性，所以工作基点一般选在相对稳定的地段，且至少距基坑开挖深度或隧道埋深 2.5 倍范围之外。

② 每个相对独立的测区的工作基点个数均不应少于 3 个，以保证必要的检核条件。

③ 工作基点要避开交通干道、地下管线、水源井、河岸、松软填土、滑坡斜面及标志易遭破坏的地点。

**3. 变形控制网稳定性检验**

基准点和工作基点虽然位于施工影响区外的稳定位置，但也可能因为某些因素而发生移动，这些因素包括埋设地层的不稳定、对变形影响范围的估计不足以及其他的人为因素等。在变形观测过程中需要将基点和工作基点组成一个参考网。通过定期对参考网进行复测来检查参考点是否稳定，并将不稳定的参考点剔除。避免使用不稳定的参考点给变形计算带来偏差。当个别参考点发生了较大的移动，可以从复测资料的坐标平差结果或从复测观测值的比较途径找到不稳定参考点。但当参考点的位移不大时，这种情况出现在一些非人为破坏因素的影响下，如地下水位的升降、温度变化、对变形影响范围估计不足以及其他影响等，直接从复测资料判断参考点的稳定性比较困难，这时就需要一种可以发现位移较小的参考点的方法。

因此，对监测控制网进行稳定性分析，并根据稳定性分析结果选择平差方法、确立一个对变形分析比较有利的参考系，是变形观测数据处理的一项重要内容。实施过程中常采用平均间隙法来分析整个控制网的稳定性，取得了较好的检验分析效果。

平均间隙法是先进行两周期图形的一致性检验或整体检验，如果检验通过，则确认所有参考点是稳定的。否则，就需找出不稳定的点。寻找不稳定点的方法为"尝试法"，即依次去掉每一点，计算图形不一致性减少的程度，使得图形不一致性减少最大的那一点就是不稳定的点。排除不稳定点后再重复上述过程，直到图形一致性通过检验为止。基准点稳定性分析有以下两步：

(1) 整体检验

以下为某工点两期（分别为 1，$j$ 周期）观测成果的检验分析。

根据每一周期观测的成果，按秩亏自由网平差的方法进行平差，由平差改正数可计算单位权的估值

$$\begin{cases} \mu_1^2 = \dfrac{(V^{\mathrm{T}}PV)^1}{f_1} \\ \mu_j^2 = \dfrac{(V^{\mathrm{T}}PV)^j}{f_j} \end{cases} \quad (4\text{-}3)$$

式中，$\mu_1^2$、$\mu_j^2$ 分别为第 1、$j$ 周期观测值方差；$V$ 为观测值改正数；$P$ 为观测值的权；$f_1$、$f_j$ 分别为第 1、$j$ 周期单位权方差估计值的自由度。

一般情况下两个不同周期观测的精度是相等的，可以将 $\mu_1^2$ 与 $\mu_j^2$ 联合起来求一个共同的单位权方差估值，即

$$\mu^2 = \frac{(V^T PV)^1 + (V^T PV)^j}{f} \tag{4-4}$$

$f$ 为两期自由度之和，即 $f = f_1 + f_j$。

假设两次观测期间点位没有变动，则可从两个周期所求得的坐标差 $d_i$（$i = 1, 2, \cdots, t$）计算另一方差估值

$$\theta^2 = \frac{d^T P_d d}{h} \tag{4-5}$$

式中，$h = R(A)$ 为独立的 $d$ 的个数，$d = X_j - X_1$，$P_d = Q_d^+ = (Q_{Xj} + Q_{Xi})^+$

可以证明方差估值 $\mu^2$ 与 $\theta^2$ 是统计独立的。

利用 $F$ 检验法，可以组成统计量

$$F = \frac{\theta^2}{\mu^2} \tag{4-6}$$

在原假设下（两次观测期间点位没有变动），统计量 $F$ 服从自由度为 $f_{\Delta X}$、$f$ 的 $F$ 分布，故可用下式

$$P(F > F_{1-\alpha}(f_{\Delta X}, f) | H_0) = \alpha \tag{4-7}$$

来检验点位是否发生变动。置信水平 $\alpha$ 可取 0.05 或 0.01。

当统计量 $F$ 小于相应分位值时，则表明没有足够的证据怀疑原假设，因而接受原假设，即认为点位是稳定的。

（2）不稳定点搜索

若经整体检验后发现监测网中存在不稳定点，则采用"尝试法"寻找不稳定点。

这里尝试将监测网的点分为两组：稳定点组（F 组）和不稳定点组（M 组）。F 组中可能既有稳定点，又有不稳定点。现通过一致性检验来检查 F 组的点是否真的都是稳定点。

将 $\Delta X$、$P_{\Delta X}$ 按 F、M 组排序并分块为

$$\Delta X^T = [\Delta X_F^T M \Delta X_M^T] \tag{4-8}$$

$$P_{\Delta X} = \begin{bmatrix} P_{FF} & P_{FM} \\ P_{MF} & P_{MM} \end{bmatrix} \tag{4-9}$$

由于 $\Delta X_F$、$\Delta X_M$ 是相关的，也即 $P_{FM} = P_{MF}^T \neq 0$，$\Delta X_F^T P_{FF} \Delta X_F$ 不能反映 F 组的图形一致性，它受 M 组的影响。为得到 F 组的图形一致性指标，做如下变换

$$\overline{\Delta X}_M = \Delta X_M + P_{MM}^{-1} P_{MF} \Delta X_F \tag{4-10}$$

$$\overline{P}_{FF} = P_{FF} - P_{FM} P_{MM}^{-1} P_{MF} \tag{4-11}$$

由此获得

$$\Delta X^T P_{\Delta X} \Delta X = \Delta X_F^T \overline{P}_{FF} \Delta X_F + \overline{\Delta X}_M^T P_{MM} \overline{\Delta X}_M$$

这样就将 $\Delta X^T P_{\Delta X} \Delta X$ 分成了两个独立项，第一项表达了 F 组点的图形一致性。

令

$$\theta_F^2 = \frac{\Delta X_F^T \overline{P}_{FF} \Delta X_F}{f_F} \tag{4-12}$$

即可构成 F 组点的稳定性检验统计量

$$F_1 = \frac{\theta_F^2}{\mu^2} H_0 F(f_F, f_1 + f_2) \tag{4-13}$$

若 $F_1 < F_2$ ($f_F$, $f_1 + f_2$)，则 F 组的点都是稳定的；反之，若 $F_1 > F_2$ ($f_F$, $f_1 + f_2$)，则 F 组中含有不稳定点。

若整体检验发现网中有不稳定点，那么网中至少应有一个不稳定点。虽然不确定不稳定点的数量，但可以先搜索出一个不稳定点，然后检验剩下的点是否还含有不稳定点，若检验结果表明还存在不稳定点，则再按上述步骤搜索出第二个不稳定点，并检验余下点中是否还存在不稳定点，如此重复直到将所有不稳定点全部剔除。通过该方法可以保证监测过程中基准点稳定性，为竖向变形监测数据真实可靠提供保障。

**4. 方法评定**

几何水准测量方法在竖向位移监测中具有精度高、操作方便等优点，为城市轨道交通工程建设竖向位移监测首选监测方法。实施过程中重点关注基点稳定性、实施规范性及粗差剔除等问题。

该方法涉及监测对象有明挖基坑围护竖向位移、矿山法工程洞内拱顶下沉及道路地表、建（构）筑物、管线、桥梁、通道、既有地铁结构和道床等周边环境竖向位移。

### 4.1.2 三角高程测量

**1. 方法原理**

三角高程测量是通过观测两个点的水平距离和高度角求定两点间高差的方法。如图 4-3 所示，A 点为仪器测站点，B 点为待测点，通常不考虑大气折光和地球曲率的影响，则 A、B 两点间高差为

$$h_{AB} = S \cdot \tan\alpha + i - \nu \tag{4-14}$$

式中，$i$ 为仪器高，$\nu$ 为棱镜高，$S$ 为两点的水平距离，$\alpha$ 为视线与水平面的夹角。

如果 A 点是已知高程点，B 点是待求高程点，则 B 点的高程为

$$H_B = H_A + h_{AB} = H_A + S \cdot \tan\alpha + i - \nu \tag{4-15}$$

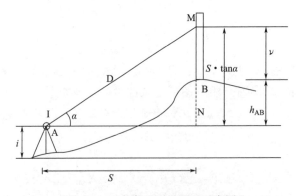

图 4-3　三角高程测量原理示意图

**2. 方法评定**

三角高程因涉及距离和角度测量,其监测精度次于几何水准测量方法。城市轨道交通工程监测中主要应用在明挖基坑立柱、建(构)筑物等不能方便到达、不能有效使用几何水准测量方法的监测对象上。

该方法实施过程中重点关注设站点的稳定性及操作规范性。特别是设站点要进行水准路线联测,确保监测数据能反映出监测对象真实的变形量。

### 4.1.3 监测点布设方法

**1. 水准基点和工作基点**

城市轨道交通工程监测中水准基点优先选择施工控制点,距离较远不便联测时可布设土体深埋式水准基点或在老旧建筑物上打设水准基点。

(1) 深埋式水准基点

具体深度根据现场地质条件进行确定,须确保基点坐落在基岩、卵石等较稳定地层中。埋设时,首先根据设置的埋深,用钻探机开孔至预定深度,钻孔完成后将专用的水准基点内、外管依次下至孔内,并使带有水准标志的内管管底嵌入稳定地层,最后在外管外侧灌注混凝土填料进行固定。每个深埋式水准基点安设完毕后,砌置保护井并加盖保护井盖。具体如图 4-4 所示。

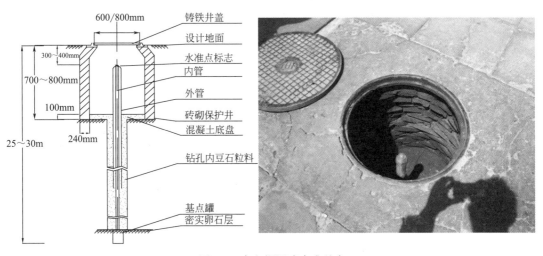

图 4-4 永久深埋式水准基点

(2) 永久建筑物式基点

应在地铁线路两侧施工影响范围以外变形已稳定的建筑上安设,并采取保护措施,具体埋设形式如图 4-5 所示。

工作基点选在便于联测区域,常用的有土体浅埋式工作基点和永久建筑物式工作基点,浅埋式工作基点直接埋设至自然地坪以下深度不小于 3m。

**2. 道路地表监测点**

道路地表监测点均为浅埋式监测点,其埋设技术要求为:

① 应布设于冻土线以下原状土内。

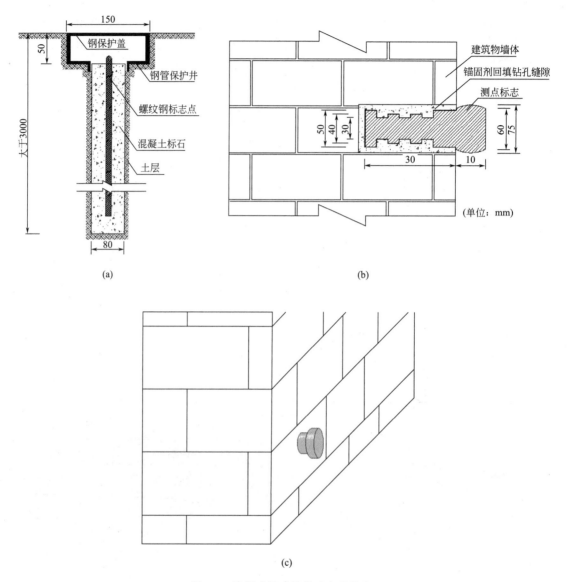

图 4-5 浅埋式及建筑物式水准基点
(a) 地表基点埋设图；(b) 建筑物式基点埋设图；(c) 建筑物式基点埋设效果图

② 道路沉降测点应穿透道路表面结构层，将其埋设在较坚实的地层中；并应埋设平整，防止由于高低不平影响人员及车辆通行。

③ 测点标志宜采用钢筋直径不小于 $\phi 22$、长度不小于 100cm 的螺纹钢材质。

④ 测点标志顶端宜制作为半球状，且优先考虑使用不锈钢材质。

⑤ 测点应设置保护筒，保护筒宜采用 ABS 工程塑料、铸铁或不锈钢材质，保护筒尺寸内径不小于 13cm，长度不小于 20cm，护筒壁厚不小于 0.2cm。

⑥ 做好标识，便于辨识。

道路、地表监测点安设大样如图 4-6 和图 4-7 所示。

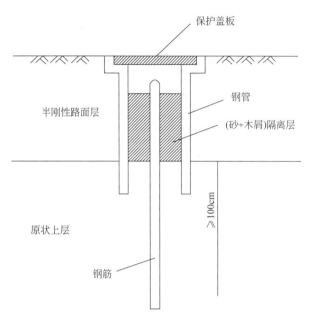

图 4-6 道路、地表、管线沉降测点示意图

图 4-7 常见道路、地表、管线沉降测点保护盖型制

**3. 管线监测点**

管线监测点埋设标准分为浅埋式监测点和深埋式监测点，浅埋式监测点埋设技术要求同道路、地表沉降点。深埋式分为监测点直接埋设在管线顶部标高处和监测点坐落在管线底部标高处。监测点坐落在管线顶部监测的是管线实体变形，监测点坐落在管线底部监测的是管线底部土体的变形。施工过程中宜采用坐落在管线底部的监测点进行监测管线底部土体发展状态，避免出现管底土体过大变形或形成空洞造成管线悬空，进而造成管线发生变形开裂、断裂等突发事故发生。埋设技术要求同浅埋式监测点相似。具体如图 4-8 所示。

**4. 土体深埋监测点**

矿山法工程因隧道开挖致使周边土体松动、围岩应力重新分布，随着时间推移，松动圈逐步向地表发展，为更早更全面地掌握深部不同地层土体的变形规律，在矿山法隧道上

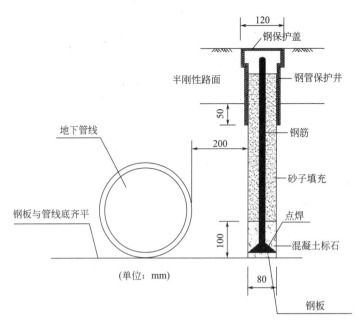

图 4-8 深埋式（旁侧式）管线测点示意图

方施作不同深度的竖向位移监测点，总结分析不同地质条件下，矿山法工程施工影响范围内土体变形规律。

深埋监测点布设与道路地表监测点布设类似。不同之处就是深度变化。布设时可采用洛阳铲、钻机在预定位置上钻孔直至达到预计埋深（标高），然后打设钢筋使之坐落在不同地层原状土中，钻孔套筒外分多次填入细砂，保证填充密实，并在地表加设套筒及标识，保护沉降标安全。具体如图 4-9 所示。

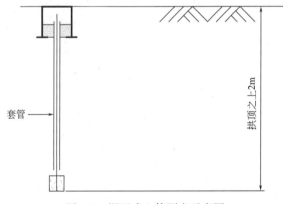

图 4-9 深埋式土体测点示意图

**5. 建（构）筑物沉降监测点**

建（构）筑物、桥梁、通道、既有线结构等竖向变形测点布设有钻孔式测点、螺栓式测点、粘贴式测点、条码尺测点等多种形式，如具备条件宜优先选用钻孔式测点。具体埋设技术要求为：

① 标志点距离地面高度不宜低于 30cm。

② 钻孔式测点采用钢筋材质或不锈钢材质，直径不小于 $\phi18$，长度不少于 8cm；粘贴式测点采用钢筋材质或不锈钢材质，粘贴部分为不小于 6cm×6cm 大小的方形；条码尺测点条码尺长度一般为 40cm，粘贴于监测对象表面使用，并加以保护处理，当监测对象无规则平整表面时，应先清理表面粘贴泡沫板、塑料板或采用焊接植筋等方法加设一个平整表面后，再将条码尺标志粘贴使用。图 4-10 为几种常见建（构）筑物沉降监测点示意图。

③ 测点埋设稳固，做好清晰标记，方便辨识。

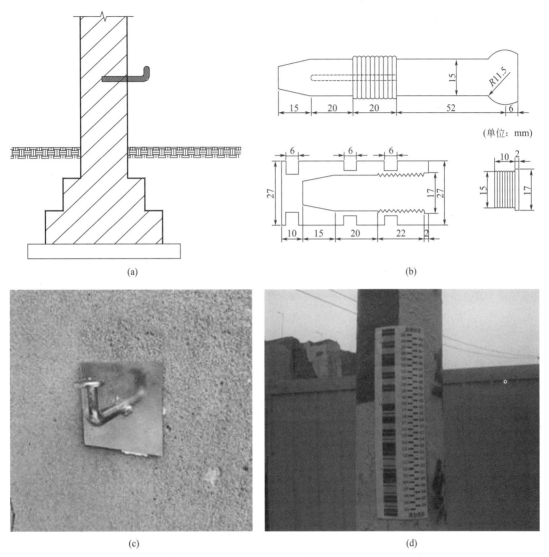

图 4-10 几种常见建（构）筑物沉降监测点
（a）钻孔式测点大样图；（b）螺栓式测点大样图；（c）粘贴式测点实物图；（d）贴纸式测点实物图

## 4.2 水平位移监测

水平位移监测常采用自由设站法、极坐标法、小角法、GNSS、InSAR 等方法。具备监测条件下优先选择自由设站法、极坐标法，需采用自动化监测的可选测量机器人自由设站或 GNSS 等方法。水平位移监测对象为基坑围护结构顶水平位移、建（构）筑物水平位移、既有地铁结构水平位移等。

### 4.2.1 自由设站法

**1. 方法原理**

自由设站法是测量中的后方交会，将仪器架在待定点上，观测两个或两个以上已知点，求解得到待定点坐标的测量方法。自由设站法使用全站仪进行施测，仪器精度要求参考《建筑变形测量规范》JGJ 8—2016 相关规定，并定期进行轴线几何关系校核。如图 4-11 所示，已知 B、C 两点的坐标 B（$X_B$，$Y_B$），C（$X_C$，$Y_C$），则求解 A 点的坐标步骤如下：

（1）求解 BC 两点方位角

$$\alpha_{BC} = \arctan \frac{Y_C - Y_B}{X_C - X_B} \tag{4-16}$$

B、C 两点间的距离 $S_a = \sqrt{(X_B - X_C)^2 + (Y_B - Y_C)^2}$

（2）求解夹角

$$\angle B = \arcsin \frac{S_B \cdot \sin A}{S_A} \tag{4-17}$$

$$\angle C = \arcsin \frac{S_C \cdot \sin A}{S_A} \tag{4-18}$$

（3）求解 AB 两点和 AC 两点的方位角

$$\alpha_{AB} = \alpha_{BC} - \angle B \tag{4-19}$$

$$\alpha_{CA} = \alpha_{BC} + \angle C \tag{4-20}$$

（4）求解 A 点坐标

$$X_A = X_B + X_B \cos\alpha_{AB}, Y_A = Y_B + Y_B \sin\alpha_{AB}（由 B 点求解） \tag{4-21}$$

$$X_A = X_C + X_C \cos\alpha_{AC}, Y_A = Y_C + Y_C \cos\alpha_{AC}（由 C 点求解） \tag{4-22}$$

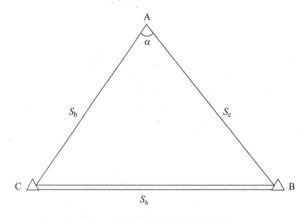

图 4-11 后方交会原理示意图

围护结构桩（墙）顶水平位移具体监测示意如图 4-12 所示。

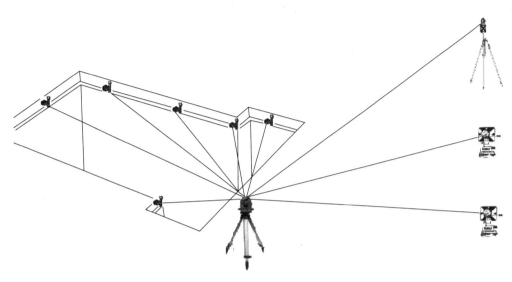

图 4-12　围护结构桩（墙）顶水平位移监测示意图

### 2. 变形控制网设计

水平变形监测控制网应能够满足自身的稳定性和对观测结果的可控性，应以工程的地质条件为依据，因地制宜地进行。

（1）控制网设置及精度要求

采用导线测量的方法，控制网精度等级不低于三等，并采用独立坐标系统。具体主要技术要求如表 4-1 所示。

导线测量技术要求　　　　　　　表 4-1

| 等级 | | 三等 | |
|---|---|---|---|
| 导线长度(km) | | 14 | |
| 平均边长(km) | | 3 | |
| 测角中误差(″) | | 1.8 | |
| 测距中误差(mm) | | 20 | |
| 测距相对中误差 | | 1/150000 | 采用全站仪精度不低于 1″ |
| 测回数 | 1″级仪器 | 6 | |
| | 2″级仪器 | 10 | |
| | 6″级仪器 | / | |
| 方位角闭合差(″) | | 3.6 | |
| 导线全长相对闭合差 | | ≤1/55000 | |

（2）角度观测技术要求

角度观测宜采用方向观测法，方向观测法的技术要求不应超过表 4-2 的规定。

**角度方向观测法的技术要求**  表 4-2

| 等级 | 四等及以上 | |
|---|---|---|
| 仪器精度等级 | 1″级仪器 | 2″级仪器 |
| 光学测微器两次重合读数之差(″) | 1 | 3 |
| 半测回归零差(″) | 6 | 8 |
| 一测回内 2C 互差(″) | 9 | 13 |
| 同一方向值各测回较差(″) | 6 | 9 |

（3）距离观测技术要求

一级及以上等级控制网的边长，应采用中、短程全站仪或电磁波测距仪测距，一级以下也可采用普通钢尺量距。各等级控制网边长测距的主要技术要求，应符合表 4-3 的规定。

**测距技术要求**  表 4-3

| 平面控制网等级 | 仪器精度等级 | 每边测回数 | | 一测回读数较差(mm) | 单程各测回较差(mm) | 往返测距较差(mm) |
|---|---|---|---|---|---|---|
| | | 往 | 返 | | | |
| 三等 | 5mm 级仪器 | 3 | 3 | ≤5 | ≤7 | $\leq 2(a+b\times D)$ |

注：1. 测回是指照准目标一次，读数 2~4 次的过程；
　　2. 困难情况下，边长测距可采取不同时间段测量代替往返观测。

**3. 方法评定**

在被监测对象周边布设后视点，无需设站点，根据后视点定位可进行监测点监测。该方法主要优点为：完全避免了基准点不稳定性的问题；根据现场情况设站，避免了施工干扰；避免了定向误差及对中误差等。为了提高测量精度，观测过程中应注意以下事项：

（1）在稳定位置架设仪器（如有设站点观测墩则在观测墩上安设仪器），且保证至少与 2 个自由设站后视点通视。

（2）后视点的平面分布范围应大于 90°。

（3）观测时尽量减少设站次数。

（4）后视点要定期进行与水平基准网联测，确保后视点数据真实可靠。

### 4.2.2 极坐标法

**1. 方法原理**

极坐标法测量是在控制点上测设一个角度和一段距离来确定点的平面位置，仪器选择同自由设站法。如图 4-13 所示，在 A 点架设全站仪，B 为定向点，C 为待测点，则 AB 两点的方位角

$$\alpha_{AB}=\arctan\frac{Y_B-Y_A}{X_B-X_A} \qquad (4-23)$$

AC 两点的方位角

$$\alpha_{AC}=\alpha_{AB}+\alpha \qquad (4-24)$$

则待测点 C 的坐标为

$$X_C=X_A+d\cos(\alpha+\alpha_{AB}) \qquad (4-25)$$

$$Y_C=Y_A+d\sin(\alpha+\alpha_{AB}) \qquad (4-26)$$

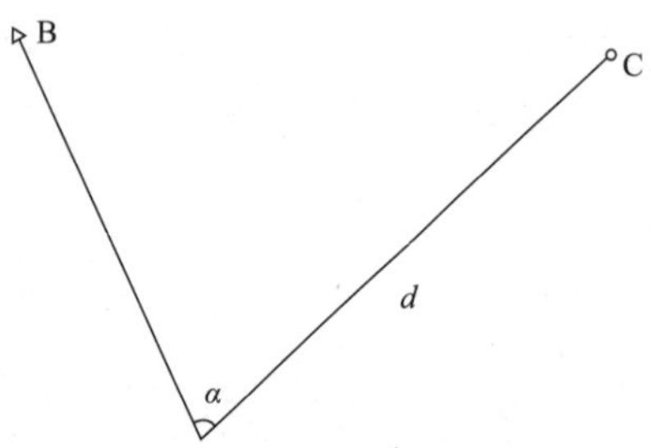

图 4-13　极坐标法原理示意

为提高观测精度，观测中需要注意的事项为：

（1）测站控制点尽量设置在与观测点正对方向，观测点设强制对中装置提高距离观测精度。

（2）方向控制点的分布应方便观测全部观测点，每个测站点个数均不应少于3个，以保证必要的检核条件。可在周边较远的建（构）筑物上选择或布设固定标志。

（3）每次观测前应联测所有后视点，联测时采用观测2测回方法，平差计算后视点坐标分量与用值较差小于4mm认为稳定。

具体监测示意如图4-14所示。

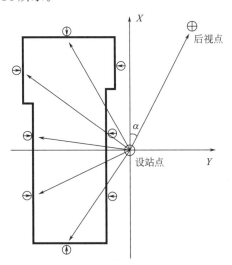

图4-14 极坐标法观测示意图

**2. 方法评定**

该方法适用于地铁施工场地内被监测对象周边无法设置后视点，施测过程中需在被监测对象周边设置设站点，根据远处的后视点进行定位。地铁施工过程中采用该方法时常使用施工独立坐标系，便于变形数据计算。

该方法具有使用方便，尤其是利用全站仪进行测量可以直接测得坐标，简单快速等优点，但也具有精度较低的缺点。

### 4.2.3 小角法

**1. 方法原理**

小角法同样采用全站仪来进行测量，通过测定基准线方向与观测点视线方向之间的微小角度来计算观测点相对于基准线的偏离值。如图4-15所示，观测水平位移监测点P的水平位移PP′，在监测区域一定距离以外选定工作设站点A，水平位移监测点的布设应尽量与工作设站点在一条直线上。沿监测点与设站点连线方向在一定远处（100～200m）选定一个方向控制点B，作为零方向。在B点安置棱镜或布设固定标志，用测回法观测水平角BAP，测定一段时间内观测点与设站点连线与零方向间角度变化值。根据式（4-27）可求得监测点P的水平位移量PP′。

$$\delta = \Delta\beta \times d / \rho \tag{4-27}$$

式中，$d$ 为观测点 P 至工作设站点 A 的距离，$\rho=206265$。

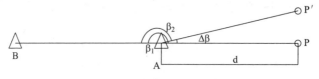

图 4-15　小角法原理示意图

为提高观测精度，观测中需要注意的事项为：
(1) 垂直于位移方向，以设站点布设基准线。
(2) 设站点及方向控制点宜埋设强制对中台。
(3) 每次观测前均应检查方向控制点、设站点的稳定性。

**2. 监测方法评定**

该方法简单易行，便于实地操作，精度较高。但施测需场地较为开阔，基准点需离开监测区域一定距离之外，设在不受施工影响的地方。

因该方法缺点较为明显，且效率不高，目前在地铁工程监测实施过程中很少被采用。

### 4.2.4　测量机器人自动化监测

**1. 方法原理**

该方法基于全站仪自动监测系统的监测设备、参考系、变形体和控制设备四部分组成，以自动搜索目标的全站仪为测量工具，并配备 L 型单棱镜，采用极坐标的测量方法，测定各变形点的三维坐标。同时将采集的数据通过网络自动传入控制计算机，计算机对所采集的数据进行分析处理，输出变形点的变形及相关信息。

自动化监测网络系统的硬件包括高精度自动全站仪、信号通信设备与供电装置、传输设备、网络设备、目标棱镜等部分。软件包括各分控机上的监测软件和主控机上的数据库管理软件两部分。

自动监测系统的基本工作思想是：在测站点上安置测量机器人，将棱镜安置在目标点和基准点上，利用通信电缆将计算机和测量机器人连接起来构成基站。通过测量获得基准点和目标点持续的周期性的观测数据，根据每周期的基准点数据对目标点进行实时差分改正、比较得出目标点的三维变形量，从而对目标点的变形趋势、安全性作出分析。

数据处理主要是进行距离差分改正、高差差分改正和平差处理。

(1) 距离差分改正

假设基准点之间的距离不变，在此前提下可以在测距时不考虑气象改正，而通过差分的办法得到高精度的距离。每次导线观测完后，都可以通过夹角、边长推算出之间的距离，将其与首次推算边长相减，其差值可近似认为是由气象条件的变化引起的，求出改正系数，再对边长进行改正。

改正式为

$$S_i'=S_i'(1-\Delta d_i/d_i) \tag{4-28}$$

式中　$\Delta d_i$——第 $i$ 次推算边长与首次推算边长之差；

$d_i$——第 $i$ 次推算边长。

若上下线 $\Delta d_i/d_i$ 相差不大时可取其平均值来进行差分改正；而 $\Delta d_i/d_i$ 相差较大时，

应上下线分开计算。

（2）高差差分改正

三角高程对向观测可有效地消除两差改正，同时对向观测的均值可近似认为是精确值。三角高程单向观测高差计算式为

$$h = S \cdot \sin\alpha + \frac{1-K}{2R}(S \cdot \cos\alpha)^2 + i - v \tag{4-29}$$

式中 $S$——斜距；

$\alpha$——垂直角；

$K$——大气折光系数；

$R$——地球平均曲率半径；

$i$——仪器高；

$v$——棱镜高。

差分改正系数可按式（4-30）计算。

$$\lambda = \frac{h_0 - h_i}{d_i^2 \cdot \cos^2\alpha_i} \quad \lambda_i' = \frac{h_0 - h_i}{d_i^2 \cdot \cos^2\alpha_i'} \tag{4-30}$$

式中 $h_0$——平均差；

$h_i$——第 $i$ 次单向往测高差；

$h_i'$——第 $i$ 次单向返测高差；

$d_i$——第 $i$ 次推算边长。

大气遮光的影响改正可按式（4-31）计算。

$$\Delta h_i = \lambda_i \cdot (S_i \cdot \cos\beta_i)^2 \tag{4-31}$$

（3）平差处理

以经过距离和高差差分处理的观测值为输入值进行平差计算，解算三维坐标。典型变形规律如图 4-16 所示。

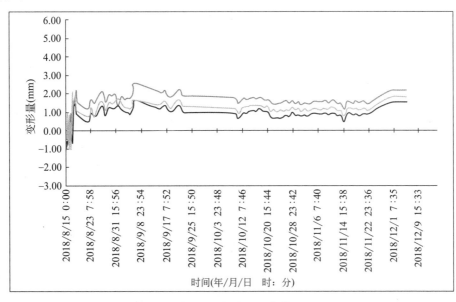

图 4-16 沉降里程曲线

## 2. 方法评定

该方法常用在穿越既有地铁结构水平位移自动化监测中，特别是在南方地区用得较多。高精度自动全站仪进行地铁自动化监测可分为两部分工作：①测站点、基准点和监测点的布设；②隧道结构水平位移和垂直位移自动化监测。监测基准点布置在隧道监测段的两端影响范围外，每端设置不少于3个基准点，设置徕卡标准圆棱镜。测站点设置在待测隧道中部的间墙上用于安置全站仪。基准点与测站点组成控制网来测定各监测点的实时坐标。

施测过程主要解决以下几个方面的技术难点问题：

（1）遇障碍（如车遮挡）重复测量时间延迟功能

当全站仪正在实时测量某个点时，如果列车正好驶过，挡住了全站仪的视线，如不加以处理，全站仪就会停止测量，监测工作也就中止。工作中可以在自动监测系统软件中定义一个延迟时间，当点位暂时被遮挡时，将暂停测量，延迟一段时间后，继续测量该点位。如果此时目标点位仍被遮挡，还可以定义一个最大重复测量数，全站仪将按照延迟的时间重新测量。假如该目标点一直被遮挡，仪器进行最大的努力后，仍不能测量该点时自动转到下一个目标点进行测量。

（2）消除隧道内气流变化的影响

列车在行驶中有很大气流通过，直接影响测量结果。在系统运行中连续观察记录到这种变化的影响，用预置限差的办法剔除这些干扰数据。

（3）有效地消除外界误差的影响

自动监测系统中采用温度、气压实时改正和差分改正相结合的混合改正模型进行实测数据改正。温度、气压数字传感器可将温度、气压观测量实时传输到自动监测系统中对距离进行实时气象改正。

（4）列车在行驶中地基振动影响问题

列车在行驶中有很大的振动，为了克服其对测量结果的影响，选择具有双轴自动补偿技术的全站仪。

（5）满足"视场"要求的测量点分布

在狭长的地铁隧道中，多个监测棱镜会出现在一个视场中，必须避免视场中多棱镜干扰，正确选择需监测的棱镜（监测点）。使用L型棱镜，大大减少棱镜的面积，降低多棱镜出现在视场中的概率。监测点宜采用空间立体式交错布点方式，错开视场角较小的点，具体如图4-17所示。

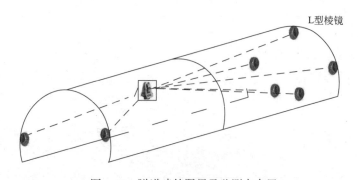

图 4-17 隧道建筑限界及监测点布置

(6) 限制时间内完成全部监测点的监测

监测系统中，监测点多，采用自动监测方法，正常情况下，自动测量一个监测点的平均作业时间约为 40s（包括仪器旋转、照准、稳定和测量）可以既保证测量精度，又能在限制时间内完成监测。

(7) 解决异地远程监测数据实时传输问题

采用有线数据传输和无线数据传输相结合的方式。隧道中控制系统为保证稳定可靠、数据实时快速测量，采用光纤网络通信方式，同时该工控机上外接一个专用的 GPRS/CDMA 无线通信模块，由工控机上专门的无线数据传输软件，将自动监测系统监测数据从现场通过专用的 GPRS/CDMA 无线通信模块传输到远程的服务器上并更新到数据库中。

(8) 有效消除测站点不稳定性影响

自动监测系统可以在观测每个监测点组前，使用自由设站方式自动测量位于相对不变形区域的控制点，实时获得测站三维位置后再进行监测点自动测量。

### 4.2.5 监测点布设方法

**1. 地面设站点及后视点**

(1) 设站点

水平位移观测采用固定的测站点，根据现场地面条件可采用地面钉式或水泥墩台式，安设的原则是保证其水平方向的稳定性。当现场条件允许时可埋设强制对中装置，如图 4-18 所示。

具体埋设要求如下：

① 观测台尺寸根据现场情况确定，以能保证作业空间和作业安全为宜。观测台与基坑边的水平距离和底座高度根据护栏高度及视线情况确定。

② 将强制对中观测盘置于墩台底座上部。

③ 观测墩台数量应根据基坑长度确定，在满足规范监测精度要求的前提下，观测墩台间距应不大于 100m。

(2) 后视点

方向控制点原则上可选用稳定性好且观测视差小的建筑上的标志物或自制标准后视点，每测站点至少选用 3 个后视点，具体如图 4-19 所示。

图 4-18 水平位移设站点

图 4-19 水平位移后视点

## 2. 隧道内设站点及后视点

测点涉及对象主要为矿山法隧道结构水平位移、盾构管片结构水平位移、穿越既有地铁隧道结构水平位移等。

基准点的埋设：基准点必须埋设稳固，保证整个监测过程中不受破坏，采用钢支架，牢固安装在隧道内壁，支架固定装上棱镜连接螺丝，实现强制对中，棱镜距隧道壁3～5cm，确保观测通视良好，为了防止碰动点位，必要时加装保护盒进行保护。目标棱镜设置在基准点和监测点上。目标棱镜一般选择标准圆棱镜或L型棱镜，当目标较近时可以选择L型棱镜，目标较远时采用标准圆棱镜，通常基准点上采用标准圆棱镜、监测点采用L型棱镜。

设站点埋设：根据隧道具体情况以及监测的有关技术要求，设计每条隧道布设一个设站点。设站点是变形监测的主测站，要求能监测所有变形观测点，且点位埋设稳固，利于观测和保存。设站点采用钢支架，牢固安装在隧道内壁，实现强制对中，钢支架上安装仪器固定装置和棱镜杆，以作仪器、棱镜安装之用。

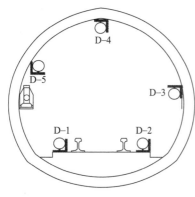

图 4-20　区间隧道布点断面图

监测点的埋设：采用L型棱镜，在隧道壁上牢固安装好棱镜，并使棱镜面正对设站点，注意不能打破防水层，对于在隧道下方的监测点，为了防止碰动点位，加角钢进行保护，具体如图4-21所示。

图 4-21　标准棱镜与L型棱镜

## 3. 水平位移（倾斜）测点

水平位移测点可采用反射棱镜、反光片等，优先考虑使用反射棱镜。

测点涉及的对象主要有：桩（墙）顶水平位移、立柱水平位移、建（构）筑物水平位移与倾斜、管线的水平位移、竖井锁口圈水平位移及初支净空收敛等。具体布设要点如下：

（1）在观测对象适当位置开孔，打入顶部磨圆且长度18～22cm、直径不小于$\phi$1.6cm

的不锈钢预埋件，长度嵌入结构体约 9cm 以能固定为目的，孔与测点四周空隙用水泥砂浆或锚固剂填实。若观测对象为刚性体，可采用焊接方法进行安设。

（2）加强测点保护及标识，必要时可采用保护罩装置进行保护。

具体监测点如图 4-22 所示。

图 4-22　水平位移监测点实物图

基坑桩（墙）顶竖向位移测点与水平位移测点共用，埋设技术要求同水平位移（倾斜）测点。

## 4.3　倾斜监测

倾斜测量根据现场观测条件常选用全站仪测水平角法、全站仪坐标法（同自由设站法）、差异沉降换算法，也可采用投点法、倾斜传感器（倾斜计、电水平尺等）等满足精度要求的监测方法。

该监测项目涉及对象主要为建（构）筑物，根据被监测对象特点，实测过程中选用差异沉降换算法和全站仪测水平角法较多。测点布设同水平位移和竖向位移测点。

### 4.3.1　全站仪测水平角法

如图 4-23 所示，ABCD 为被观测建（构）筑物底部，$A'B'C'D'$ 为其顶部，为了观测 $AA'$ 的倾斜，在建筑物底部 A 处及顶部 $A'$ 处分别设置观测标志，并测定建筑物高度 $H$，分别在 BA、DA 的延长线上距 A 点 $1.5H \sim 2H$ 处设置测站 1 和测站 2，在测站 1 架设仪器，测定 A 点与 $A'$ 的水平夹角 $\Delta \alpha_{A1}$，同时测得测站 1 与 A 点的水平距离 $S_{A1}$，由式（4-32）可计算出 $A'$ 点相对于 A 点在与测站 1 视线垂直方向的倾斜变形分量 1，该变形分量包含变形方向及变形值；同理在测站 2 架设仪器，可得出变形分量 2。根据式（4-33）计算分量 1 与分量 2 的矢量和即为 $AA'$ 的倾斜。

$$\text{分量 1} = \frac{\Delta \alpha_{A1}}{\rho''} \cdot S_{A1} \quad \text{分量 2} = \frac{\Delta \alpha_{A2}}{\rho''} \cdot S_{A2} \tag{4-32}$$

$$\text{矢量和} = \sqrt{(\text{分量 1})^2 + (\text{分量 2})^2} \tag{4-33}$$

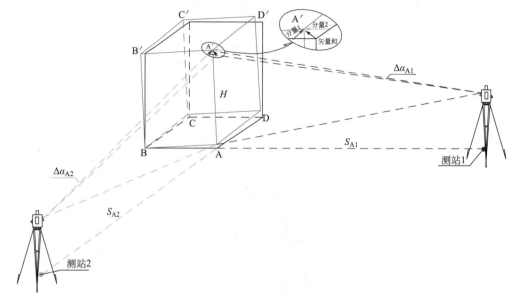

图 4-23 测水平角法原理

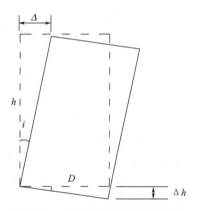

图 4-24 差异沉降换算法原理示意

### 4.3.2 差异沉降换算法

在被测结构体底部安设观测点进行竖向位移观测，如图 4-24 所示，根据沉降观测结果获得基础两端点的差异沉降量 $\Delta h$，按基础宽度 $D$ 计算出基础相对倾斜率；则可根据建（构）筑物高度 $h$，推算上部的倾斜值。根据式 (4-35) 计算顶部倾斜位移量为 $\Delta$，根据式 (4-34) 可计算倾斜率 $i$。

$$i = \frac{\Delta}{h} = \frac{\Delta h}{D} \tag{4-34}$$

$$\Delta = \frac{\Delta h}{D} \cdot h \tag{4-35}$$

### 4.3.3 投点法

投点法适用每个测站观测一个倾斜方向的偏移量。如图 4-25 所示，分别用全站仪在 X 墙面和 Y 墙面设站，利用投点法测出建筑物 X 墙面和 Y 墙面的偏移量 $\Delta B$ 和 $\Delta A$，则建筑物的总偏移量为

$$\Delta = \sqrt{\Delta A^2 + \Delta B^2} \tag{4-36}$$

假设建筑物高度为 $H$，则建筑物的倾斜率为

$$i = \frac{\Delta}{H} \tag{4-37}$$

投点法具体步骤如下：

(1) 在被测结构体上下竖向对应布设观测标志。

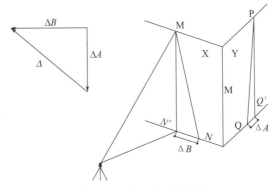

图 4-25 投点法观测原理

(2) 测站点设置在变形方向的垂直线上,并与被观测结构体距离宜为上下观测标志高差的 1.5~2.0 倍。

(3) 在被测结构体上部观测设置水平尺,瞄准上部标志后投影到水平尺上读取偏移量,正倒镜各观测一次取平均值即为倾斜变形值,变形值与高差的比值即为倾斜率。

## 4.4 深层水平位移监测

基坑围护结构桩(墙)体深层水平位移、土体深层水平位移测量可采用测斜仪人工监测和安装固定式测斜仪传感器人工或自动化监测等方法。

### 4.4.1 测斜仪原理

测斜仪的工作原理是测量测斜管轴线与铅垂线之间的夹角变化,从而计算土体、桩(墙)体在不同高度的水平位移。测斜仪采用最先进的倾角传感器作为敏感元件(力平衡式的伺服系统)。按照测量方式可分为单轴和双轴两种传感器,传感器密封在壳体内部。具体如图 4-26 所示。

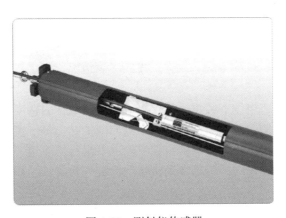

图 4-26 测斜仪传感器

当传感器探头相对于地球重心方向产生倾角时,由于重力作用,传感器中敏感元件相对于铅垂方向摆动一个角度,通过高灵敏的微电子换能器将此角度转换成电信号,再经过分析处理计算，获得围护结构水平位移值。对于单点测斜原理如图 4-27 所示。测斜仪的安装长度为 $L$，当相对于 $O$ 点产生角度为 $\theta$ 的倾斜（转动）后，A 点位移到 A′，则水平偏移量

$$D = L \times \sin\theta \tag{4-38}$$

对于多点深层水平监测（即常规监测中不同深度定距监测及固定式测斜仪多支串联情况），将不同深度处产生的位移变化量进行累加即可获取整个剖面的垂直位移变形曲线。具体如图 4-28 所示，以铅直向安装的 5 测点固定式测斜仪为例（仅作示意），假定以 $L_1$ 端为基准，则 $L_5$ 端在垂直方向产生的总位移量为

$$D = D_1 + D_2 + D_3 + D_4 + D_5 \tag{4-39}$$

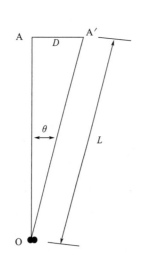

图 4-27 单点水平位移换算原理

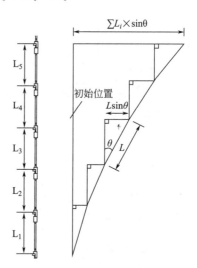

图 4-28 多点深层水平位移剖面

测斜仪的系统精度不宜低于 0.25mm/m，分辨率不宜低于 0.02mm/500mm。采集可采用便携式读数仪进行现场人工读数，也可使用数据记录仪进行自动数据采集或远程遥测。

### 4.4.2 监测方法

根据现场作业场地、风险等级、数据采集频率等情况，深层水平位移监测可采用移动测斜仪或固定式测斜仪。

移动测斜仪由探头、电缆和数据采集仪组成。测斜数据的精度主要受探头的精度和测斜管的安装质量控制。测斜管在监测前埋设于被测围护结构桩（墙）体内，测斜管内有四条十字形对称分布的凹形导槽，作为测斜仪滑轮上下滑行的轨道，测量时使传感器的导向滚轮卡在测斜管内壁的导槽中，沿槽滚动将传感器放入测斜管，监测具体操作过程注意事项如下：

（1）施测前应确定固定起算点，可在管顶或管底部。当测斜管底部未进入稳定岩土体或砍固深度不够易发生位移时，应以管顶为起算点，并量测管顶的平面坐标进行水平位移修正。

（2）监测时应将测斜仪探头放入测斜管内，恒温一段时间且数据稳定后自下而上（或

自上而下）以 0.5m 或 1.0m 间隔逐段进行量测，每测点均应进行正反两次测量取平均值作为本次量测值。具体施测如图 4-29 所示。

图 4-29 测斜仪施测图

固定式测斜仪是在测斜管内不同高程安装倾斜传感器，即可获得结构内部不同高程的水平状态，相对于移动测斜仪人工监测而言，固定式测斜仪可实现自动化监测及远程遥测，并可准确而连续地监测结构内部或剖面的变形情况。

### 4.4.3 监测点布设方法

根据监测对象桩（墙）体深层水平位移和土体深层水平位移不同，测点布设方法分为绑扎式和钻孔式。当在围护结构施工之前布设测斜管时则采用绑扎式埋设；若在围护结构施工之后埋设测斜管时则采用钻孔式埋设，土体深层水平位移采用钻孔式埋设。

**1. 绑扎式**

绑扎式埋设测斜管应于钢筋笼制作完毕后（即主筋、箍筋等焊接、搭接完成），吊装入孔前进行。具体要求如下：

（1）测斜管固定

测斜管通过直接绑扎（或设置抱箍）将其固定在钢筋笼内侧主筋上（偏离基坑方向，即基坑迎土侧位置），目的是避免因成桩质量缺陷（如有桩体侵限需要凿桩处理）对测斜管产生损坏。

（2）测斜管长度

测斜管管底宜与钢筋笼底部持平或略短于钢筋笼底部，顶部达到地面（或导墙顶）以上约 20cm。

（3）注意事项

① 测斜管与钢筋主筋笼牢固固定（测斜管与钢筋笼绑扎埋设，绑扎间距不宜大于 1.5m），以防钢筋笼吊装入孔及浇筑混凝土时，测斜管与钢筋笼脱落。

② 测斜管相邻节应对接良好、紧密无缝隙，内壁导向凹槽顺畅，导槽清洁；相邻管接头三重防护（螺丝紧固，密封胶密封，胶带保护），螺丝长度不得穿透测斜管内壁；底

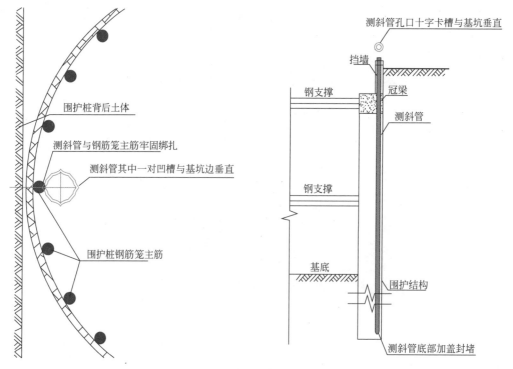

图 4-30　测斜管安装示意图

部应采用尖端橡胶材质堵头封堵,并包裹密封。

③ 测斜管通长应确保垂直,避免纵向扭转。

④ 测斜管绑扎时应调整方向,须保证埋设就位的测斜管内壁两对凹槽尽量分别与基坑围护结构呈垂直、平行方向。

⑤ 测斜管顶部外套管保护(避免剔凿桩头浮浆造成管口损坏,且管口外露部分以便于醒目标记为宜),保护范围应至少覆盖冠梁底标高以下 20cm 至冠梁顶面。

测斜管安装示意如图 4-31 所示。

(a)　　　　　　　　　　　　　　(b)

图 4-31　测斜管安装(一)
(a) 测斜管连接组装;(b) 测斜管固定钢筋笼内

图 4-31 测斜管安装（二）

（c）测斜管孔口处一定长度范围内套管保护；（d）钢筋笼起吊；（e）检查管口（必要时补焊）并封堵保护

## 2. 钻孔式

钻机开孔，下放测斜管并做好节点处理，测斜管外空隙利用细砂回填密实，管口砌筑保护台。钻孔安装测斜管如图 4-32 所示。具体注意事项如下：

（1）在竖直钻孔（宜采用干钻）中埋设测斜管，钻孔深度应大于基坑开挖影响深度，确保砍固深度。确保埋设就位的测斜管内壁两对凹槽尽量分别与基坑围护结构呈垂直、平行方向。

（2）测斜管与钻孔之间的空隙应采用细砂填满、密实，将测斜管固定在钻孔中，不能出现晃动和转动，孔口处用砂浆抹平。

（3）测斜管埋好位置后，宜测量管口初始坐标和高程，必要时，监测过程中可通过测

图 4-32 钻孔安装测斜管

量管口坐标和高程验证测斜数据。

## 4.5 土体分层沉降监测

土体分层沉降监测根据监测点埋设方法,可分为几何水准测量和磁环测量。采用几何水准测量法即在同一区域内根据需要在不同深度分别埋设深层沉降标,采用水准测量监测不同地层的分层沉降标竖向位移,其原理及深层测点埋设同竖向位移。

### 4.5.1 磁环测量原理

埋设磁环分层沉降标时,可采用分层沉降仪进行监测。分层沉降仪所用的传感器是根据电磁感应原理设计,将磁感应沉降环预先通过钻机的方式埋入地下待测点位处,当传感器通过磁感应沉降环时,产生电磁感应信号送至地表仪器显示,同时发出声光报警,读取孔口标记点的对应钢尺的刻度值即为沉降环的深度,每次测量值与前次测量值相减即为该测点的沉降量。

测量时,先将测头放到沉降管的底部,然后自下而上依次测定各磁环到管口的距离,每次观测前应首先用三等水准测定管口高程,以便根据分层沉降仪的读数根据式(4-40)计算各磁环的本次高程。磁环的高程变化即为该位置土体的沉降量,精确到1mm。

$$H = h_0 - \Delta h \quad (4\text{-}40)$$

式中 $h_0$——管口的高程;

$\Delta h$——某磁环到管口的距离;

$H$——该磁环的高程。

为了提高测量精度,观测过程中应注意以下事项:

(1) 磁环分层沉降标埋设后应连续观测至磁环位置稳定后,测定孔口高程并计算各磁环的高程(图4-33)。

(2) 采用分层沉降仪量测时,应以3次测量平均值作为初始值,读数较差不应大于1.5mm。

（3）应对磁环距管口深度采用进程和回程两次观测，并取进、回程读数的平均值。

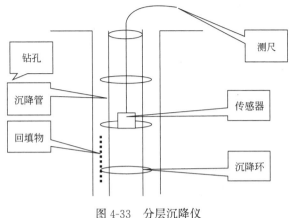

图 4-33　分层沉降仪

### 4.5.2　监测点布设

监测点包含沉降管和沉降磁环，沉降磁环的内径与沉降管外径相等。埋设时采用钻孔式埋设，方法与深层水平监测点埋设相似，具体工艺如下：

（1）钻孔开孔

宜采用干钻，套管跟进，且确保垂直度，钻孔倾斜度不大于1°。钻孔时要详细记录各土层的性质、土质分界线、跟进套管规格。钻孔深度应比最下面一个磁环深1.0m，钻至设计深度后即清孔，并绘制钻孔柱状图；且管口应高出地平面50～100cm，并加以保护。

（2）安装磁环

沉降管的管底用闷盖和胶水密封，外面用土工布绑扎。在预定设计标高位置套磁环，磁环可在两个接头之间自由滑动，但不能穿过接头。磁环上均匀布置六只带倒刺的钢片，钢片用螺丝固定在磁环上，其中三只向上方倾斜，另三只向下方倾斜（并用纸绳捆扎）。

（3）安设沉降管

将装配好的沉降管放入钻孔中，此时磁环向上的钢片与孔壁之间会产生摩擦，需用力将沉降管压到孔底。确认到底后，将沉降管向上拔出1m，这样所有磁环均安装到设计高程，且位于各段沉降管的中间位置。

（4）回填

手动固定沉降管，然后开始回填，回填料应与钻孔周围的土料一致。回填过程中应适当加水，因为捆扎钢片的纸绳遇水浸泡一定时间后即断裂，三只钢片会自动弹开，插入孔壁土体中，这样每个磁环的六只钢片全部插入孔壁土体中，使磁环与孔壁土体的连接更加牢固。

## 4.6　基坑底回弹监测

### 4.6.1　回弹监测原理

基坑底回弹监测采用几何水准方法，原理同竖向位移监测几何水准方法。施测时具体方法步骤如下：

（1）初值采集

基坑开挖前及时采取初值，用钢尺环沿导尺线倒挂在测点挂钩上，使用三脚架、尺夹和重锤保持钢尺垂直及稳定，使用精密光学水准仪进行施测。临时工作基点处立水准尺，进行往返观测，并做原始记录，往返高差应满足闭合差要求。重复观测两次，两次观测的结果应满足限差要求，取两次合格结果的平均值作为初始值。具体如图 4-34 和图 4-35 所示。

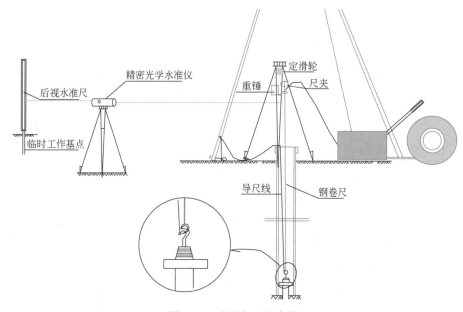

图 4-34　监测方法及步骤

图 4-35　监测现场操作

（2）回弹监测

基坑开挖到底后，按照测点初露的顺序，仍按照采集初值时的方法测取基坑开挖到底后第一次回弹值，为后续监测的方便，可同时利用水准尺测得测点点头标高，在下一次观测时直接测取点头标高即可获得测点回弹值。但基坑开挖到底后，基点联测存在高程从地面传递到坑底的问题，可利用局部保留的马道施作一等水准网联测，如若不具备利用马道联测基准网时，可采用悬挂尺法传递高程。悬挂尺法钢尺在使用前需检定，测出每单位长度的改正数，实施时需测定现场的温度、拉力等并进行由此引起的误差改正。具体悬挂尺法步骤简述如下：

① 在基坑边设挂尺架，可选择围挡边突出钢管，固定挂尺夹，将钢尺零端放置距基坑底 1m 左右处，保证观测视线能到达钢尺刻画，钢尺下端悬挂重锤。

② 在地表架设水准仪，后视地表固定点，前视钢尺，读数记入"沉降观测手簿"。

③ 在基坑底架设水准仪，后视钢尺，前视坑底固定点，读数记入"沉降观测手簿"。

④ 进行上述步骤的返程观测，将观测路线闭合成环路，闭合差需满足相关要求。初次观测需取两次高程的平均值作为最后观测值。悬挂尺法观测方法如图 4-36 所示。

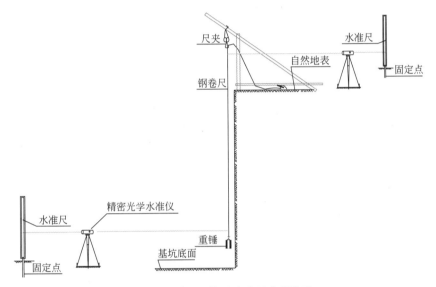

图 4-36 采用悬挂尺法进行高程传递

（3）参数改正

参数改正有尺长、温度及倾斜改正。

① 尺长及温度改正

根据观测时钢尺的使用长度及尺环内端头至钢尺零点的长度（即尺头长），进行高程的尺长改正；根据观测时孔内温度进行温度改正。采用钢尺标定证书提供的改正系数进行计算。相关计算式如下

$$\Delta L = L - \mu \tag{4-41}$$

式中 $\Delta L$——尺长改正数；
$L$——计算尺长；
$\mu$——钢尺改正系数。

$$\Delta t = L \times (20 - t) \times 0.000016 \tag{4-42}$$

式中 $\Delta t$——温度改正数；
$t$——观测时孔内温度。

则求得实际标高为

$$H_0 = H - L_0 + \Delta L + \Delta t \tag{4-43}$$

式中　$H$——实测标高；
　　　$L_0$——尺头长。

② 倾斜改正

对于埋设时钻孔垂直度较差的情况，可在观测点初露后根据测点在坑底的坐标与其埋设时的地面坐标差值计算出钻孔的倾斜度，根据测孔的实际深度算出由于测孔倾斜对测点高程的影响值，称之为倾斜改正，倾斜改正的方法主要有测坐标法及测斜法两种。

测坐标法进行倾斜改正，需在基坑开挖后测点初露时测取测点实际坐标（$X_2$，$Y_2$）与该测点钻孔孔口坐标（$X_1$，$Y_1$），按照图 4-37 所示的方法进行运算，即可得出测点初始高程的倾斜改正。

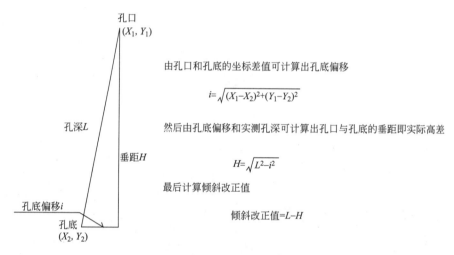

图 4-37　倾斜改正计算

测斜法倾斜改正方法是在基坑开挖前，测点埋设完毕后，孔内填埋少量粒料对点头进行保护，在孔内送入测斜管，用测斜仪直接测得孔口与孔底的相对位移即图中 $i$ 值，为保证监测精度，采用正反两个方向测试值的均值作为最终观测值，用同样的计算方法得出测点高程的倾斜改正。

具体施测过程中记录如表 4-4 和表 4-5 所示。

### 4.6.2　监测点布设

基坑底回弹监测点须在深基坑开挖前进行钻孔，将测点预埋在设计槽底以下 0.5m 左右。测点安设后施测 3 次取得原始标高，同时对钻孔进行温度、倾斜测试，以便对原始标高进行精确改正。待基槽开挖至设计槽底回弹监测点露出后施测回弹量。基坑回弹监测点采用带挂钩埋入式型制，具体埋设要求为：

（1）根据测点设计坐标，在现场实地放样定桩，保证每个监测点具备钻机工作和行车条件。

（2）以工点基准点为出发点，测量各回弹观测点位的地面精确标高，作为测点埋设深度的依据；必要时可在各测点附近安设临时工作基点，并与基坑外设立的高程控制点进行联测。

## 回弹观测手簿

表 4-4

回弹点编号：
工程编号：　　　　　沉观序号：　　　　　工程名称：
钢尺尺号：　　　　　尺头长：　　cm　　　风力：　　　　　前视尺号：
后视尺号：
观测人：
记录人：
前后尺人：
初查人：
计算人：
校对人：
观测时间：　　年　　月　　日
施工进度：
孔口地面绝对标高：　　　m
设计槽底绝对标高：　　　m
（垫层以下，基坑开挖深度）
计算孔深：孔口标高－槽底标高＝
埋设孔深：计算孔深＋0.6m＝

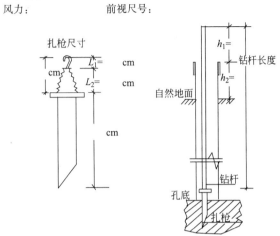

| 点号 | 距离 | | 第1次读数 | | | 第2次读数 | | | 高差中数（cm） | 高程观测值（cm） | 备注 |
|---|---|---|---|---|---|---|---|---|---|---|---|
| | 后视累加 | 前视累加 | 正尺 后视 前视 后－前 | 副尺 后视 前视 后－前 | | 正尺 后视 前视 后－前 | 副尺 后视 前视 后－前 | | | | |
| | | | | | | | | | | | |
| | | | | | | | | | | | |
| | | | | | | | | | | | |
| | | | | | | | | | | | |
| | | | | | | | | | | | |
| | | | | | | | | | | | |
| | | | | | | | | | | | |
| | | | | | | | | | | | |
| | | | | | | | | | | | |
| | | | | | | | | | | | |
| | | | | | | | | | | | |

回弹观测成果表  表 4-5

工程名称：　　　　工程编号：　　　　沉观编号：　　　　点号：弹　　第　页共　页

| 观测次数<br>测量项目 | 第　次观测<br>年　月　日 | 第　次观测<br>年　月　日 | 第　次观测<br>年　月　日 | 第　次观测<br>年　月　日 |
|---|---|---|---|---|
| 实测标高（cm） | | | | |
| 尺号 | | | | |
| 尺头长（cm） | | | | |
| 尺长读数（cm） | | | | |
| 计算尺长（cm） | | | | |
| 尺长改正（cm） | | | | |
| 温度（℃） | | | | |
| 温度改正（cm） | | | | |
| 孔深（cm） | | | | |
| 孔口偏移（cm） | | | | |
| 倾斜改正（cm） | | | | |
| 合计改正（cm） | | | | |
| 实算标高（cm） | | | | |
| 点头标高（cm） | | | | |
| 本次回弹（cm） | | | | |
| 累积回弹（cm） | | | | |
| 施工进度 | | | | |
| 计算人 | | | | |
| 校对人 | | | | |
| 审核人 | | | | |
| 备注 | | | | |

(3) 测点的埋设深度为设计槽底标高与测点现状地表标高的差值,并应综合考虑测点的长度及后期开挖施工可能的扰动,在计算的基础上孔深应适当增加 0.6~0.7m,孔深计算过程填入"回弹观测手簿",并对司钻人员进行交底。

(4) 钻孔时保证测孔的垂直性,套管与测孔深度保持一致,并在达到要求深度后清理孔底做好埋设准备。

(5) 埋设测点的准备工作:在埋设测点前须量取钢尺尺头长度、测点各部位尺寸、各节钻杆长度、套管露出地面高度等相关埋设测点需要的数据,填入原始记录"回弹观测手簿",根据以上数据进行现场计算,计算结果作为确定埋设深度和挂尺位置的依据,如孔深不满足要求及时进行调整。保证测点要埋设至槽底下 0.5m 左右位置,便于保护和寻找,测点砸入后钻杆应能露出套管,方便卸除。

埋设前进行各部件的尺寸量取及确定挂尺位置,相关计算式如下:

计算孔深:孔口标高-槽底标高

埋设孔深:计算孔深+0.6m

埋设时钻杆长度应超过孔深加上套管露出地面的高度($h_2$)。钢尺在套管口读数位置即挂尺位置=钻杆长度-($L_1+L_2$)-$h_1$-尺头长(其中 $h_1$ 为测点砸入后露出套管口的长度)。具体如图 4-38 所示。

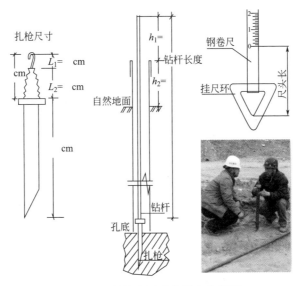

图 4-38 基坑底回弹监测点大样图

(6) 在已量取完长度的钻杆内穿上导尺线,导尺线须选用耐磨及弹性较小的尼龙线绳,且在装卸钻杆过程中由专人负责重点保护导尺线,防止磨损和过度拉伸,在卸除钻杆后,导尺线的地面一端应拴系在钻机架腿上,防止滑落孔内。

(7) 用钻杆将已设导尺线的测点送至管底,并将测点扎枪用钻机砸入预定深度,避免砸入过深导致测点钩被土掩埋,然后卸除钻杆完成埋设。

测点埋设方法及步骤如图 4-39 所示。

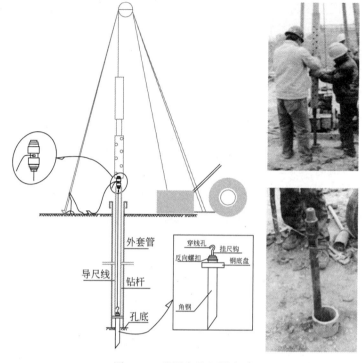

图 4-39 监测点的埋设方法

## 4.7 地下水位监测

### 4.7.1 地下水位监测原理

地下水位观测采用水位计,其工作原理是在已埋设好的水位管中放入水位计测头,当测头接触到地下水时,报警器发出报警信号,此时读取与测头连接的标尺刻度,此读数为水位与固定测点的垂直距离,再通过固定测点的标高及与地面的相对位置换算成从地面算起的水位埋深及水位标高。电子水位计如图 4-40 所示。

图 4-40 电子水位计

施测时注意事项如下：

(1) 水位观测管埋设稳定后应测定孔口高程并计算水位高程。

(2) 测量精度不宜低于 10mm，仪器观测精度不宜低于满量程的 0.5%。

具体水位观测统计表可参考表 4-6。

水位观测统计表　　　　　　　　　　　　　　表 4-6

| 工程名称 | | 工程编号 | | | |
|---|---|---|---|---|---|
| 观测孔号 | | 孔口高程 | | 观测时间 | |
| 填表人 | | 校对人 | | 审核人 | |
| 观测次数 | 观测日期 | 孔内水深(m) | 水位高程(m) | 本次水位升降深度(m) | 累计水位升降深度(m) | 备注 |
| | | | | | | |
| | | | | | | |
| | | | | | | |
| | | | | | | |
| | | | | | | |

### 4.7.2 监测点布设

地下水位监测点可利用施工降水井或专用观测井进行观测。降水井井管一般为直径 400mm 的无砂管，专用观测井井管一般为直径 127mm 的 PVC 管。专用观测井施作技术要求如下：

(1) 观测井井点一般施工工艺程序是：井点测量定位→挖井口、安护筒→钻机就位→钻孔→回填井底砂垫层→吊放井管→回填井管与孔壁间的砂砾过滤层→洗井→井口保护→水位观测。

(2) 成孔可根据土质条件和孔深要求，可采用冲击钻钻孔、回转钻钻孔、潜水电钻钻孔，用泥浆护壁，孔口设置护筒，以防井口塌方，并在井点外侧设排泥沟、泥浆坑。

(3) 井管沉放前应清孔，用压缩空气洗井或用吊筒反复上下取出泥渣洗井，或用压缩空气与潜水泵联合洗井。

(4) 井管下设时，将预先制作好的井管用吊车分段下设，分段焊接牢固，直下到井底。井管安放应尽量垂直，并位于井孔中间；管顶部比自然地面高 500mm 左右。当采用无砂混凝土管作井管，可在成孔完成后，逐节沉入无砂混凝土管，外壁绑长竹片导向，使接头对正。井管过滤部分应放置在含水层适当范围内，井管下入后，及时在井管与土壁间分层填充砂砾滤料。粒径应大于滤网的孔径。填滤料要一次连续完成，从底填到井口下 1m 左右，上部采用不含砂石的黏土封口。

(5) 观测井的井口宜高出地面 0.3~0.5m，井口应加盖并做好标识。

施作水位观测井如图 4-41 所示。

图 4-41　施作水位观测井

## 4.8　净空收敛监测

净空收敛监测可采用钢尺收敛计、全站仪及激光收敛计等方法观测。采用全站仪监测是测两端收敛点的三维坐标及空间距离，进而换算成两收敛测点的距离即为收敛值，其原理同水平位移监测极坐标法。

### 4.8.1　钢尺收敛计测量原理

钢尺收敛计测量原理：用挂钩连接两基准点 A、B 预埋件，通过调整调节螺母，改变收敛计机体长度可产生对钢尺的恒定张力，从而保证量测的准确性及可比性，机体长度的改变量，由数显电路测出。当 A、B 两点间随时间发生相对位移时，在不同时间内所测读数的不同，其差值就是 A、B 两点间的相对位移值。当两点间的相对位移值超过数显位移计有效量程时，可调整孔销所插尺孔，仍能继续用数显位移计读数。

初次测量对测点进行三次读数，每次读数后将数显归零后重新进行下一次读数，取其平均值为初始值。具体操作如下：

(1) 初次量测在钢尺上选择一个适当孔位，将钢尺套在尺架的固定螺杆上。孔位的选择应能使得钢尺张紧时支架与百分表（或数显表）顶端接触且读数在 0～25mm 的范围内。拧紧钢尺压紧螺母，并记下钢尺孔位读数。

(2) 再次量测，按前次钢尺孔位，将钢尺固定在支架的螺杆上，按上述相同程序操作，测得观测值 $R_n$。则净空变化值为

$$U_n = R_n - R_{n-1} \tag{4-44}$$

式中　$U_n$——第 $n$ 次量测的净空变形值；

$R_n$——第 $n$ 次量测时的观测值；

$R_{n-1}$——第 $n-1$ 次量测时的观测值。

钢尺收敛计监测示意如图 4-42 所示。

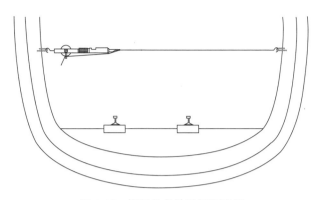

图 4-42 钢尺收敛计监测示意图

### 4.8.2 激光收敛计测量原理

激光收敛计仪采用相位比较原理进行测量。激光传感器发射不同频率的可见激光束，接收从被测物返回的散射激光，将接收到的激光信号与参与信号进行比较，最后用微处理器计算出相应相位偏移所对应物体间距离，可以达到毫米级测量精度。激光收敛计是利用激光测距原理，并配合高精度激光对准装置，满足快速量测、精度高、施工干扰少的特点。它由激光测距模块、高精度对准装置和目标靶三部分组成，其中激光测距模块为核心部件，防止测量时抖动问题，需要配置线控量测按钮；高精度对准装置需满足水平角和竖直角微调功能，以便激光对准目标靶中心点；目标靶需标明刻度，以便每次照准，激光收敛计监测具体操作步骤及注意事项如下：

（1）安装仪器对中与瞄准标志，激光入射方向应与瞄准标志反射表面垂直；并进行实测精度符合性检查，3 次独立观测较差应小于测距标称精度的 2 倍。

（2）观测时应独立观测 3 次，较差小于标称精度的 2 倍时取平均值。收敛监测成果应进行短测程常数差的改正。

（3）采用手持测距仪观测时，测距标称精度不低于±1.5mm。使用前应检测测距仪目标测距短测程改正常数。

激光收敛计监测示意如图 4-43 所示。

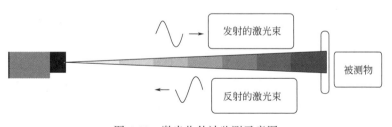

图 4-43 激光收敛计监测示意图

### 4.8.3 监测点布设

采用收敛计监测时，监测点一般采用预埋吊钩或钻孔安设膨胀钩的方法。预埋吊钩法在制作或架立钢格栅时将用钢筋制作的吊钩焊接到格栅上,具体如图4-44所示。喷射混凝土完成后及时清理干净,避免浮灰影响观测精度,宜在混凝土喷射后12小时内采集初值。钻孔安设膨胀钩法同建(构)筑物沉降监测点布设方法。

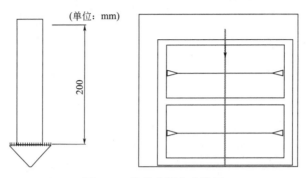

图4-44 收敛监测点大样图

采用激光测距仪监测时,直接在设计监测点位置做标记即可,每次施测时使用激光测距仪监测两点间距离。

## 4.9 裂缝监测

裂缝监测应在施工前对已有裂缝和施工过程中新发生裂缝的位置、走向、长度、宽度、深度、剥落体大小等进行记录并跟踪监测。裂缝宽度量测精度不宜低于0.1mm,裂缝长度和深度量测精度不宜低于1.0mm。监测仪器可采用裂缝观测仪、千分尺或游标卡尺、裂缝计等仪器量测裂缝宽度;采用超声波法、凿出法等量测裂缝深度;采用钢尺量测裂缝长度。

游标卡尺是利用主尺刻度间距与副尺刻度间距读数,在主尺上读出副尺零线以左的刻度,该值就是最后读数的整数部分,副尺上一定有一条刻线与主尺的刻线对齐,在刻尺上读出该刻线距副尺的格数,将其与刻度精度相乘,就得到最后读数的小数部分。将所得到的整数和小数部分相加,就得到总尺寸。具体如图4-45所示。

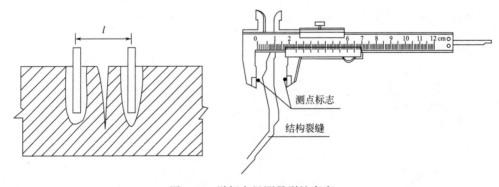

图4-45 游标卡尺测量裂缝宽度

## 4.10 轨道静态几何形位监测

轨道静态几何形位主要包括双轨轨距、水平（轨距、水平检查可查看有无三角坑）、轨向、前后高低等。其中，轨距、水平测量使用专用轨道尺测量，轨向、前后高低测量按地铁工务维修检查使用的弦测法测量轨道在水平面上的平顺性。

（1）监测点布设

既有线轨道几何形位监测点可在轨道下部粘贴固定标志，或在钢轨上喷刷油漆作为标识，宜结合轨道沉降监测点布置，位于同一监测断面的两类监测项目，相互对应，便于更准确地对多元化的观测数据进行综合分析，以进行数据的相互检验、核实。

（2）观测方法及数据分析

轨道水平、轨距的测量步骤：将道尺平放在钢轨上，前后对齐轨枕上的螺杆让其与轨枕平行，旋转刻度盘让水泡居中后读数，然后再把道尺反过来重新操作一遍，重复三次观测后取平均值。

如采用数字道尺对轨距、水平进行监测，该类型轨道尺可在读数窗口直接读数，如图 4-46 所示。水平测量，直线段以监测行进方向左股为基准股，右股高读"＋"，反之读"－"；轨距测量可读出当前轨距与标准轨距（1435mm）的差值，比标准轨距值大、小分别计"＋""－"。每次测量宜采用同样的监测顺序，基准股不宜改变。

 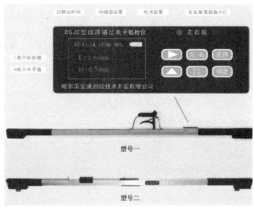

图 4-46 轨道几何形位监测

## 4.11 无缝线路钢轨位移监测

无缝线路钢轨位移监测在各观测位置轨道法线方位两侧布设监测控制基线桩作为基准控制依据，采用基准线测量方法。

无缝线路钢轨位移基准点在同一断面两侧距轨道外侧约 5cm 处各埋设一对，型制为中心安置带十字刻画的不锈钢标志的方形混凝土小墩台（现场也可利用其他基准），基准墩埋设采用强度等级不低于 C20 的混凝土，埋设位置不得影响地铁设施正常运营和使用，测点标志采用粘贴于轨腰上长度 10cm 的不锈钢标尺，标尺中心刻度与两基准点位于一条直线并处于垂直于轨道的同一法面上，埋设前应对钢轨除锈除油清理，确保测点粘贴牢固，具体如图 4-47 所示。

图 4-47　无缝线路钢轨位移测点

无缝线路钢轨位移观测采用基准线法，使用直径约 0.1mm 的细线，连接两基准点十字刻划中心，读取各断面两轨观测标尺读数（图 4-48）。注意基准线两端应严格与基点标志十字中心重合，拉力适中并保证基准线平直；地铁无缝线路钢轨位移控制指标一般为 2mm，为保证精度达到监测要求，读取基准线垂直投影在标尺上的读数应独立进行 4 次，读数精确到 0.1mm，要求读数间互差不超过 0.3mm。

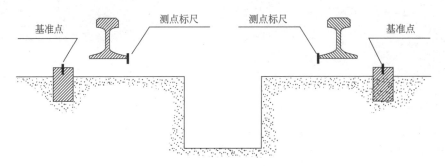

图 4-48　地下线路无碴道床无缝线路钢轨位移监测方法示意图

# 第 5 章 应力应变监测技术方法

城市轨道交通工程监控量测贯穿施工期和运营期全过程，施工期在工程扰动下周边地质体历经应力调整和重分布过程，其监控量测技术方法选取与施工工法紧密相关，针对目前常见地铁施工工法，结合相关监控量测技术规范，力学参量监测需求如表 5-1 所示。地铁运营期地质体应力分布趋于平衡，形变表征近于收敛，为此，本阶段以隧道、道床等形变监测为主，力学参量监测为辅。

力学参量监测需求一览表　　　　　　　　　　表 5-1

| 施工工法 | 监测需求 | 常用传感器 |
|---|---|---|
| 矿山法 | 围岩压力及支护间接触应力 | 土压力盒 |
|  | 钢筋格栅应力 | 钢筋计 |
|  | 初支、二衬内应力 | 应变计 |
|  | 中隔墙、钢管柱等支撑体系受力 | 应变计、表面应变计 |
| 盾构法 | 管片衬砌和地层间接触应力 | 土压力盒 |
|  | 管片内力 | 钢筋应力计、混凝土应变计、螺栓应力计 |
| 明(盖)挖法 | 支撑轴力 | 应变计、轴力计 |
|  | 盖挖法顶板内力 | 应变计、钢筋计 |
|  | 盖挖法立柱内力 | 表面应变计 |
|  | 围护桩(墙)内力 | 应力计 |
|  | 锚杆(锚索、土钉)受力 | 锚杆轴力计、锚索计、钢筋计 |

由表 5-1 可知，地铁工程监控量测常涉及接触应力、钢筋应力、结构内力、轴力以及表面应变等力学参量监测需求，常采用土压力盒、钢筋计、应变计、轴力计等传感器件和传感技术。上述应力应变传感器能接收到被测量信息，并将其按一定规律变换为电信号输出，经信号解析得出被测物理量。根据传感原理不同应力应变传感器分为振弦式、光纤光栅式以及电阻式等。

## 5.1 振弦式传感技术

### 5.1.1 振弦传感原理及特性

振弦式传感器是目前国内外广泛应用的一种非电量电测的传感器，其直接输出信号为振弦的自振频率，使用中具有抗干扰能力强、受电参数影响小、零点漂移小、受温度影响小、性能稳定可靠、耐振动、寿命长等特点。

振弦式传感器由受力弹性形变外壳（或膜片）、钢弦、紧固夹头、激振和接收线圈等组成。钢弦自振频率与张紧力的大小有关，在振弦几何尺寸确定之后，振弦振动频率的变化量，即可表征受力的大小。

振弦式传感器的工作原理如图 5-1 所示，工作时开启电源，线圈带电激励钢弦振动，钢弦振动后在磁场中切割磁力线，所产生的感应电势由接收线圈送入放大器放大输出，同时将输出信号的一部分反馈到激励线圈，保持钢弦的振动，这样不断地反馈循环，加上电路的稳幅措施，使钢弦达到电路所保持的等幅、连续的振动，然后输出与钢弦张力有关的频率信号。

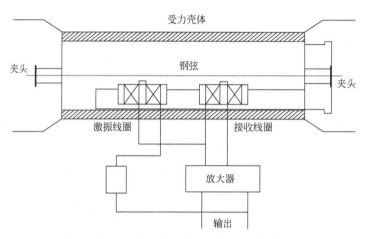

图 5-1 振弦式传感器工作原理图（连续激振型）

振弦这种等幅连续振动的工作状态，符合柔软无阻尼微振动的条件，振弦的振动频率可由式（5-1）确定。

$$f_0 = \frac{1}{2L}\sqrt{\frac{\sigma_0}{\rho}} \tag{5-1}$$

式中 $f_0$——初始频率；
$L$——钢弦的有效长度；
$\rho$——钢弦材料密度；
$\sigma_0$——钢弦上的初始应力。

由于钢弦的质量 $m$、长度 $L$、截面积 $S$、弹性模量 $E$ 可视为常数，因此，钢弦的应力与输出频率 $f_0$ 建立了相应的关系。当未施加外力 $F$ 时，钢弦按初始应力做稳幅振动，输出初频 $f_0$；当施加外力（即被测力——应力或压力）时，则形变壳体（或膜片）发生相应的拉伸或压缩，使钢弦的应力增加或减少，此时初频也随之增加或减少。因此，只要测得振弦频率值 $f$，即可得到相应被测力——应力或压力值等。

振弦式传感器具备如下特性：

(1) 非线性

由式（5-1）可知，振弦式传感器的特性曲线是非线性的，测试的量值需用查对率、定曲线的方法进行判定，该法较为繁琐不便工程应用。为此，工程实践中须进行线性回归，作线性化处理。为了在保证较高的测试精度的前提下适应自动测试分析，线性化处理中控制指标常按照不大于 2‰ 考虑。

(2) 灵敏度

由式（5-1）可知，灵敏度与弦长 $L$ 成反比，将式（5-1）平方，取对数再求导数，得

$$2\frac{\mathrm{d}f}{f} = \frac{\mathrm{d}\sigma}{\sigma} - \frac{\mathrm{d}L}{L} \tag{5-2}$$

因为 $\frac{\mathrm{d}L}{L} \ll \frac{\mathrm{d}\sigma}{\sigma}$

所以可简化为

$$\frac{\mathrm{d}f}{\mathrm{d}\sigma} = \frac{f}{2\sigma_0} = \frac{1}{4L}\sqrt{\frac{1}{\rho\sigma_0}} \tag{5-3}$$

式（5-2）表示相应于单位应力增量引起基频的改变量，称为振弦的灵敏度。由式（5-2）可知，要提高灵敏度最有效的办法是缩短弦长，即在保证振弦能稳定起振的情况下，钢弦应力尽可能小些。此外，采用细弦减小抗弯刚度，也可以提高灵敏度。但振弦应满足柔软无阻尼振动运动微分方程，故钢弦不能过短，弦长与直径之比应大于 200，一般在 300～400 为宜。

（3）温度影响

由于传感器零件的金属材料膨胀系数的不同，造成了温度误差。为减小这一误差，在零件材料选择时，除尽量考虑达到传感器机械结构自身的热平衡外，还应从结构设计和装配技术上不断调整零件的几何尺寸和相对固定位置，以取得最佳的温度补偿结果。实践结果表明，传感器在 $-10℃\sim55℃$ 工作温度范围内时，温度附加误差仅有 $1.5\mathrm{Hz}/10℃$。

（4）稳定性

振弦式传感器是机械结构式的，它不受电流、电压、绝缘等电参数的影响，因此零点稳定是这类传感器的突出优点。但若材料选择处理不当，由于残余应力、蠕变等因素，会严重影响传感器的稳定性。为提高振弦式传感器的长期稳定性，必须严格选择材料、工艺处理、加工方法并进行时效处理，才能保证其良好的稳定性。

（5）滞后性

由于振弦式传感器是机械结构式的，以钢弦为转换元件，存在滞后的特性，因此，本类传感技术仅适用于静态或不高于 10Hz 的准动态测试。

## 5.1.2 常用振弦式传感器简介

城市轨道交通工程监控量测工作中常用土压力盒、钢筋计、应变计、轴力计等应力应变传感设备，观测相应的接触应力、钢筋应力、结构内力、轴力以及表面应变等力学参量，常见传感设备如表 5-2 所示。

**常见振弦式应力应变监测传感设备一览表**　　表 5-2

| 序号 | 实物 | 简介 |
|---|---|---|
| 1 | | α 型土压力计。主要用来监测土对土的压力，由两片薄钢板在边缘焊接而成，内充脱气液压油，当压力盒表面受到法向压力后，液压油会通过中间的连接管，将压力传递至尾端的传感器 |

续表

| 序号 | 实物 | 简介 |
|---|---|---|
| 2 | | β型土压力计。由一薄一厚两种钢板在边缘焊接而成,主要用来监测土对混凝土结构表面的压力,其中薄钢板面向土体,厚钢板面向混凝土结构 |
| 3 | | γ型土压力计。焊接压力盒所用的钢板更厚,能将集中荷载有效地转换为均匀的荷载 |
| 4 | | δ型土压力计。专门用来监测地下连续墙所受的土压力 |
| 5 | | ε型土压力计。宜监测原状土、填土的原位有效土压力,它还带一个孔隙水压力计,可提供总压力 |
| 6 | | ζ型土压力计。宜监测围岩对衬砌的法向压力,或衬砌内的环向压力 |

续表

| 序号 | 实物 | 简介 |
|---|---|---|
| 7 | | η型土压力计。宜监测桩端所受的土压力,厚钢板面向混凝土结构,薄钢板面向土体。每个压力盒连接了多个传感器 |
| 8 | | θ型土压力计。受压面为光滑面,内部无液压油 |
| 9 | | 振弦式钢筋计适用于监测混凝土或其他结构中钢筋或锚杆的应力变化 |
| 10 | | 振弦式表面应变计用于混凝土或钢结构表面应力、应变监测 |
| 11 | | 振弦式埋入式应变计可直接埋设在结构的混凝土或钢筋混凝土内,以监测混凝土的应变 |
| 12 | | 轴力计用于长期观测支撑体(梁、柱等)结构物支撑的轴力及静压桩试验时的载荷 |

续表

| 序号 | 实物 | 简介 |
|---|---|---|
| 13 | | 锚索计适用于锚索、岩石锚杆、锚栓、拱形支架的荷载及其他重型荷载的监测。锚索测力计本身为高强度的合金钢圆筒,不同荷载的锚索测力计分别内置3～6支高精度振弦式传感器,传感器可监测作用在锚索测力计上的总荷载。同时通过测量每支传感器的变化,还可获取不均匀荷载或偏心荷载 |
| 14 | | 螺栓应力计由高强度的合金承载体和均布3支高精度的振弦式传感器组成,用于感应荷载及其变化,同时内置的温度传感器可监测环境温度。适用于各种结构的螺栓预紧力和当前应力的在线测量,包括盾构管片固定螺栓应力、钢结构螺栓应力以及后张拉预应力锚杆的应力监测 |

## 5.2 光纤光栅式传感技术

1978年加拿大渥太华通信研究中心的K.O.Hill等人首次在掺锗石英光纤中发现光纤的光敏效应,并采用驻波写入法制成世界上第一根光纤光栅。1989年,美国联合技术研究中心的G.Meltz等人实现了光纤布拉格光栅(FBG)的UV激光侧面写入技术,使光纤光栅的制作技术实现了突破性进展。随着光纤光栅制造技术的不断完善,其应用的成果日益增多,从光纤通信、光纤传感到光计算和光信息处理的整个领域都将由于光纤光栅的实用化而发生革命性的变化,光纤光栅技术是光纤技术中继掺铒光纤放大器(EDFA)技术之后的又一重大技术突破。

光纤光栅是利用光纤中的光敏性制成的。所谓光纤中的光敏性是指激光通过掺杂光纤时,光纤的折射率将随光强的空间分布发生相应变化的特性。而在纤芯内形成的空间相位光栅,其作用的实质就是在纤芯内形成一个窄带的(透射或反射)滤波器或反射镜。利用这一特性可制造出许多性能独特的光纤器件。这些器件具有反射带宽范围大、附加损耗小、体积小,易与光纤耦合,可与其他光器件兼容成一体,不受环境尘埃影响等一系列优异性能。光纤光栅的种类很多,主要分两大类:一是布拉格光栅(也称为反射或短周期光栅);二是透射光栅(也称为长周期光栅)。光纤光栅从结构上可分为周期性结构和非周期性结构,从功能上还可分为滤波型光栅和色散补偿型光栅,色散补偿型光栅是非周期光栅,又称为啁啾光栅(Chirp光栅)。目前光纤光栅的应用主要集中在光纤通信领域和光纤传感器领域。

### 5.2.1 光纤光栅传感原理及特性

光纤布拉格光栅周期与有效折射率均为常数,光栅波矢方向与光纤轴线一致。光纤布拉格光栅的折射率分布与反射、透射特性如图5-2所示。

当光波通过光纤布拉格光栅时,满足布拉格光栅波长条件的光波矢将被反射出来,这

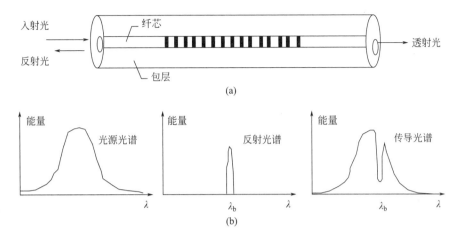

图 5-2 FBG 结构及其反射和透射特性
(a) 光纤布拉格光栅结构示意图；(b) 光波通过布拉格光栅能量分配示意图

样入射光栅波矢就会分成两部分：透射光波矢和反射光波矢，如图 5-7（b）所示就是光纤布拉格光栅的基本工作原理。满足光纤布拉格光栅的中心波长为

$$\lambda_b = 2n_{eff} \cdot \Lambda \tag{5-4}$$

式中 $\Lambda$——FBG 中心波长；

$n_{eff}$——有效折射率；

$\lambda_b$——折射率变化的周期（栅距）。

当布拉格光栅受到外界应变作用时，光栅周期会发生变化，同时光弹效应会导致光栅有效折射率变化。基于光纤布拉格光栅的各种传感器基本上都是直接或间接地利用应变改变光栅中心波长，达到测试被测物理量的目的。

**1. 均匀轴力应力下的光纤光栅特性**

对光纤布拉格光栅方程，即中心波长的表达式（5-4）两边微分可得

$$d\lambda_b = 2\Lambda \cdot dn_{eff} + 2n_{eff} \cdot d\Lambda \tag{5-5}$$

将式（5-5）除式（5-4），得

$$\frac{d\lambda_b}{\lambda_b} = \frac{dn_{eff}}{n_{eff}} + \frac{d\Lambda}{\Lambda} \tag{5-6}$$

线弹性范围内，有

$$\frac{d\Lambda}{\Lambda} = \varepsilon \tag{5-7}$$

式中，$\varepsilon$ 为轴向应变。

不考虑波导效应，即不考虑光纤径向变形对折射率的影响，只考虑轴向变形的弹光效应，光纤在轴向弹性变形下的折射率变化如下

$$\frac{dn_{eff}}{n_{eff}} = -\frac{n_{eff}^2}{2}[P_{12} - \nu(P_{11} + P_{12})]\varepsilon \tag{5-8}$$

式中，$P_{11}$ 和 $P_{12}$ 是弹光常数，即纵向应变分别导致的纵向和横向折射率变化；$\nu$ 是泊松比。

令 $P = \frac{n_{eff}^2}{2}[P_{12} - \nu(P_{11} + P_{12})]$，由式（5-6）~式（5-8），可得

$$\frac{\mathrm{d}\lambda_b}{\lambda_b}=(1-P)\varepsilon \tag{5-9}$$

式（5-9）为光纤布拉格光栅轴向应变下的波长变化数学表达式。它是与材料系数相关的常数，这就从理论上保证了光纤光栅作为应变传感器有很好的线性输出。

令 $\alpha_\varepsilon = \lambda_b(1-P)$，$\alpha_\varepsilon$ 可视为光栅轴向应变与中心波长变化关系的灵敏度系数，可得

$$\Delta\lambda_b = \alpha_\varepsilon\varepsilon \tag{5-10}$$

式（5-10）即为光纤光栅中心波长变化与轴向应变的数学关系。对于纤芯是纯石英的光纤情况，$n_{\text{eff}}=1456$，$P_{11}=0.121$，$P_{12}=0.270$，$\nu=0.17$，得 $P$ 值约为 0.22。若分别取中心波长为 1545nm、1550nm、1555nm，计算得每微应变导致的波长变化分别为 1.205pm、1.209pm、1.212pm。由此表明：中心波长变化不大时，每微应变产生的波长约为 1.2pm，即 $1.2\text{pm}/\mu\varepsilon$ 左右。

**2. 均匀横向应力下的光纤光栅传感特性**

在弹光效应下，当光栅只受到横向应力且不存在剪切应变时，与上节轴向应力下的传感分析方法一样，横向应力导致的光栅折射率变化为

$$\frac{\mathrm{d}n_{\text{eff}}}{n_{\text{eff}}}=-\frac{n_{\text{eff}}^2}{2}\left[P_{12}-\frac{1-\nu}{2\nu}(P_{11}+P_{12})\right]\varepsilon \tag{5-11}$$

令 $P'=\frac{n_{\text{eff}}^2}{2}\left[P_{12}-\frac{1-\nu}{2\nu}(P_{11}+P_{12})\right]$，由式（5-9）～式（5-11），可得

$$\frac{\mathrm{d}\lambda_b}{\lambda_b}=(1-P')\varepsilon \tag{5-12}$$

同样，令 $\alpha'_\varepsilon=\lambda_b(1-P')$，$\alpha'_\varepsilon$ 为光栅在横向应力下的纵向应变与中心波长变化的灵敏度系数。对 1550nm 中心波长，利用上面的参数可得，$P'$ 值约为 $-0.73$，$\alpha'_\varepsilon=2.6\text{pm}/\mu\varepsilon$。

光纤光栅传感器主要特点如下：

（1）高灵敏度，抗电磁干扰。由于光纤传感器检测系统很难受到外界场的干扰，且光信号在传输中不会与电磁波发生作用，也不受任何电噪声的影响，由于这一特征，光纤传感器在电力系统的检测中得到了广泛应用。

（2）光纤具有很好的柔性和韧性，所以传感器可以根据现场检测需要做成不同的形状。

（3）测量的频带宽、动态响应范围大。

（4）可移植性强，可以制成不同的物理量的传感器，包括声场、磁场、压力、温度、加速度、位移、液位、流量、电流、辐射等。

（5）可嵌入性强，便于与计算机和光纤系统相连，易于实现系统的遥测和控制。

光纤传感器由于灵敏度高、体积小等优点，受到很大关注。但是光纤传感器对被测物理量的变化敏感的同时对温度漂移、环境振动等干扰也同样敏感。目前用于光相位解调的干涉方法很多，主要有双光束干涉法、三光束干涉法、多光束干涉法、环形干涉法等。

### 5.2.2 常用光纤光栅传感器简介

地铁工程监控量测工作中常用光纤光栅应力应变传感设备如表 5-3 所示。

第 5 章 应力应变监测技术方法

常见光纤光栅应力应变监测传感设备一览表　　　表 5-3

| 序号 | 实物 | 简介 |
|---|---|---|
| 1 |  | 光纤光栅土压力计:适用于隧道衬砌的接触压力监测 |
| 2 |  | 光纤光栅钢筋应力计:适用于锚杆、管片、钢筋格栅内力监测 |
| 3 |  | 光纤光栅反力计:适用于明挖基坑支撑体系内力监测 |
| 4 |  | 光纤光栅埋入式应变计:适用于支撑结构、盖板结构内力监测 |
| 5 |  | 光纤光栅贴片式应变计:适用于明挖法支撑结构,或运行期衬砌结构表面应变监测 |
| 6 |  | 光纤光栅表面应变计:衬砌结构、支护结构表面应力监测 |
| 7 |  | 光纤光栅解调仪:光纤光栅类传感数据采集解析设备,为本类传感监测自动化实现的必要组件 |

## 5.3 电阻式传感技术

### 5.3.1 传感原理及特性

电阻式传感器是把位移、力、加速度、扭矩等非电物理量转换为电阻值变化的传感器,其主要包括电阻应变式传感器、电位器式传感器和锰铜压阻传感器等。电阻式传感器与相应的测量电路组成的测力、测压、称重、测位移、加速度、扭矩等测量装置,是多行业应用领域自动称重、过程检测和实现生产过程自动化不可或缺的监测、检测工作之一。

地铁工程监测应用领域常用电阻式传感器为电阻应变式传感器,电阻应变式传感器是利用电阻应变片将应变转换为电阻变化的传感器,传感器由在弹性元件上粘贴电阻应变敏感元件构成。当被测物理量作用在弹性元件上时,弹性元件的变形引起应变敏感元件的阻值变化,通过转换电路将其转变成电量输出,电量变化的大小反映了被测物理量的大小。

电阻应变片基于电阻应变效应实现力学参量观测,所谓电阻应变效应即金属丝在外力作用下,被测对象产生微小机械变形,应变片随着发生相同的变化,同时应变片电阻值也发生相应变化。当测得应变片电阻值变化量为 $\Delta R$ 时,便可得到被测对象的应变值 $\varepsilon$,根据应力与应变的关系,得到应力值 $\sigma = E \cdot \varepsilon$。为掌握电阻应变片原理指导工程应用,有必要对其结构、特性以及横向效应进一步阐述。

(1) 电阻应变片的结构

应变片由 1 敏感栅、2 基底、3 盖片、4 引线等组成(图 5-3)。上述部分所选用的材料将直接影响应变片的性能,为此,实际应用时应根据使用条件和要求合理地加以选择。

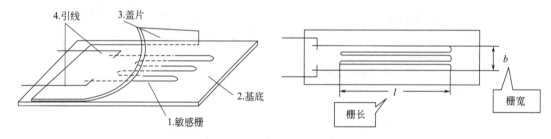

图 5-3 电阻应变片结构示意图

(2) 电阻-应变特性

如图 5-4 所示,设有一根长度为 $l$、截面积为 $S$、电阻率为 $\rho$ 的金属丝,其电阻 $R$ 为

$$R = \rho \frac{l}{S} \tag{5-13}$$

两边取对数,得

$$\ln R = \ln \rho + \ln l - \ln S \tag{5-14}$$

等式两边取微分,得

$$\frac{dR}{R} = \frac{d\rho}{\rho} + \frac{dl}{l} - \frac{dS}{S} \tag{5-15}$$

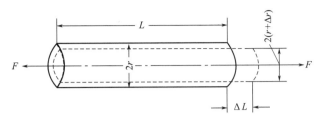

图 5-4 电阻-应变特性示意图

式中 $\dfrac{dR}{R}$——电阻的相对变化;

$\dfrac{d\rho}{\rho}$——电阻率的相对变化;

$\dfrac{dl}{l}$——金属丝长度相对变化,用 ε 表示,称为金属丝长度方向上的应变或轴向应变;

$\dfrac{dS}{S}$——截面积的相对变化。

由于 $S=\pi r^2$,则 $dS/S=2 \cdot dr/r$,$dr/r$ 为金属丝半径的相对变化,即径向应变为 $\varepsilon_r$,由材料力学知 $\varepsilon_r=-\mu\varepsilon$,则有

$$\frac{dR}{R}=\frac{d\rho}{\rho}+\frac{dl}{l}(1+2\mu)=\frac{d\rho}{\rho}+\varepsilon(1+2\mu) \tag{5-16}$$

将微分 $dR$、$d\rho$ 改写成增量 $\Delta R$、$\Delta\rho$,则

$$\frac{\Delta R}{R}=\left(1+2\mu+\frac{\Delta\rho/\rho}{\Delta l/l}\right)\frac{\Delta l}{l}=K_S\varepsilon \tag{5-17}$$

由上式可知,金属丝电阻的相对变化与金属丝的伸长或缩短之间存在比例关系。比例系数 $K_S$ 称为金属丝的应变灵敏系数,其物理意义为单位应变引起的电阻相对变化。

$K_S$ 由两部分组成:前一部分是 $(1+2\mu)$,由材料的几何尺寸变化引起,一般金属 $\mu\approx 0.3$,因此 $(1+2\mu)\approx 1.6$;后一部分 $\dfrac{\Delta\rho/\rho}{\Delta l/l}$ 是电阻率随应变而引起(称"压阻效应")。对金属材料,以前者为主,则 $K_S\approx 1+2\mu$;对半导体,$K_S$ 值主要由电阻率相对变化所决定。

实验表明,在金属丝拉伸比例极限内,电阻相对变化与轴向应变成正比。通常 $K_S$ 在 $1.8\sim 3.6$ 范围内。

(3) 横向效应

金属应变片由于敏感栅的两端为半圆弧形的横栅,测量应变时,构件的轴向应变 $\varepsilon$ 使敏感栅电阻发生变化,其横向应变 $\varepsilon_r$ 也将使敏感栅半圆弧部分的电阻发生变化,应变片的这种既受轴向应变影响,又受横向应变影响而引起电阻变化的现象称为横向效应。

图 5-5 为典型的应变片敏感栅半圆弧部分,由图可知沿轴向应变为 $\varepsilon$,沿横向应变为 $\varepsilon_r$。

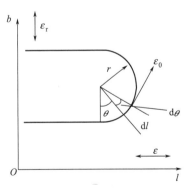

图 5-5 丝绕式应变片敏感栅半圆弧形部分

若敏感栅有 $n$ 根纵栅，每根长为 $l$，半径为 $r$，在轴向应变 $\varepsilon$ 作用下，全部纵栅的变形视为 $\Delta L_1$，$\Delta L_1 = nl\varepsilon$，半圆弧横栅同时受到 $\varepsilon$ 和 $\varepsilon_r$ 的作用，在任一微小段长度 $dl = rd\theta$ 上的应变 $\varepsilon_\theta$ 可由材料力学公式求得

$$\varepsilon_\theta = \frac{1}{2}(\varepsilon + \varepsilon_r) + \frac{1}{2}(\varepsilon - \varepsilon_r)\cos 2\theta \tag{5-18}$$

每个圆弧形横栅的变形量 $\Delta l$ 为

$$\Delta l = \int_0^\pi \varepsilon_\theta dl = \int_0^\pi \varepsilon_\theta r d\theta = \frac{\pi r}{2}(\varepsilon + \varepsilon_r) \tag{5-19}$$

纵栅为 $n$ 根的应变片共有 $n-1$ 个半圆弧横栅，全部横栅的变形量为

$$\Delta L_2 = \frac{(n-1)\pi r}{2}(\varepsilon + \varepsilon_r) \tag{5-20}$$

应变片敏感栅的总变形为

$$\Delta L = \Delta L_1 + \Delta L_2 = \frac{2nl + (n-1)\pi r}{2}\varepsilon + \frac{(n-1)\pi r}{2}\varepsilon_r \tag{5-21}$$

敏感栅栅丝的总长为 $L$，敏感栅的灵敏系数为 $K_S$，则电阻相对变化为

$$\frac{\Delta R}{R} = K_S \frac{\Delta L}{L} = \frac{2nl + (n-1)\pi r}{2L}K_S\varepsilon + \frac{(n-1)\pi r}{2L}K_S\varepsilon_r \tag{5-22}$$

令

$$K_y = \frac{(n-1)\pi r}{2L}K_S \quad K_x = \frac{2nl + (n-1)\pi r}{2L}K_S$$

则

$$\frac{\Delta R}{R} = K_x\varepsilon + K_y\varepsilon_r \tag{5-23}$$

可见，敏感栅电阻的相对变化分别是 $\varepsilon$ 和 $\varepsilon_r$ 作用的结果。

当 $\varepsilon_r = 0$ 时，可得轴向灵敏度系数

$$K_x = \left(\frac{\Delta R}{R}\right)_x / \varepsilon \tag{5-24}$$

同理，当 $\varepsilon = 0$ 时，可得横向灵敏度系数

$$K_y = \left(\frac{\Delta R}{R}\right)_y / \varepsilon_r \tag{5-25}$$

横向灵敏系数与轴向灵敏系数之比值，称为横向效应系数 $c$。即

$$c = \frac{K_y}{K_x} = \frac{(n-1)\pi r}{2nl + (n-1)\pi r} \tag{5-26}$$

由上式可见，$r$ 越小，$l$ 越大，则 $c$ 越小。即敏感栅越窄、基长越长的应变片，其横向效应引起的误差越小。

### 5.3.2 电阻应变片种类

目前，常见电阻应变片包括丝式应变片、箔式应变片、薄膜应变片、半导体应变片等，其核心敏感栅选材主要考虑如下几个方面：

① 应变灵敏系数大，并在所测应变范围内保持为常数；

② 电阻率高而稳定，以便于制造小栅长的应变片；

③ 电阻温度系数要小；
④ 抗氧化能力高，耐腐蚀性能强；
⑤ 在工作温度范围内能保持足够的抗拉强度；
⑥ 加工性能良好，易于拉制成丝或轧压成箔材；
⑦ 易于焊接，对引线材料的热电势小。

常见电阻应变片其特点与特性分述如下：

(1) 丝式应变片

金属丝式应变片有回线式和短接式两种，如图 5-6 所示，(a)、(c) 回线式，(b)、(d) 短接式。回线式制作简单，性能稳定，成本低，易粘贴，但其应变横向效应较大。

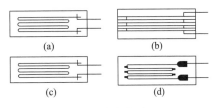

图 5-6　丝式应变片

短接式应变片两端用直径比栅线直径大 5～10 倍的镀银丝短接，优点是克服了横向效应，但制造工艺复杂。

(2) 箔式应变片

箔式应变片是利用照相制版或光刻技术将厚约 0.003～0.01mm 的金属箔片制成所需图形的敏感栅，也称为应变花。具体如图 5-7 所示。

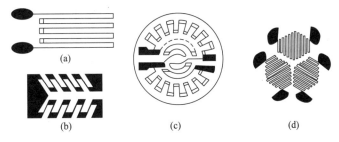

图 5-7　箔式应变片

其优点为：①可制成多种复杂形状尺寸准确的敏感栅，其栅长可做成 0.2mm，以适应不同的测量要求；②与被测件粘贴面积大；③散热条件好，允许电流大，提高了输出灵敏度；④横向效应小；⑤蠕变和机械滞后小，疲劳寿命长。

其缺点为：电阻值的分散性比金属丝的大，有的相差几十欧姆，需做阻值调整。在常温下，金属箔式应变片已逐步取代了金属丝式应变片。

(3) 薄膜应变片

薄膜应变片是采用真空蒸发或真空沉淀等方法在薄的绝缘基片上形成 $0.1\mu m$ 以下的金属电阻薄膜的敏感栅，最后再加上保护层。它的优点是应变灵敏度系数大，允许电流密度大，工作范围广。

(4) 半导体应变片

半导体应变片是用半导体材料制成的，其工作原理是基于半导体材料的压阻效应。所谓压阻效应，是指半导体材料在某一轴向受外力作用时，其电阻率 $\rho$ 发生变化的现象。

半导体应变片受轴向力作用时，其电阻相对变化为

$$\frac{\Delta R}{R} = (1+2\mu)\varepsilon + \frac{\Delta \rho}{\rho} \tag{5-27}$$

式中，$\Delta\rho/\rho$ 为半导体应变片的电阻率相对变化量，其值与半导体敏感元件在轴向所受的应变力关系为

$$\frac{\Delta\rho}{\rho}=\sigma\pi=\pi\cdot E\cdot\varepsilon \tag{5-28}$$

$$\frac{\Delta\rho}{\rho}=(1+2\mu+E\pi)\cdot\varepsilon \tag{5-29}$$

式中 $\pi$——半导体材料的压阻系数。

实验证明，$\pi E$ 比 $(1+2\mu)$ 大上百倍，所以 $(1+2\mu)$ 可以忽略，因而半导体应变片的灵敏系数 $K_S$ 为

$$\frac{\frac{\Delta R}{R}}{\varepsilon}=E \tag{5-30}$$

半导体应变片突出优点是灵敏度高，比金属丝式高 50～80 倍，尺寸小，横向效应小，动态响应好。但它存在温度系数大，应变时非线性比较严重等缺点。

实际工程应用中主要从应变片电阻值、绝缘电阻、灵敏系数、允许电流、应变极限、机械滞后、零点漂移、蠕变等性能参数进行考量，选取适宜的应变片传感器件。

## 5.4 应力应变传感器在工程中应用

### 5.4.1 α型土压力计监测桩顶压力

**1. 仪器选取技术要点**

(1) 量程满足被测压力范围的要求，其上限可取最大设计压力的 2 倍。
(2) 建议分辨率不大于 0.2%F.S，精度为 ±0.5%F.S。
(3) 长期稳定性强、坚固耐用、防水性能好，并具有抗震和抗冲击性能。
(4) 选择匹配误差较小的土压力计。

**2. 安装技术要求**

根据长期安装实践经验，分为有砂法和无砂法进行安装技术介绍。

有砂法安装：先将桩顶浮浆凿除，铺填一层砂浆找平，再铺 20mm 厚细砂，将压力计放在细砂上，再铺 20mm 厚细砂层将其覆盖，最后铺填砂浆找平。具体理论图及现场安装如图 5-8 所示。

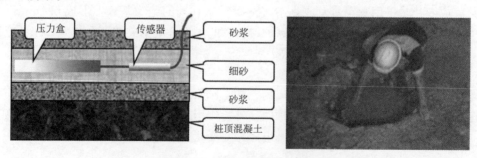

图 5-8 α型压力计有砂法安装

无砂法安装：先凿除桩顶浮浆，铺一层混凝土拌合料，浇水搅拌均匀，然后将压力计放在拌合料上，再铺一层混凝土拌合料，将压力计完全覆盖，具体安装理论图及现场安装如图 5-9 所示。

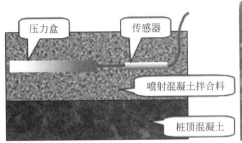

图 5-9　α 型压力计无砂法安装

两种安装方法优缺点如表 5-4 所示。

两种安装方法优缺点对比　　　　表 5-4

| 安装方法 | 优点 | 缺点 |
| --- | --- | --- |
| 有砂法 | 砂垫层很好地模拟了土作用于土的环境，不会产生空腔 | 桩顶抗压刚度减小，从而起到卸载的作用 |
| 无砂法 | 真实反映桩顶抗压刚度 | 冠梁混凝土热胀冷缩造成压力盒上下表面空腔，减弱压力传递和产生应力集中现象 |

### 5.4.2　1型土压力计监测桩顶压力

1型土压力计为光纤压力计，监测桩顶压力，安装在桩顶与冠梁之间。安装方法一：在冠梁钢筋绑扎完成后，浇筑混凝土前，用自锁尼龙扎带将压力计绑扎在冠梁竖向钢筋上。安装方法二：在冠梁混凝土浇筑完成后，用水钻在冠梁顶钻孔至孔底，放入压力计，用砂浆封口。具体现场安装如图 5-10 所示。

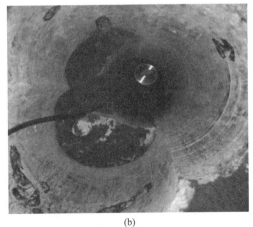

(a)　　　　　　　　　　　　　　　(b)

图 5-10　安装位置
(a) 压力计绑扎桩顶位置；(b) 钻孔后放入压力计

为了更好地理解光缆线圈半径对读数的影响,利用某压力计进行了如下试验:光缆某部位打一个圆环,其余部分基本保持顺直,在相同荷载和环境温度基本不变的情况下,逐步改变圆环的直径读取数据,获得 $\lambda_T$ 和 $\lambda_\varepsilon$,并计算相应荷载。

当荷载为 0.06MPa 时,$\lambda_T$ 与光缆线圈直径的关系如图 5-11 所示,$\lambda_\varepsilon$ 与光缆线圈直径的关系如图 5-12 所示,从图中可以看出,$\lambda_T$ 与线圈直径的相关性比较小,相关系数只有 0.0404,而 $\lambda_\varepsilon$ 与线圈直径的相关性比较大,达到了 0.8183,即改变线圈直径会对读数产生一定影响,从而影响压力的计算。

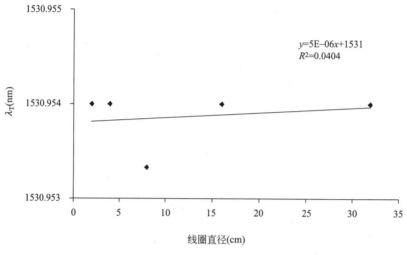

图 5-11 $\lambda_T$—线圈直径关系图

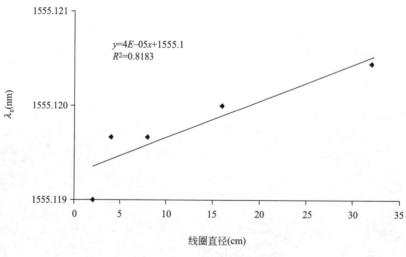

图 5-12 $\lambda_\varepsilon$—线圈直径关系图

### 5.4.3 $\theta$ 型土压力计监测隧道初支拱顶应力

安装方法:①装置制造。制作 300mm×300mm 钢筋方框,在方框表面附加网兜,放入压力计。②安设过程。在拱顶格栅安装完成后,将土压力装置放在钢格栅上,然后喷射混凝土固定。具体如图 5-13 所示。

图 5-13　压力计的安装现场

根据实践共制造四种装置,具体如图 5-14 所示。

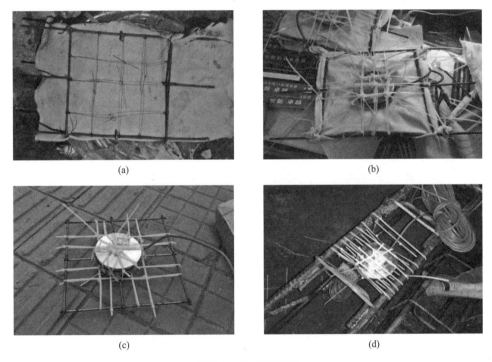

图 5-14　装置的设计

经实践结果比较分析:采用图 5-14(d)装置安装压力计效果最好。因为在施工过程中喷射的混凝土将压力计与地层之间空隙充填,不仅将上覆荷载有效地传递到压力计上,而且可以避免集中荷载作用在压力计表面。

### 5.4.4　η型应变计监测桩身钢筋应力

安装方法:当一次性浇筑混凝土高度达到 4m 以上时,宜先将应变计埋设于混凝土预制块中,然后再将预制块与钢筋绑扎牢固,具体如图 5-15 所示。

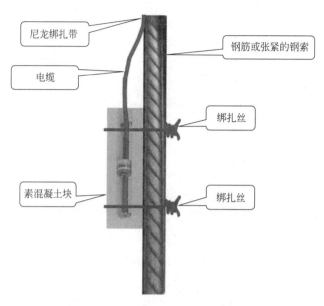

图 5-15 η型应变计安装于桩身钢筋

### 5.4.5 ν型应变计监测桩身钢筋应力

当混凝土一次性浇筑高度达不到4m，简单的安装方法是：利用火烧丝或自锁尼龙扎带将传感器直接固定在钢筋上，但传感器与钢筋之间宜设置木方垫块，保证应变计两端随混凝土变形时，不受钢筋影响，具体如图5-16所示。

图 5-16 ν型应变计

### 5.4.6 钢筋计监测桩身钢筋应力

κ、λ、μ和ξ型应变计也称为钢筋计。安装在钢筋混凝土结构内部时，常采用姊妹杆法、截断法等安装方法。

**1. 姊妹杆法**

当传感器钢筋计直径远小于被测应力钢筋直径时，首选姊妹杆法，用绑扎丝绑扎于被测应力钢筋侧面,待边桩(围护结构)混凝土浇筑完成后,即完成安装,具体如图 5-17 所示。由于传感器钢筋计直径较小,可认为不会对被测应力钢筋的受力带来明显的影响。

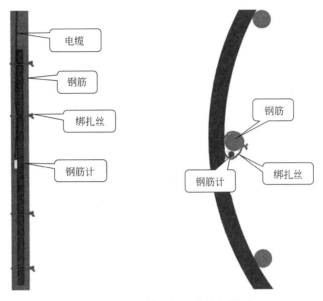

图 5-17 姊妹杆法安装钢筋计

**2. 截断法**

当传感器钢筋计与被测应力钢筋直径相同,宜采用截断法,即在安装位置将被测应力钢筋截断,采用焊接、机械连接等手段,将传感器钢筋计与被测应力钢筋进行连接安装传感器。

(1)焊接

焊接法是对传感器钢筋和被测应力钢筋在安装位置处进行帮焊连接,焊接长度为 $10d$($d$ 为钢筋直径)。在焊接钢筋计时,为避免热传导使钢筋计零漂增加,造成对钢筋计的损坏,宜采取用湿毛巾或流水等冷却措施对钢筋进行物理降温,具体如图 5-18 所示。

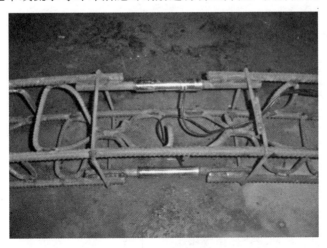

图 5-18 截断焊接法

如使用钢筋计测量钢结构应力应变,可将其直接焊接于被测钢结构表面,具体如图 5-19 所示。

图 5-19　表面焊接法

（2）机械连接

将传感器钢筋计利用螺纹接头接到被测应力钢筋上,螺纹分为外螺纹和内螺纹,具体如图 5-20 所示。

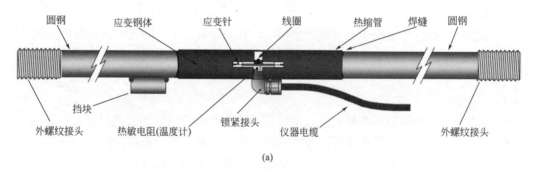

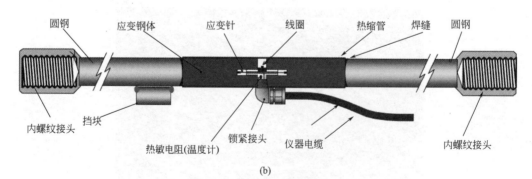

图 5-20　螺纹钢筋计连接形式
(a) 外螺纹形式；(b) 内螺纹形式

为保证连接效果,连接时可使用管钳等工具将接头拧紧,在安装另一端接头时还应避免钢筋计的两端产生相对扭转,否则会对钢筋计造成损坏,钢筋计传感器应放置于便于保护的一侧（如底板安装应力计时放置在钢筋下面，避免底板浇筑时混凝土的直接冲击）。

钢筋计安装完成后，将传感器部位先用防水胶带缠绕，然后在外部套上一层保护布，具体如图 5-21 所示。

图 5-21　钢筋计安设及保护

**3. 线缆保护**

钢筋计电缆应沿钢筋牵引，并将电缆用绑扎丝绑扎在钢筋上。电缆牵引过程中应将电缆理顺，不得相互交绕，避免出现转弯，若无法避免，应对转弯处加强保护措施。最后将邻近的钢筋计电缆和其他项目的电缆集中布设于一处，便于后期管理。钢筋计线缆保护如图 5-22 所示。

图 5-22　钢筋计线缆保护

### 5.4.7　α 型测斜仪监测桩身水平位移

安装方法：固定式测斜仪的安装是在测斜管安装完毕且现场具备安装条件后进行。为便于安装，应在测斜管管口上方搭设支架，并悬挂滑轮，用于安全绳的导向及承重。

安装前应对测斜仪所使用的零部件进行规划，并对部分零部件进行预装配，以确定连接长度。安装时应从最底部的滑轮开始，并在底部滑轮连接段的第一或第二个接头处固定钢丝绳，防止仪器在安装过程中落入测斜孔中。安装时将钢丝绳连接管向上牵引，一边安装一边释放钢丝绳。

安装传感器及滑轮组时应注意安装方向，即保持固定轮所在的方向与传感器上标识的"+"方向一致，同时在放入测斜管中时固定轮应与预期的倾斜方向保持一致。

所有仪器的电缆应沿连接管平行引线，有多根电缆时应将电缆均匀包裹在连接管上。

### 5.4.8 静力水准仪监测竖向位移

目前主要采用电容式静力水准仪（图5-23a）和晶硅静力水准仪（图5-23b）及其配套的远程采集系统。

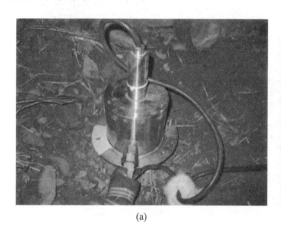 

(a) (b)

图 5-23 静力水准仪
(a) 电容式静力水准仪；(b) 晶硅静力水准仪

电容式自动化静力水准测量系统主要由主体容器、连通管、电容传感器等部分组成，用于测量各测点的垂直位移量，其测试原理是各测点与基准点通过连通管相连，根据其内的液体保持同一水平面的原理，当仪器主体安装墩发生高程变化时，用电容传感器测量每个测点容器内液面的相对变化，并由电缆传输到地面测试室进行处理和反馈，从而可以实时监测结构体的沉降变形情况。

静力水准测量的物理基础伯努利方程为

$$p + \rho g h = const \tag{5-31}$$

式中 $p$——空气压强；
$\rho$——液体密度；
$g$——重力加速度；
$h$——液体柱相对于最低点液面的高度；
$const$——C语言中表示定量。

测量中当各容器液体达到平衡时

$$p_1 + \rho_1 g h_1 = p_2 + \rho_2 g h_2 \tag{5-32}$$

静力水准计算原理示意如图5-24所示。

在初始状态各监测点此时测值为：$i_{j0} = i_{10} = i_{20}$；随后在时刻1进行测量，得到该时刻测值为：$i_{j1}$，$i_{11}$，$i_{21}$；由此可以计算出时刻1与初始状态的监测中间值

$$\Delta h_{j中} = i_{j1} - i_{j0}, \quad \Delta h_{1中} = i_{11} - i_{10}, \quad \Delta h_{2中} = i_{21} - i_{20} \tag{5-33}$$

得到各点监测中间值后，将其与基准点中间值做差即可得到各监测点最终沉降结果

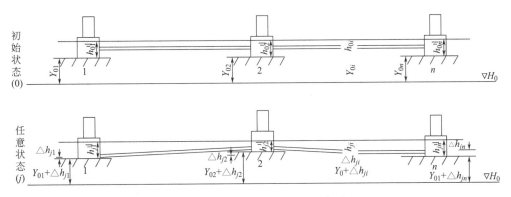

图 5-24　静力水准测量原理示意图

$$\begin{cases} \Delta h_{1\text{终}} = \Delta h_{1\text{中}} - \Delta h_{j\text{中}} = i_{11} - i_{10} - (i_{j1} - i_{j0}) = i_{11} - i_{10} - i_{j1} + i_{j0} \\ \Delta h_{2\text{终}} = \Delta h_{2\text{中}} - \Delta h_{j\text{中}} = i_{21} - i_{20} - (i_{j1} - i_{j0}) = i_{21} - i_{20} - i_{j1} + i_{j0} \end{cases} \quad (5\text{-}34)$$

由于 $i_{j0} = i_{10} = i_{20}$，故可得出

$$\begin{cases} \Delta h_{1\text{终}} = i_{11} - i_{10} - i_{j1} + i_{j0} = i_{11} - i_{j1} \\ \Delta h_{2\text{终}} = i_{21} - i_{20} - i_{j1} + i_{j0} = i_{21} - i_{j1} \end{cases} \quad (5\text{-}35)$$

静力水准仪常用于穿越既有地铁工程结构、道床及桥梁工程桥墩等需要使用自动化监测方法的监测对象上，其优点为监测精度高、实时监测、自动处理数据、可远程操作并显示监测数据等。

实施过程中须采用监测系统平台，监测系统由现场监测仪器、数据采集系统、数据传输系统和主控计算机终端系统四部分组成。每台静力水准仪有一个编码地址，测量控制单元依靠不同的编码地址对各台静力水准仪进行识别、采集、传输。监测设备采集的监测数据通过电缆传输到数据采集器上，数据采集器汇总后通过通信线路传输到主控计算机和终端系统（如手机 App），实现远程控制。自动化监测系统流程及数据采集系统分别如图 5-25 和图 5-26 所示。

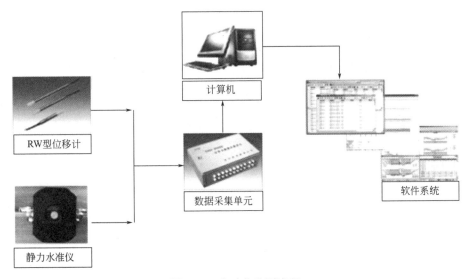

图 5-25　自动化监测流程

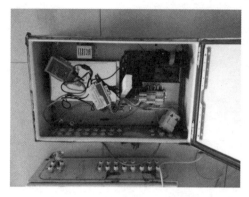 

图 5-26 静力水准数据采集系统

数据处理过程中重点关注粗差剔除。因监测对象受外界干扰较大及传感器灵敏度较高等原因，造成无用数据干扰变形量判断。实施过程中常采用如下观测点稳定性分析原则：①观测点的稳定性分析基于稳定的基准点作为基准点而进行的平差计算成果；②相邻两期观测点的变动分析通过比较相邻两期的最大变形量与最大测量误差（取两倍中误差）进行，当变形量小于最大误差时，可认为该观测点在这两个周期内没有变动或变动不显著；③对多期变形观测成果，当相邻周期变形量小，但多期呈现出明显的变化趋势时，应视为有变动。

基点布置在施工影响范围外的位置，监测点安设优先选择于道床结构上不影响列车运行位置，考虑到既有线不同道床结构的特点，若影响范围内存在类似浮置板道床等，监测点可移至侧壁安设。

静力水准仪安装步骤为：在安设位置固定仪器垫板，垫板上预制与仪器之间的连接件，埋设时保证各点的垫板尽量在同一水平面上。将静力水准仪用螺丝固定在垫板上。仪器之间用 PVE 连通管连接起来，注入纯水或 SG 溶液，除去连通管中的气泡。既有轨道交通道床静力水准仪安设如图 5-27 所示。

图 5-27 静力水准仪安设图

### 5.4.9 孔隙水压力计监测水压力

孔隙水压力计是量测围岩孔隙水压力大小及其变化的传感器，一般每孔只埋设一只压力计，以保证准确测试不同含水层的孔隙水压力情况。振弦式孔隙水压力计示意图和实物图分别如图 5-28 和图 5-29 所示。

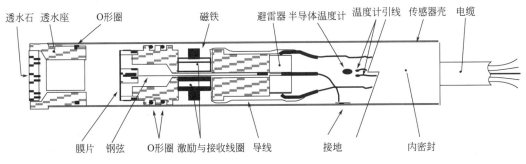

图 5-28 振弦式孔隙水压力计示意图

**1. 监测元件技术要求**

（1）量程满足被测压力范围的要求，其上限可取静水压力与超孔隙水压力之和的 2 倍。

（2）分辨率不大于 0.2%（F.S），精度为 ±0.5%（F.S）。

（3）长期稳定性强、坚固耐用、防水性能好，并具有抗震和抗冲击性能。

**2. 监测点埋设技术要求**

（1）安装前准备工作

① 浸透透水石，并在透水石和膜片之间的空腔里充满水。

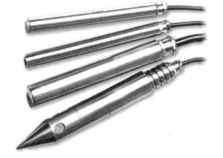

图 5-29 振弦式孔隙水压力计实物图

② 用电缆将渗压计沉到测量孔的底部以测量实际深度。

③ 让水压计热平衡 15～20 分钟，用读数仪记录该液面的读数。

④ 将水压计提升一个已知的高度，记录读数，计算系数，给出压力和读数的变化。与率定表中的值进行比较，必要时可重复试验。

（2）安装实施过程

① 埋设位置确认：进入现场，根据点位设计图，确定安设位置。

② 开挖设备埋设槽：埋设位置确定后，采用钻孔或挖孔的方式形成安设槽，孔底敷设细砂层。

③ 用干净的细砂回填到渗压计端头以下 15cm 时，即可放入水压计，将水压计封装在一个砂袋里，保持干净。仪器底部至砂袋底部 3cm 处（砂袋选用渗水性好的材质），应避免出现有大粒径的骨料。用水浸透砂子，下放到位，仪器在此位置时应环绕水压计周围放进干净的砂子，砂子可以放到水压计以上 15cm。

④ 回填时，用不透水的膨润土等小粒径骨料的材料回填。回填时要用人工在电缆周

围捣实，直至回填至地面。

⑤ 初始读数：待仪器设备稳定后须读取并记录初始读数。

(3) 安装后保护工作

① 布设的电缆应按直线或预定沟槽内延展，且预留富余量，防止线缆拉断（图5-30）。

② 当埋设电缆时，必须避免用有尖锐棱角的回填材料（如碎石、破碎混凝土等）。

③ 电缆布设完成后，应做好标记，要对电缆集中出口处进行保护（为防止电缆在垫层防水施工遭到灼伤，在防护套管外部套上石棉布），防止垫层施工前遭到大型设备碾压。

④ 在电缆集中处，将电缆外部套上防护套管，防止垫层施工或施工设备对其造成破坏。

图5-30 电缆铺设示意图

**3. 注意事项**

(1) 孔隙水压力计埋设过程中，应进行跟踪检测，严禁损坏仪器测头与连接电缆，一旦发现，必须及时处理重新埋设。

埋设后待孔隙水压力消散时，方可观测初始读数。孔隙水压力计埋设后应量测孔隙水压力初始值，且连续量测一周，根据规范及相应设计文件要求取三次测定稳定值的平均值作为初始值。

(2) 在地层的分界处附近埋设孔隙水压力计时应十分谨慎，滤层不得穿过隔水层，避免上下层水压力的贯通。

(3) 在安装孔隙水压力计过程中，始终要跟踪监测孔隙水压力计频率，看是否正常，如果频率有异常变化，要及时收回孔隙水压力计，检查导线是否受损。

### 5.4.10 轴力计监测钢支撑及锚索轴力

钢支撑和锚索宜采用轴力计监测，混凝土撑宜采用钢筋计或应变计进行监测。钢支撑、锚索轴力计埋设技术要求如下：

(1) 钢支撑轴力计宜布设于钢支撑固定端；锚索轴力计宜布设在锚索的锚头部位。

(2) 支撑轴力计线缆应从轴力计下部引出，并留出富余量，打结固定。

(3) 对线缆引出端进行标识，将带有编号的线缆末端引进保护箱内固定。

具体安设示意图如图5-31和图5-32所示。

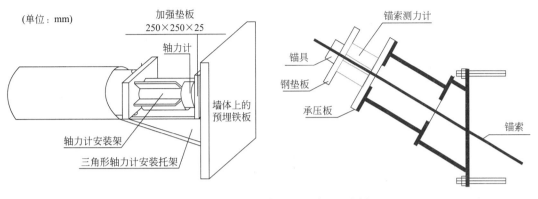

图 5-31　钢支撑（锚索）轴力计安设大样图

图 5-32　钢支撑（锚索）轴力计测线保护箱及内部接线情况

## 5.4.11　盾构管片应力、围岩压力、水压力及螺栓应力

**1. 螺栓应力**

管片之间连接所用的螺栓应力监测可用超声波螺栓应力检测仪、扭矩扳手和螺栓计进行监测，螺栓计较为常用，根据设计位置进行安装螺栓计。螺栓计安装现场如图 5-33 所示。

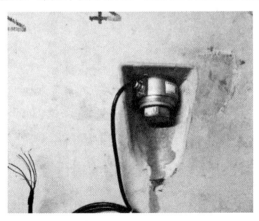

图 5-33　螺栓计安装现场

**2. 盾构管片应力**

管片结构应力监测常采用钢筋计，需要在管片预制时埋设，管片的生产、运输、拼装全过程都需要严密的保护措施，安设后线缆应收纳整齐做好保护措施（图 5-34）。

图 5-34　管片结构应力监测点安设示意图

**3. 管片围岩压力与孔隙水压力**

土压力的埋设通常是在管片拼装之前，在管片外弧面预埋好土压力计，然后把导线收集到管片内弧面的预留孔内，管片拼装好之后再把导线和监测设备相连，采集数据。孔隙水压力的监测通常是在管片拼装完成且盾尾间隙所注浆液凝固后，通过打穿管片的注浆孔，安装孔隙水压力计进行监测。也可在地面进行钻孔至预定标高，然后埋设孔隙水压力计。

# 第 6 章 数据采集、处理与分析评价

数据是监测工作风险分析的基础资料，数据采集要严格按照监测仪器、传感器的原理、操作规程、监测技术方法的要求进行，确保监测数据的真实性和可靠性，在此基础上结合施工工程进度、现场监测环境、工程巡查情况等资料综合分析数据的合理性、准确性、是否存在粗差等，剔除异常数据后编制上报报表，绘制时程曲线、等沉线、沉降槽等图表，以便进行风险状态分析与预判。

## 6.1 数据采集方法

监测数据采集可分为人工数据采集和自动化数据采集，其中人工采集有传统测记法和人工设站半自动采集法，自动化采集多为基于各类传感传输设备的远程在线监测法。

### 6.1.1 人工数据采集

**1. 光学类仪器监测**

监测仪器现场施测后，数据手动传输到电脑上，用专业软件处理，生成上报报表、时程曲线、等沉线等图表。随着计算机等学科的进步，目前有实力的单位已使用"即时上传管理系统"，监测仪器现场施测后，数据通过 Pad 蓝牙自动上传至服务器，在服务器上自动平差、数据计算，可一键生成成果数据及报表，并可在风险监控平台及手机 App 查看结果。该软件的使用避免了现场监测数据手动上传电脑、手动平差计算等步骤，具有高效、快捷、方便等优点。具体操作方法如图 6-1 所示。

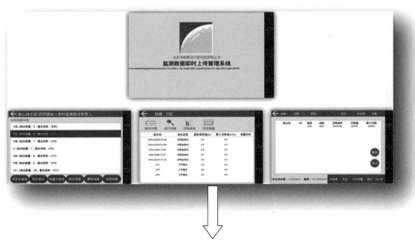

图 6-1 自动上传软件操作流程（一）

城市轨道交通工程建设安全风险监控与识别技术

图 6-1 自动上传软件操作流程（二）

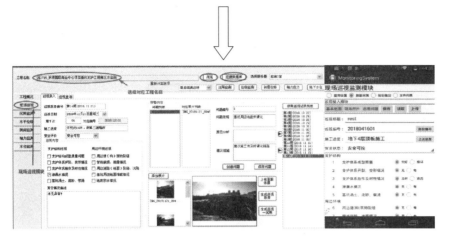

图 6-1 自动上传软件操作流程（三）

**2. 传感器监测**

传感器现场施测均配备读数仪进行数据采集，如振弦式传感器采用频率读数仪，光纤传感器采用解调仪，图 6-2 为 κ 型应变计数据采集采用的配套读数仪，图 6-3 为 l 型光纤光栅土压力计传感器数据采集采用的解调仪。

图 6-2 频率读数仪

图 6-3 光纤光栅解调仪

## 6.1.2 自动化数据采集

随着传感、传输以及大数据人工智能技术的日益成熟，监测数据自动化采集以及监测预警工作智能化成为行业发展的必然趋势。自动化监测相较人工监测具有实时、高效、全天候、安全可靠等优点。

**1. 自动化监测逻辑架构**

工程监测应用中数据采集与传输同属一体，紧密配合完成同一项工作任务，即采用监测传感传输终端对类传感信号收集、预处理，按照预设频率传输至相应数据管理平台，最终实现监测自动化（图 6-4）。地铁工程自动化监测期间常见模拟电压/电流信号、振弦信号以及光纤光栅信号，上述信号原始观测量均为非物理量，故须建立相应的信号解析或解调关系，获得监测物理量以供分析评价使用。

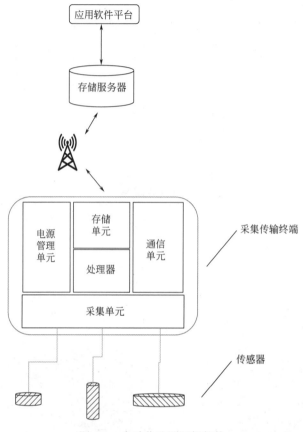

图 6-4 自动化监测逻辑架构

**2. 数据传输技术**

工程监测期间，为实现前端传感设备与后台软件系统的有效连接，无疑可靠的通信技术是关键环节，数据传输/通信技术分为有线通信技术和无线通信技术。

有线通信，是指利用金属导线、光纤等有形媒质传送信息的技术。有线通信在家用或办公领域非常普及，其优点是连接可靠性高，稳定性强，缺点是连接受限于传输媒介，在工程应用中常遇到交叉干扰难题，其使用具有一定的局限性。

无线通信是利用电磁波信号在空间中传播而进行信息交换的通信技术，进行通信的两端之间无需有形的媒介连接。有线无线连接自由灵活，终端可以移动没有空间限制，但是可靠性受传输空间里的其他电磁波，以及对电磁波有影响的其他障碍物的影响很大，因此可靠性是应用中不可回避的难题。

城市轨道交通工程监测应用涉及的相关无线通信技术种类繁多，从传输距离上可划分成两类：第一类是短距离通信技术，例如 ZigBee、Wi-Fi、Bluetooth 等，典型的应用场合如智能家居；第二类是低功耗广域网（Low Power Wide Area Network，LPWAN），典型的应用为智能抄表系统。LPWAN 技术又可根据工作频段分为两类：一类工作在非授权频段，如 Lora、SigFox 等，此类技术无统一标准，自定义实现；另一类工作于授权频段下，3GPP 支持的 2/3/4G 蜂窝通信技术，如全球移动通信系统（Global System for Mobile

Communication，GSM)、长期演进（Long Term Evolution，LTE）和基于蜂窝的窄带物联网（Narrow Band Internet of Things，NB-IoT）等。

目前，城市轨道交通工程监测领域视不同场景有线和无线通信均有使用，两者地位不分伯仲。其中地铁隧道监控量测期间，鉴于洞内无线网络覆盖不足或信号强度及稳定性欠佳的客观情况，该场景下常用有线通信技术实现监测数据传输。而在明挖段施工，地表环境边坡、结构监测等应用场景下，往往选取灵活性更强的无线通信技术。

值得提出的是，近年来新兴的窄带物联网（NB-IoT）以及无线自组网通信技术也逐步得到应用，并呈现良好的发展势头。

鉴于当下蜂窝网络技术其覆盖、功耗、成本等原因不能很好地满足低功率广域网络（LPWAN）需求，NB-IoT技术应运而生。典型的窄带物联网架构为三层，由下而上分别是感知层、网络层、应用层，目前已广泛应用于无线抄表、共享单车、地质灾害监测预警、智慧农业、智慧油田等领域。NB-IoT技术具有以下显著特点及优势：

（1）强链接：在同一基站的情况下，NB-IoT可以比现有无线技术提供50～100倍的接入数。一个扇区能够支持10万个连接，支持低延时敏感度、超低的设备成本、低设备功耗和优化的网络结构。

（2）广覆盖：NB-IoT室内覆盖能力强，在同样的频段下，NB-IoT比现有的网络增益20dB，相当于提升了100倍覆盖区域的能力。这不仅可以满足远郊和农村的广覆盖需求，对于厂区、地下车库、井盖这类对深度覆盖有要求的场景同样适用。

（3）低功耗：NB-IoT模块可以在3种状态下工作，以便节约功耗。在省电模式（PSM）下最大耗流为$5\mu A$，在待机模式（IDLE）下大约为6mA。根据仿真数据，5Wh的电池每天发送200bytes的数据，预计可使用12.8年。故可用于高山荒野偏远地区的各类传感器监测设备。

（4）低成本：NB-IoT无需重新建网，射频和天线基本上都是通用的。无论是模块成本，还是供电、通信运营成本都比其他无线终端低。

基于窄带物联网其覆盖广、连接多、速率低、成本低、功耗低、架构优等特点，地铁工程监控量测工作中可逐步探索并推广使用。

无线自组网（Ad Hoc）是当前无线通信领域一种新的、正在发展的网络技术，它正在迅速地从军事通信渗透到相关的民用通信领域。无线自组网络系统是一个分布式、无中心、多跳的路由、对等IP网络，每个站点不仅具有发送和接收数据的功能，还具有路由中继传输的功能，不存在主从，只要具备连接条件，就可以随意部署，操作方便。该系统可以提供灵活、方便、快速的通信网络，无需定期的基础设施支持，为数据、语音、视频等多媒体业务提供多跳数据传输。一方面可以避免复杂的有线部署，加快施工进度，降低施工成本。另一方面，通过多节点网络通信采集数据，通过统一的互联网接入，实现远程管理和监控，减少互联网接入节点，大大降低了系统的长期运行成本。为此在现有网络基础条件差、应急监测或传感节点多的城市轨道交通工程监测应用场景下可探讨并推广使用该技术。

**3. 采集传输装置选型原则**

由自动化监测逻辑架构可知，数据采集传输装置处于承上启下的关键节点，实现稳定可靠的监测需求，监测数据采集传输装置选型尤为关键，基于工程应用实践其选型应注重以下几点：

（1）数据接口、量程及精度与传感输出相匹配；

（2）采集、通信、供电功能模块宜采用一体化、集成式设计；

（3）采集策略应具备一定的冗余度，保证原始观测数据可靠性；传输策略应具备断点续传功能，保证监测数据序列完整性；

（4）通信单元硬件宜采用多通信冗余、可裁剪设计理念，固件方面采用择优入网传输策略；

（5）终端与平台应具备可靠的双向通信连接，保证数据上传/指令下行稳定可靠；

（6）硬件壳体应具备足够的环境适宜性，满足高、低温，交变湿热，高盐雾等环境下的长期使用需求。

## 6.2 数据分析评价

城市轨道交通工程监测其目的含有预测和预警，保证施工或运营安全，为充分挖掘和使用相关监测数据，其监测数据分析评价有赖于监测模型建立、监测数据分析、监测成果评价等关键环节。

### 6.2.1 监测模型建立

监测模型即基于轨道交通工程地质背景、设计方案、施工方案以及监控量测方案等资料，有针对性地提取不良地质体、围岩类别、应力分布、典型断面力学参数及数值模拟分析情况，施工工法、工序、关键节点以及风险源，对监测方案中监测技术手段及其精度进行再论证，提出可操作性的控制指标。监测模型构建宜包含如下内容：

（1）构建沿线三维地表模型，清晰准确表征地铁施工或运营影响范围内的地表建构筑物、水体等关键信息，服务于影响效应评价。

（2）构建沿线三维地质模型，该模型须与地表模型在空间上保持一体化，模型刻画地层、岩性、构造、地下水等关键信息，附加隧道施工图。基于上述模型实现特征断面或任意断面剖切，力学分析等功能。另外，应支持基于掌子面素描及超前地质预报成果对地质模型的适时调整。

（3）建立监测数据与地质模型的无缝交互，实现数据序列分析向力学分析过渡。

监测模型的建立涵盖地铁工程勘察、设计、施工乃至运营、监控量测等多个阶段，涉及地质、岩土、结构、测绘、计算机等多学科领域，该项工作为一项长期性且富有挑战的工作。为构建高质量的监测模型一是充分收集研究现有资料；二是整合多专业参建人员建言献策；三是本着实事求是之理念，在工作中据实修正和调整监测模型，力求模型逐步趋于真实。

### 6.2.2 监测数据分析评价

监测数据处理即通过对监测数据进行粗差剔除与插补、平差计算，得出单点累计量、速率、加速度时程曲线。基于测量数据分析模型对时间序列进行分析、预测，再次甄别序列中异常数据，得出可靠的单点时间序列。结合监测点位布设情况，采用监测断面或区域划分单元，对监测数据序列进行相关性和一致性分析，进一步考证监测数据可靠性和物理解释合理性。结合工程地质、工程进度及现场巡查情况与地质模型融合分析，得出变形原因、变形规律，并对变形进行预测预判等，最终达到数据真实有效、原因分析合理、预测预判规律可靠等风险安全管控的目的。监测数据分析评价主流程如图 6-5 所示。

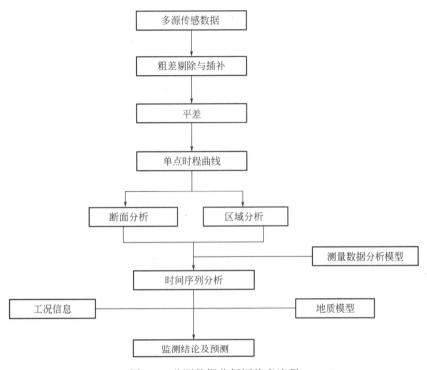

图 6-5 监测数据分析评价主流程

目前常用监测数据分析及预测模型有多元回归分析、灰色系统理论、变形预报模型等。

**1. 回归分析法**

回归分析法指利用数据统计原理，对大量统计数据进行数学处理，并确定因变量与某些自变量的相关关系，建立一个相关性较好的函数表达式，并加以外推，用于预测今后因变量变化的分析方法。

其中，多元线性回归分析广泛用于变形观测数据处理中。该方法通过分析所观测的变形和外因之间的相关性，来建立荷载—变形之间关系的数学模型。其数学模型为

$$y_i = b_0 + b_1 x_1 + b_2 x_2 + \mu_i \tag{6-1}$$

通过 $i$ 个周期的观测值，运用最小二乘法求出回归方程中的回归系数 $b_0$，$b_1$，…，$b_i$ 的估计值 $\hat{b}$，然后运用 $i$ 时刻的观测值 $X_i$。

建模步骤如下：

（1）由最小二乘法求得回归系数的估计值 $\hat{b}$ 建立多元线性回归方程。

（2）对线性回归方程进行显著性检验，给出肯定或否定的结论。一般采用 F 检验判断回归方程是否显著。

(3) 回归方程显著，并不意味着每个自变量对因变量的影响都显著。因此要对回归系数进行显著性检验，从而得到最为简单的线性回归方程。因为一次检验只能剔除一个回归因子，所有需要重新建立新的回归方程，再对新的回归系数逐个进行检验，重复以上过程，直到剩余的回归系数都显著为止。

**2. 时间序列分析模型**

时间序列分析模型是对非平稳的时间序列进行建模、预测和分析，又称为差分自回归移动平均模型（ARIMA（$p$，$d$，$q$）模型）。ARIMA 包含三个部分，即 AR、I、MA。AR（$p$）表示 Auto Regression，即自回归模型；I 表示 Integration，即单整阶数，时间序列模型必须是平稳性序列才能建立计量模型，ARIMA 模型作为时间序列模型也不例外，因此首先要对时间序列进行单位根检验，如果是非平稳序列，就要通过差分转化为平稳序列，经过几次差分转化为平稳序列，就称为几阶单整；MA（$q$）表示 Moving Average，即移动平均模型。可见，ARIMA 模型实际上是 AR（$p$）模型和 MA（$q$）模型的组合。

ARIMA 模型与 ARMA 模型的区别：ARMA 模型是针对平稳时间序列建立的模型。ARIMA 模型是针对非平稳时间序列建模。换句话说，非平稳时间序列要建立 ARMA 模型，首先需要经过差分转化为平稳时间序列，然后建立 ARMA 模型。建模步骤如下：

(1) 首先对时间序列进行平稳性检验，可采用自相关函数 ACF（Auto Correlation Function）。若时间序列有线性或者曲线变化趋势，一般可采用1阶或2阶差分；如果时间序列有明显的周期性，则可用周期 $s$ 为步长的差分。

(2) 将时间序列平稳化后，通过时间的自相关函数和偏相关函数 PACF（Partial Autocorrelation Function）的特征进行模型的选择。计算时间序列的自相关和偏相关系数，通过图形的性质来确定模型的选择。

(3) 模型确定后，一般采用最小二乘法对所选模型的参数 $p$、$q$ 进行估计。

(4) 模型的参数估计完后，要对模型的适用性进行检验，主要包含两个部分：一个是模型的显著性检验，另一个是参数的显著性检验。一般采用 t 检验判断参数是否显著。

(5) 通过上述两种检验的模型不止一个，通常采用 ACI 准则和 SBC 准则选择最优模型。

**3. 灰色系统分析模型**

灰色系统理论是由我国著名学者邓聚龙教授在 20 世纪 80 年代提出的，它是以部分信息已知，部分信息未知的"小样本""贫信息"不能够确定的系统作为研究分析的对象，主要通过对"部分"已知信息的生成、开发，提取有价值的信息，实现对系统运行行为、演化规律的正确描述和有效监控。灰色理论系统可以分为三种类型：灰预测、灰色决策以及灰色控制模型。灰色系统理论中使用最为广泛的便是 GM（1，1）灰色预测模型。灰色预测模型是基于最小二乘法的指数拟合曲线，具有微分、差分和指数相兼容等性质，所以在建立模型时完全不用大量的时间序列数据就能够取得比较好的预测效果，以达到较高的精度要求。

建模步骤如下：

(1) 对原始观测序列 $Z^{(0)} = [z^{(0)}(1), z^{(0)}(2), \cdots, z^{(0)}(n)]$ 进行一次累加生成得到新生成序列 $Z^{(1)}$，则 $Z^{(1)}(i) = \sum_{j=1}^{i} z^{(0)}(j)$，对此生成序列建立一阶微分方程

$$\frac{dZ^{(1)}}{dt} + aZ^{(1)} = b \tag{6-2}$$

则式（6-2）为 GM（1，1）模型的白化微分方程式，$a$ 是发展系数，控制系统发展态势的大小；$b$ 为灰色作用量，反映数据的变化关系。

采用最小二乘法求解未知参数 $a$、$b$，解出微分方程得

$$Z^{(1)}(k) = \left[z^{(0)}(1) - \frac{b}{a}\right]e^{-a(k-1)} + \frac{b}{a}, \quad k = 2, 3, \cdots, n \tag{6-3}$$

式（6-3）即为 GM（1，1）模型的白化方程的时间响应式。对该式进行一次累减，则预测数据值为

$$\overline{Z}^{(0)}(k) = Z^{(1)}(k) - Z^{(1)}(k-1) = (1 - e^a)\left[z^{(0)}(1) - \frac{b}{a}\right] \cdot e^{-a(k-1)} \quad k = 2, 3, \cdots, n \tag{6-4}$$

（2）模型建立后，需要对模型的精度进行检验。常用的检验方法有关联度检验、残差大小检验和后验差检验三种。在实际运用中通常用后验差检验，其由后验差比值以及小误差概率共同描述。

由预测值 $X^{(0)}(k)$ 和真实值 $\hat{X}^{(0)}(k)$ 求得残差

$$\Delta(k) = X^{(0)}(k) - \hat{X}^{(0)}(k) \quad k = 1, 2, \cdots, k \tag{6-5}$$

记原始数列 $\hat{X}^{(0)}(k)$ 及残差数列 $e$ 的方差分别为 $S_1^2$、$S_2^2$，则后验差比值 $C = \frac{S_2}{S_1}$。小误差概率表示 $P = P\{|\Delta(k) - \Delta| < 0.6745 S_1\}$，即表示落在 $[\Delta - 0.6745 S_1, \Delta - 0.6745 S_1]$ 的概率，模型精度等级 = max {$P$ 所在的级别，$C$ 所在的级别}。表 6-1 列出了根据 $C$、$P$ 取值的模型精度等级。若 $C$ 和 $P$ 值满足精度要求，即可进行预测，否则需要残差修正，直到满足精度需求为止。

**模型精度等级**　　表 6-1

| 模型等级 | 小误差概率 $P$ | 后验差比值 $C$ |
| --- | --- | --- |
| 1级（好） | >0.95 | <0.35 |
| 2级（合格） | >0.80 | <0.50 |
| 3级（勉强） | >0.70 | <0.65 |
| 4级（不合格） | ≤0.70 | ≥0.65 |

**4. Kalman 滤波模型**

Kalman 滤波技术是 20 世纪 60 年代初由 Kalman 等人提出的一种递推式滤波算法，它是一种对动态系统进行实时数据处理的有效方法。Kalman 滤波最大特点是能够提取随机干扰噪声，从而获取逼近真实情况的有用信息。Kalman 滤波的计算步骤是首先根据前一时刻的状态估计，由状态方程求出观测时刻的一步预测值，然后，根据当前时刻的实时观测值和验前信息，计算出预测值的修正值，从而求出最优估计。

离散系统的 Kalman 滤波状态方程和观测方程为

$$X_K = F_{K/K-1} X_{K-1} + G_{K-1} W_{K-1} \tag{6-6}$$

$$L_K = H_K X_K + V_K \tag{6-7}$$

式中 $X_K$——系统 $k$ 时刻的 $n×1$ 阶状态向量；

$F_{K/K-1}$——作用在前一状态的 $n×n$ 阶状态转移矩阵；

$G_{K-1}$——系统 $k-1$ 时刻的 $n×r$ 阶动态噪声矩阵；

$W_{K-1}$——系统 $k-1$ 时刻的 $r×1$ 阶动态噪声，其协方差矩阵为 $Q_K$（非负定方差矩阵）；

$L_K$——系统 $k-1$ 时刻的 $m×1$ 阶观测向量；

$H_K$——系统 $k$ 时刻的 $m×n$ 阶观测矩阵；

$V_K$——系统 $k$ 时刻的 $m×1$ 阶观测噪声矩阵，其协方差为 $R_K$（正定方差矩阵）。

根据最小二乘法，可得到随机离散线性系统的 Kalman 滤波递推公式如下：

状态向量一步预测值

$$\hat{X}_{K/K-1} = F_{K/K-1}\hat{X}_{K-1} \tag{6-8}$$

一步预测方差矩阵

$$P_{K/K-1} = F_{K/K-1}P_{K-1}F_{K/K-1}^T + G_{K-1}Q_{K-1}G_{K-1}^T \tag{6-9}$$

状态向量估计值

$$\hat{X}_K = \hat{X}_{K-1} + J_K(L_K - H_K\hat{X}_{K/K-1}) \tag{6-10}$$

状态向量估值的方差矩阵

$$P_K = (I - J_K K_K)P_{K/K-1} \tag{6-11}$$

其中，$J$ 是滤波增益矩阵，表示为

$$J = P_{K/K-1}H_K^T(H_K P_{K/K-1}H_K^T + R_K)^{-1} \tag{6-12}$$

在确定 Kalman 滤波初始值后，可启动 Kalman 滤波递推算法，依据 $K$ 时刻的观测值 $L_K$ 递推计算出对应时刻的状态估计值 $\hat{X}_K$，$(K=1，2，3\cdots)$，从而实现滤波与预测，剔除随机噪声的干扰。

**5. 人工神经网络模型**

人工神经网络（Artificial Neural Network），其结构是模仿生物学中人脑神经网络结构，具有人脑的许多特征，是由庞大的、微小的神经元彼此连接构成错综复杂的网络结构。在生物研究中发现，人脑在学习历程中，人脑神经元之间的作用随着外界刺激信息而自适应改变，人脑处理信息的结果也反应在神经元的状况。人工神经网络是启发于人脑神经网络中可利用的部分来解决当前计算机或者其他系统不可以处理的学习、模式识别、智能机器人、预测估计、自动控制等问题。神经网络是一种信息的处理机制，是由众多的但却简单的处理单元错综复杂地衔接而形成的系统。它并不需要任何数学模型，单靠过去的经验总结来学习，其在预测、分类、非线性回归、过程控制等各种数据处理中，相比传统的数据处理方法，在一般情形中有较好的效果。人工神经网络是 20 世纪 80 年代以来人工智能领域兴起的研讨热点，近年来，其在工程领域范围得到了较为广泛的应用。

人工神经元是人工神经网络模型中处理单元，也称为节点。处理单元用来模拟生物的神经元，图 6-6 为处理单元示意图。

其中神经元输入值分别为 $x_1$，$x_2$，$\cdots x_n$，神经元 $k$ 的输出值与第 $m$ 个输入神经元的连接权值分别为 $y_k$ 和 $W_{km}$，$\theta_k$ 表示偏置值，$f$ 为激活函数，输入信号由神经网络输入端接收，其输入信号与对应的突触权值相乘，并算出它们的加权总和，另一组输入赋值为 1，并与 $\theta_k$ 相乘，依然加入到求和节点中，$\theta_k$ 可以通过判别输入值得正负性，增加或者降低

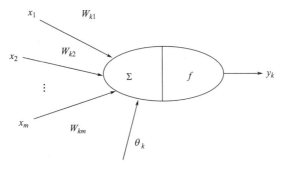

图 6-6 处理单元示意图

网络初始输入；接着传入激活函数 $f$ 中，经过运算得出输出结果 $y_k$。对于神经元的输入与输出可以用方程式表示它们的关系为

$$y = f\left(\sum_{i=1}^{m} W_{ki} x_i + \theta_k\right) \tag{6-13}$$

神经网络的激活函数是神经网络的重中之重，因此选定激活函数是神经网络函数构建的重要步骤，常用的激活函数有以下两类：

（1）符号函数，即

$$y = f(s) = \begin{cases} 1, & \text{当 } s \geq 0; \\ -1, & \text{当 } s < 0 \end{cases} \tag{6-14}$$

（2）s 型函数，常表示成对数函数

$$y = f(s) = \frac{1}{1+e^{-s}}, \quad -\infty < s < \infty \tag{6-15}$$

式中 e 为常数，取值 2.718。

按神经元之间的连接方式神经网络可分为前馈型神经网络和反馈型神经网络两种。其中前馈型神经网络在人工神经网络发展史上产生过重大影响，并且是目前最流行的神经网络模型之一。误差反向传播神经网络是最常用的前馈神经网络，通常简称为 BP 神经网络。

BP 神经网络结构一般由输入层、隐含层和输出层 3 部分组成。图 6-7 为典型的三层 BP 神经网络拓扑结构。

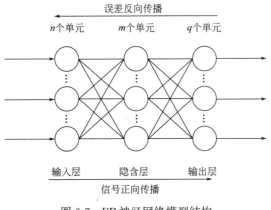

图 6-7 BP 神经网络模型结构

BP神经网络的学习过程是由正向传播和误差反向传播组成的。当给定网络一组输入模式时，BP神经网络将依次对输入模式中的每个输入模式按如下方式进行学习：把输入模式从输入层传到隐含层节点，经隐含层节点逐层处理后，产生一个输出模式传至输出层，这一过程称为正向传播；如果经正向传播在输出层没有得到所期望的输出模式，则转为误差反向传播过程，即把误差信号沿原连接路径返回，并通过修改各层神经元的连接权值；重复正向传播和反向传播过程，直到得到所期望的输出模式为止。其算法流程如图6-8所示。

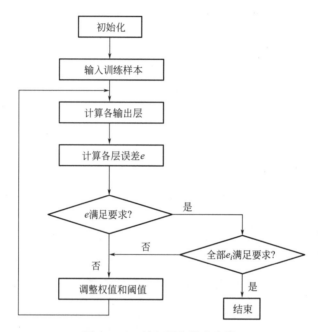

图6-8 BP神经网络算法流程

### 6. 案例分析

城市轨道交通工程施工过程的变形受多种因素的综合影响，这些因素具有模糊性、随机性、可变性等特点，缺少准确的描述，符合灰色系统理论最少信息原理特征。因此，可采用灰色预测模型对地表建筑物主体变形进行预测分析。

由于受工程现状、观测条件及突发因素等影响，建筑物主体沉降监测数据通常具有小样本、非等间隔的特点，且观测数据中包含偶然误差，甚至粗差的可能性。如果直接将原始监测数据进行建模预测，将严重影响预测精度。因此，采用一种非等间距等距化处理方法，将IGGIII抗差方案与GM（1，1）相结合形成非等间距GM（1，1）-IGGIII模型。最后，将非等间距GM（1，1）-IGGIII模型应用于建筑主体变形预测工程实例中。通过对比各模型的预测精度，验证该模型的可靠性。

1) 非等间距GM（1，1）-IGGIII模型的建立

（1）非等间距等距化处理

某工程的某一监测点$n$期沉降原始观测序列为$X^{(0)} = \{x^{(0)}(t_1), x^{(0)}(t_2), \cdots, x^{(0)}(t_n)\}$，对应的观测时序为$T = (t_1, t_2, \cdots, t_n)$，若$t_k - t_{k-1}$不等于相同的常数，则

称原始观测序列 $X^{(0)}$ 为非等间距序列。将非等间距序列按如下方法进行等距化处理:
① 求平均时间间隔

$$\Delta t_0 = \frac{1}{n-1}(t_n - t_1) \tag{6-16}$$

② 求等距处理后的时间序列

$$t'_k = t_1 + (k-1) \cdot \Delta t_0 \quad k=1, 2, \cdots, n \tag{6-17}$$

③ 求等距处理前后各期的时间差

$$\Delta t_k = t_k - t'_k \quad k=1, 2, \cdots, n \tag{6-18}$$

④ 计算各序列值的修正系数

$$u_i(t_k) = \frac{x^{(0)}(t_k) - x^{(0)}(t_{k-1})}{t_k - t_{k-1}} \quad k=2, 3, \cdots, n \tag{6-19}$$

⑤ 计算各序列值的修正值

$$\Delta x^{(0)}(t_k) = u_i \Delta t_k \tag{6-20}$$

式中,当 $\Delta t_k \geqslant 0$ 时,$u_i$ 取 $u_i(t_k)$;当 $\Delta t_k < 0$ 时,$u_i$ 取 $u_i(t_{k+1})$。

⑥ 求得处理后的等间距序列值

$$z^{(0)}(k) = x^{(0)}(t_k) - \Delta x^{(0)}(t_k) \quad k=1, 2, \cdots, n \tag{6-21}$$

通过式(6-16)~式(6-21)的处理,便可得到重新构造的等间距序列 $Z^{(0)} = \{z^{(0)}(1), z^{(0)}(2), \cdots, z^{(0)}(n)\}$。

(2) GM(1, 1)-IGGIII 模型建立

对等间距序列 $Z^{(0)}$ 进行均值化处理,得到均值序列 $\overline{Z}^{(0)} = \{\overline{Z}^{(0)}(1), \overline{Z}^{(0)}(2), \cdots \overline{Z}^{(0)}(n)\}$。其中

$$\overline{Z}^{(0)}(k) = \begin{Bmatrix} Z^{(0)}(1) & K=1 \\ 0.5Z^{(0)}(K) + Z^{(0)}(K+1) & K>1 \end{Bmatrix} \tag{6-22}$$

对 $\overline{Z}^{(0)}$ 进行一次累加生成序列 $\overline{Z}^{(1)} = \{\overline{Z}^{(1)}(1), \overline{Z}^{(1)}(2), \cdots \overline{Z}^{(1)}(n)\}$,其中,$\overline{Z}^{(1)}(k) = \sum_{i=1}^{k} \overline{Z}^{(0)}(i)$,对此生成序列建立一阶微分方程

$$\frac{d\overline{Z}^{(1)}}{dt} + a\overline{Z}^{(1)} = b \tag{6-23}$$

式(6-23)即为 GM(1,1)模型的白微化方程。$a$ 是发展系数,控制系统发展态势的大小;$b$ 为灰色作用量,反映数据的变化关系。记为 $\hat{a} = [a \quad b]^T$。

令

$$B = \begin{bmatrix} -\overline{Z}^{(1)}(2) & 1 \\ -\overline{Z}^{(1)}(3) & 1 \\ \vdots & \vdots \\ -\overline{Z}^{(1)}(n) & 1 \end{bmatrix} \quad Y = \begin{bmatrix} z^{(0)}(2) \\ z^{(0)}(3) \\ \vdots \\ z^{(0)}(n) \end{bmatrix}$$

式(6-23)可表示为

$$Y = B \cdot \hat{a} \tag{6-24}$$

一般来说受观测条件影响,观测数据中含有误差,抗差估计指的是在粗差不可避免的情况下,选择适当的估计方法使未知参数估值尽可能减免粗差的影响,得出正常模式下的

最佳估值。大量数据研究表明采用 IGG 权函数的抗差估计方法更适合含有粗差的观测数据。基于此，本文采用 IGIII 抗差方法的 GM（1，1）模型。

用最小二乘法求解式（6-24）的白化值

$$\hat{\alpha} = (B^T PB)^{-1} B^T PY \tag{6-25}$$

令

$$V = B\alpha - Y \tag{6-26}$$

则观测值的中误差为

$$\sigma = \sqrt{\frac{\sum_{i=2}^{n} V_i^T V_i}{n-2}}$$

令 $u_i = \dfrac{V_i}{\sigma}$ $i = 2, 3, \cdots, n$

则 IGG 权因子 $W(u_i)$ 为

$$W(u_i) = \begin{cases} 1 & |u_i| < k_0 \\ \dfrac{k_0}{|u_i|}\left(\dfrac{k_1 - |u_i|}{k_1 - k_0}\right)^2 & k_0 \leqslant |u_i| < k_1 \\ 0 & |u_i| \geqslant k_1 \end{cases} \tag{6-27}$$

式中，$k_0$ 和 $k_1$ 为常数，一般取 $k_0 = 1.5$，$k_1 = 3.0$。

重新定权后式（6-23）的白化值为

$$\hat{\alpha} = (B^T PB)^{-1} B^T P'Y \tag{6-28}$$

式中，$P' = P \times W$。

计算未知参数 $a$、$b$ 后，则 GM（1，1）白化微分方程的解（也称时间响应函数）为

$$\overline{Z}^{(1)}(k) = (\overline{Z}^{(1)}(1) + a^{-1} b) e^{-a(k-1)} - \frac{b}{a} \quad k = 1, 2, \cdots, n \tag{6-29}$$

对式（6-29）进行一次累减，则预测值为

$$\overline{Z}^{(0)}(k) = \overline{Z}^{(1)}(k) - \overline{Z}^{(1)}(k-1) = (1 - e^{-a})(\overline{Z}^{(1)}(1) + a^{-1} b) \cdot e^{a(k-1)} \quad k = 1, 2, \cdots, n \tag{6-30}$$

2）精度评定

为了检验模型预测结果的可靠性，需要对精度进行检验。一般采用残差大小检验和后验比进行检验。

由 GM（1，1）模型得到

$$\hat{x}^{(0)} = \{\hat{x}^{(0)}(1), \hat{x}^{(0)}(2), \cdots, \hat{x}^{(0)}(n)\} \tag{6-31}$$

计算残差

$$e(k) = x^{(0)}(k) - \hat{x}^{(0)}(k) \quad k = 1, 2, \cdots, n \tag{6-32}$$

记原始数列 $x^{(0)}$ 及残差数列 $e$ 的方差分别为 $S_1^2$、$S_2^2$，则后验差比值为

$$C = \frac{S_2}{S_1} \tag{6-33}$$

小误差概率为

$$P = P\{|e(k) - \overline{e}| < 0.6745 S_1\} \tag{6-34}$$

表 6-2 列出了根据 $C$、$P$ 取值的模型精度等级。模型精度等级判别式为模型精度等级 = max｛$P$ 所在的级别，$C$ 所在的级别｝。若 $C$ 和 $P$ 值满足精度要求，即可进行预测，否则需要残差修正，直到满足精度需求为止。

模型精度等级  表 6-2

| 模型等级 | 小误差概率 $P$ | 后验差比值 $C$ |
| --- | --- | --- |
| 1级(好) | >0.95 | <0.35 |
| 2级(合格) | >0.80 | <0.50 |
| 3级(勉强) | >0.70 | <0.65 |
| 4级(不合格) | ≤0.70 | ≥0.65 |

3）工程实例分析

（1）实验数据处理

以某 17 层建筑物主体沉降监测数据为实验数据。该建筑物共布设了 57 个沉降监测点。各监测点的变形规律大致相同，选取建筑东南角 51 号监测点进行分析。26 期沉降观测时序如图 6-9 所示。

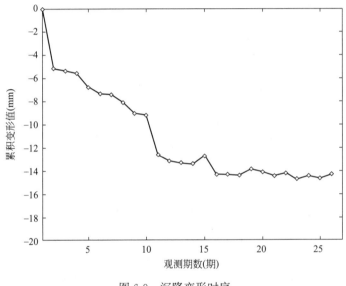

图 6-9 沉降变形时序

（2）抗差估计的非等间距 GM（1，1）模型建立

首先，对 26 期数据进行等间距化处理，并用 26 期数据进行 GM（1，1）建模处理，可得出 GM（1，1）参数 $a=0.0871$，$b=1.2486$。通常认为用 GM（1，1）建模处理后的曲线为建筑物沉降的真实曲线。为验证非等间距 GM（1，1）-IGGIII 模型的预测精度，分别建立等间距 GM（1，1）、非等间距 GM（1，1）、非等间距 GM（1，1）-IGGIII 模型进行预测，最后综合比较各模型预测精度。

① 非等间距等间距化处理

本书列举了前 10 期数据按照式（6-16）求得平均间隔时间 $\Delta t_0=18.6$。处理结果如表 6-3 所示。

② 模型建立

对等间距化处理的沉降观测序列 $z^{(0)}(k)$ 建立 GM（1，1）-IGGIII 模型，用前 10 期观测数据建模预测后几期数据，计算公式见式（6-22）～式（6-30），结果如图 6-10 所示。

表 6-3 等间距处理后的结果

| $k$ | $t_k$ (d) | $x^{(0)}(t_k)$ (mm) | $t'_k$ (d) | $\Delta t_k$ (d) | $u(t_k)$ | $\Delta x^{(0)}(t_k)$ (mm) | $z^{(0)}(k)$ (mm) |
|---|---|---|---|---|---|---|---|
| 1 | 92 | 5.21 | 92.00 | 0.00 | 0.000 | 0.000 | 5.21 |
| 2 | 102 | 0.12 | 110.60 | −8.60 | −0.509 | −0.041 | 0.16 |
| 3 | 107 | 0.28 | 129.20 | −22.20 | 0.032 | −0.384 | 0.66 |
| 4 | 112 | 1.14 | 147.80 | −35.80 | 0.172 | 0.292 | 0.85 |
| 5 | 118 | 0.63 | 166.40 | −48.40 | −0.085 | 0.385 | 0.24 |
| 6 | 123 | 0.03 | 185.00 | −62.00 | −0.120 | 0.437 | 0.47 |
| 7 | 129 | 0.69 | 203.60 | −74.60 | 0.110 | −0.141 | 0.83 |
| 8 | 152 | 0.94 | 222.20 | −70.20 | 0.011 | 0.292 | 0.65 |
| 9 | 174 | 0.14 | 240.80 | −66.80 | −0.036 | −0.337 | 0.48 |
| 10 | 186 | 3.44 | 259.40 | −73.40 | 0.275 | 0.665 | 2.77 |

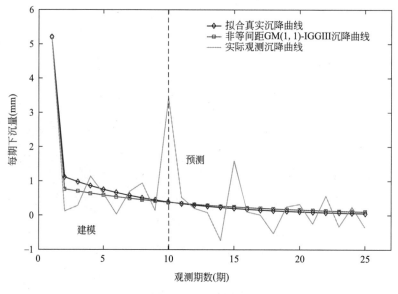

图 6-10 预测结果

建筑物沉降观测曲线围绕拟合曲线上下波动，表明采用 GM（1，1）模型预测建筑物沉降是可行的，具有良好的预测精度。该工程是在地下三层顶板施工完成后布设的沉降监测点，第 1 期观测是布设完监测点后第 92 天，工程正在施作地上三层结构，第 1 期沉降量较大。后期基本上是每施作一层主体结构观测一次。在第 10 期和第 15 期观测误差比较大，可认为观测存在粗差。从图 6-10 可看出，建筑物沉降观测曲线同样围绕非等间距 GM（1，1）-IGGⅢ 预测曲线上下波动。并且预测曲线同拟合真实曲线比较接近，表明非等间隔 GM（1，1）-IGGⅢ 模型具有良好的抗差效果，预测精度高。

③ 各模型精度对比

为验证非等间距 GM（1，1）-IGGⅢ 模型的优越性，利用前 10 期观测数据分别建立等间距 GM（1，1）模型和非等间距 GM（1，1）模型，并对预测结果的残差进行比较分析，结果分别如图 6-11 和图 6-12 所示。

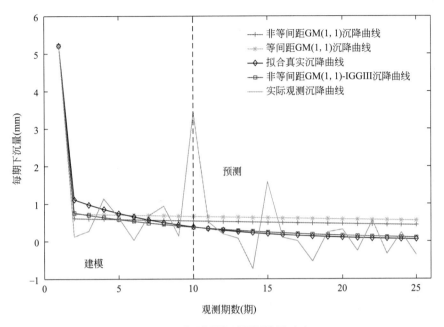

图 6-11　各预测模型预测结果对比

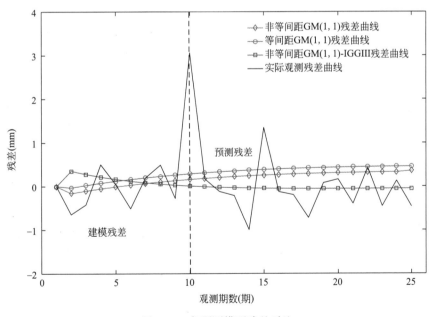

图 6-12　各预测模型残差对比

由图 6-11 可知，非等间距 GM（1，1）-IGGIII 预测曲线与建筑沉降拟合曲线最接近，其次是等间距 GM（1，1）预测曲线，最后是非等间距 GM（1，1）预测曲线。说明非等间距 GM（1，1）-IGGIII 模型具有最高的预测精度。注意到等距 GM（1，1）与非等距

GM（1，1）模型预测曲线比较接近，说明当观测曲线中含有粗差时，粗差对预测模型的预测精度影响最大，需要将含有粗差的观测值剔除或者减小观测权值。

由图 6-12 可知，建筑物沉降观测后期，沉降趋于平稳，每期下沉量理论上趋近于零，但实际由于观测误差影响，沉降观测数据残差围绕零值上下波动，观测结果不稳定。而采用 GM（1，1）模型进行预测时，残差逐渐减小，最后趋于零。从图 6-12 可知，非等间距 GM（1，1）-IGGIII 模型预测残差最小。

为进一步验证非等间距 GM（1，1）-IGGIII 模型预测的精度，由式（6-32）和式（6-33）分别计算了三种模型预测残差的平均值和后验比值（表 6-4）。

**各模型预测平均残差和后验比值** 表 6-4

| 精度评价指标 \ 模型 | 等间距 GM(1,1) | 非等间距 GM(1,1) | 非等间距 GM(1,1)-IGGIII |
|---|---|---|---|
| 平均残差 | 0.382 | 0.427 | 0.121 |
| 后验比值 | 0.399 | 0.374 | 0.153 |

由表 6-4 可看出非等间距 GM（1，1）-IGGIII 模型预测平均残差最小为 0.121。非等间距 GM（1，1）-IGGIII 模型后验比值为 0.153，结合表 6-2 精度评定标准，可知达到一级精度要求。从表 6-4 还可以看出非等间距 GM（1，1）模型后验比值小于等间距 GM（1，1）模型，说明对沉降观测时序进行等距化处理有利于减少预测模型的误差。

## 6.3 成果输出

对设计的验证、对施工措施效果的客观反映，很大程度上需要科学、合理的监测成果来体现。监测成果的综合分析和有效利用是动态指导施工的基础和关键，应基于地质环境条件，依据设计情况，结合工程施工工序、施工措施，将海量、零散的监测数据（点云数据及影像表达）从适合的维度、角度分析，以通过及时反馈、全面分析，达到动态指导施工的目的。

### 6.3.1 成果输出的要求

成果输出力求从全面性、针对性、综合性等，能准确的展现出数据变化背后的原因，能清晰的看出数据变化规律，并能进行对比分析、预测预判变形趋势。

（1）全面性：成果输出要尽量包含一切可用及可溯源的信息。如监测成果输出报表应包含监测点名称、阶段变形量、变形速率、预警值、控制值等信息，且附有监测仪器、监测日期、天气气候、施工进度、工程水文地质条件、风险源等信息以便于数据的溯源，并在备注等位置重点标记施工过程工艺转化、加固措施改变、极端天气、影响范围内其他掌子面施工、抽水量改变等所有宜造成监测数据变化的因素，必要时还应附加监测点点位图。

（2）针对性：成果输出应突出突变的监测点变形信息。如施工过程中因施工不规范、注浆压力过大、渗水较大等原因造成的结构自身及周边环境变形较大监测点，及巡查过程中发现的风险问题。

（3）综合性：成果输出应包含工程的所有监测项目数据及巡查结果。根据施工进度、工程地质水文条件、巡查结果等对监测成果进行纵向、横向综合对比分析。

### 6.3.2 成果输出的形式

成果输出形式包括图形、报表和报告。图形宜为时间—位移曲线图（散点图）、随时间、荷载变化的时态变化曲线图、等沉线图等。根据图形的数据分布情况，以预测测点可能出现的最大变形值（位移值）和应力值、变化规律和发展趋势，预测结构和建筑物的安全状况，并根据工程的安全状态提出应采取的措施。报表为各监测项目的日报表。报告为日报、周报、月报、年报及总结报告。具体报表形式可参考表 6-5～表 6-8。

沉降监测报表　　　　　　　　　　　　　　　　　　　　表 6-5

| 地铁××号线　土建工程第三方监测　　××标××-××区间××工点　　沉降监测报表(第×次) ||||||||
|---|---|---|---|---|---|---|---|
| 仪器型号：　　　　监测日期：　　　　累计观测时间：　天　天气： ||||||||
| 监测点号 | 初始值（mm） | 本次沉降量（mm） | 前次累计沉降量(mm) | 本次累计沉降量(mm) | 变形速率（mm/d） | 预警值（mm） | 控制值（mm） | 备注 |
|  |  |  |  |  |  |  |  |  |
|  |  |  |  |  |  |  |  |  |
|  |  |  |  |  |  |  |  |  |
|  |  |  |  |  |  |  |  |  |
|  |  |  |  |  |  |  |  |  |
|  |  |  |  |  |  |  |  |  |
|  |  |  |  |  |  |  |  |  |
|  |  |  |  |  |  |  |  |  |
|  |  |  |  |  |  |  |  |  |
|  |  |  |  |  |  |  |  |  |
| 监测说明 | "＋"表示上浮，"－"表示下沉。 ||||||||
| 工况 |  ||||||||

水平位移监测报表　　　　　　　　　　　　　　　　　　表 6-6

| 地铁××号线　土建工程第三方监测　　××标××-××区间××工点　　位移监测报表(第×次) ||||||||
|---|---|---|---|---|---|---|---|
| 仪器型号：　　　　监测日期：　　　　累计观测时间：　天　天气： ||||||||
| 监测点号 | 初始值（mm） | 本次水平位移量（mm） | 前次累计水平位移量(mm) | 本次累计水平位移量(mm) | 水平位移速率（mm/d） | 预警值（mm） | 控制值（mm） | 备注 |
|  |  |  |  |  |  |  |  |  |
|  |  |  |  |  |  |  |  |  |
| 监测说明 | 位移量前带"－"的，表示向槽外偏移。 ||||||||
| 工况 |  ||||||||

## 轴力监测报表

表 6-7

| 工程编号： | | | 工程名称： | | | | | | | | |
|---|---|---|---|---|---|---|---|---|---|---|---|
| 仪器型号： | 振弦式读数仪 | | 监测日期 | | 观测次数： | | 累积间隔日期（天）： | | | 天气： | |
| 监测点号 | 测力计编号 | 安设位置 | 初始值(kN) | 上次测值(kN) | 本次测值(kN) | 本次变化值(kN) | 累计变化值(kN) | 变化速率(kN/d) | 锁定力(kN) | 控制值(kN) | 备注 |
| | | | | | | | | | | | |
| | | | | | | | | | | | |
| | | | | | | | | | | | |
| | | | | | | | | | | | |
| | | | | | | | | | | | |
| | | | | | | | | | | | |
| | | | | | | | | | | | |
| | | | | | | | | | | | |
| | | | | | | | | | | | |
| | | | | | | | | | | | |
| | | | | | | | | | | | |
| | | | | | | | | | | | |
| | | | | | | | | | | | |
| | | | | | | | | | | | |
| | | | | | | | | | | | |
| 监测说明 | 测力计正值表示锚索受力增大，增值为负表示锚索受力减小。 | | | | | | | | 制表人： | ××× | |
| | | | | | | | | | 项目工程师： | ××× | |
| 工况 | ××××× | | | | | | | | 项目负责人： | ××× | |
| | | | | | | | 第 | 页 | 共 | | 页 |

## 深层水平位移监测报表

表 6-8

地铁××号线　土建工程第三方监测　××标××-××区间××工点　桩体变形监测报表（第×次）

监测孔号：[ZQT×-×]　仪器型号：　监测日期：　累计观测时间：　天　天气：

| 监测点号 | 初始值(mm) | 本次侧向位移量(mm) | 前次累计位移量(mm) | 本次累计位移量(mm) | 变形速率(mm/d) | 预警值(mm) | 控制值(mm) | 备注 |
|---|---|---|---|---|---|---|---|---|
| | | | | | | | | |
| | | | | | | | | |
| | | | | | | | | |
| | | | | | | | | |
| | | | | | | | | |
| | | | | | | | | |
| | | | | | | | | |
| | | | | | | | | |
| | | | | | | | | |
| | | | | | | | | |
| | | | | | | | | |
| | | | | | | | | |
| | | | | | | | | |
| | | | | | | | | |
| 监测说明 | 以垂直基坑方向为测试方向，指向基坑内部为正方向，反向为负方向 | | | | | | | |

## 6.4 信息化平台设计

### 6.4.1 需求分析

城市轨道交通工程监测具有项目种类多、监测频率高、监测作业条件差等特点。从功能上来说，系统应具备多源数据的采集—存储—分析（包括成果表达），并最终实现安全性预警的功能；从性能上来说，系统应考虑安全性及可靠性；从监测信息分析能力上来说，系统应具有整合多源监测数据，共同做出变形解释的能力。

### 6.4.2 系统数据来源及其特点分析

系统数据来源主要有几何变形监测数据及辅助监测信息，其中几何变形监测数据包括工程全部监测项目的监测数据；辅助监测信息有文字及图片信息，主要包括洞内地质描述、施工信息描述以及软弱围岩及变形体宏观变形图片等信息。

结合数据的来源及现场监测的特点，系统数据的特点表现为如下几个方面：

① 数据量大。当地铁车站以明挖法施工时，其施工监测项目众多，包括围护结构变形监测和周边环境变形监测。其监测周期长，现场监测往往贯穿整个施工过程。再者监测频率要求高。综合上述几点，系统运行后具有庞大的数据量。

② 数据类型繁杂。系统管理的信息有空间数据、属性数据、文字信息、图像信息等信息。

③ 数据缺失情况较多。施工监测现场，各工序难免有相互影响，常常会出现监测点位被遮挡，甚至被损毁等异常情况，此时监测数据即出现缺失的情况。

### 6.4.3 系统数据库及数据库表设计

管理好庞大且繁杂的监测数据，必须设计好数据库及数据库表的设计入手。

① 系统数据库设计

数据库设计是一项复杂的工作，包括了数据库结构设计、编码设计以及数据库表设计，此处仅对与本系统密切相关部分进行阐述。

系统数据库在逻辑结构上应划分为项目数据库及项目管理数据库，其中，项目数据库为单一监测项目的主数据库，负责存储各类监测信息；项目管理数据库则是对所有项目数据库进行统一管理的数据库，主要存储监测项目的属性信息。

由于系统数据存在量大、类型繁杂等特点，为合理组织监测数据，数据存储前对数据编码显得尤为重要。系统数据编码主要有项目编码及监测点编码，其中，项目编码分为两段，前半段为项目名称，后半段附加开始时间，如"××暗挖车站0914"；洞内监测点编码分为三段，又依第一段编码的不同分为中英文两套，其具体编码方式如图6-13所示。

洞外监测点主要涉及地表沉降及邻近建（构）筑物沉降、倾斜等项目。其编码方式分别如图6-14和图6-15所示。

② 系统数据库表结构设计

系统运行时，数据库存储和管理的数据涉及项目设置数据，原始监测记录，计算、分

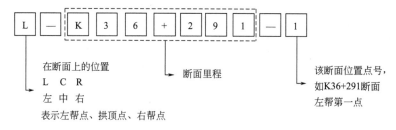

图 6-13 洞内监测点编码

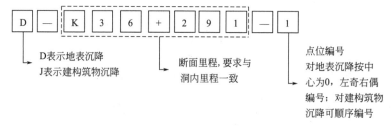

图 6-14 洞外沉降监测点编码

图 6-15 倾斜监测点编码

析结果等多种数据,所涉及各项数据存在量大、类型繁多等特点。所以设计良好的数据库表结构将有利于系统的后续开发,数据的管理也会显得更加科学,可见数据库表结构的设计是整个系统的基础。

结合系统运行时所存储的各类信息,系统数据库主要表结构设计如表 6-9～表 6-22 所示,其中表 6-9～表 6-11 隶属于项目管理数据库,主司监测项目管理及用户管理。

项目信息表 表 6-9

| 序号 | 字段名 | 数据类型 | 备注 |
| --- | --- | --- | --- |
| 1 | 项目名称 | varchar(50) | 主键 |
| 2 | 项目描述 | varchar(150) | |
| 3 | 项目属性 | varchar(30) | 非空,车站或区间 |
| 4 | 创建时间 | datetime | 非空 |
| 5 | 创建地点 | varchar(50) | |
| 6 | 创建者 | varchar(25) | 非空 |
| 7 | 所用设备 | varchar(25) | |

**用户信息表**　　　　　　　　　　　　　　　　　　　　　表 6-10

| 序号 | 字段名 | 数据类型 | 备注 |
|---|---|---|---|
| 1 | 用户名 | varchar(25) | 主键 |
| 2 | 密码 | varchar(25) | 非空,加密 |
| 3 | 用户角色 | varchar(10) | 非空 |
| 4 | 注册时间 | datetime | 非空 |
| 5 | 注册地点 | varchar(50) | |

**用户日志**　　　　　　　　　　　　　　　　　　　　　　表 6-11

| 序号 | 字段名 | 数据类型 | 备注 |
|---|---|---|---|
| 1 | ULID | int | 主键 |
| 2 | 用户名 | varchar(25) | 非空 |
| 3 | 事件 | varchar(300) | |
| 4 | 时间 | datetime | 非空 |

表 6-12～表 6-22 隶属于项目数据库,主司监测信息、配置信息、属性等信息的存储。

**仪器参数**　　　　　　　　　　　　　　　　　　　　　　表 6-12

| 序号 | 字段名 | 数据类型 | 备注 |
|---|---|---|---|
| 1 | 序列号 | varchar(30) | 主键 |
| 2 | 名称 | varchar(30) | |
| 3 | 通信端口 | varchar(10) | 非空 |
| 4 | 波特率 | int | 非空 |
| 5 | 数据协议 | varchar(30) | ASCII/Binary |
| 6 | 超时设置 | int | |

**测站信息**　　　　　　　　　　　　　　　　　　　　　　表 6-13

| 序号 | 字段名 | 数据类型 | 备注 |
|---|---|---|---|
| 1 | 测站名 | varchar(30) | 主键,测站+设站时间 |
| 2 | 测站点 | varchar(30) | 非空 |
| 3 | 后视点 | varchar(30) | 非空 |
| …… | …… | …… | 仪高、目标高气象参数等 |
| 10 | 仪器序列号 | varchar(30) | |
| 11 | 设站时间 | datetime | 非空 |

**点表**　　　　　　　　　　　　　　　　　　　　　　　　表 6-14

| 序号 | 字段名 | 数据类型 | 备注 |
|---|---|---|---|
| 1 | 点名 | varchar(30) | 主键 |
| 2 | 类型 | varchar(30) | 非空 |
| 3 | 稳定性 | varchar(30) | 非空 |

续表

| 序号 | 字段名 | 数据类型 | 备注 |
|---|---|---|---|
| 4~6 | X Y H | | 点位坐标 |
| 7 | 标记 | varchar(100) | |
| 8 | 新建时间 | datetime | 非空 |

点组表　　　　　　　　　　　　　　　　　　　　　　　表6-15

| 序号 | 字段名 | 数据类型 | 备注 |
|---|---|---|---|
| 1 | 点组名 | varchar(30) | 主键 |
| 2 | 包含点 | varchar(4000) | |
| 3 | 监测时段 | varchar(4000) | |
| 4 | 监测模式 | varchar(30) | 非空 |
| 5 | 测回数 | int | 非空 |
| 6 | 尝试次数 | int | 非空 |
| 7 | 标记 | varchar(100) | |
| 8 | 新建时间 | datetime | 非空 |

断面表　　　　　　　　　　　　　　　　　　　　　　　表6-16

| 序号 | 字段名 | 数据类型 | 备注 |
|---|---|---|---|
| 1 | 断面名称 | varchar(20) | 主键 |
| 2 | 断面描述 | varchar(200) | |
| 3 | 新建时间 | datetime | 非空 |

设置表　　　　　　　　　　　　　　　　　　　　　　　表6-17

| 序号 | 字段名 | 数据类型 | 备注 |
|---|---|---|---|
| 1 | 设置名称 | varchar(30) | 非空 |
| 2 | 参数 | varchar(20) | 各类限差及编码规则设置 |

观测结果表　　　　　　　　　　　　　　　　　　　　　表6-18

| 序号 | 字段名 | 数据类型 | 备注 |
|---|---|---|---|
| 1 | MRID | varchar(20) | 主键 |
| 2 | 测站 | varchar(50) | 非空 |
| 3 | 点名 | varchar(30) | 非空 |
| 4 | 点组名 | varchar(30) | 非空 |
| 5 | 期号 | int | 非空 |
| 6 | 水平角 | float | 非空 |
| 7 | 竖直角 | float | 非空 |
| 8 | 斜距 | float | 非空 |
| 9 | 度盘模式 | bit | 非空 |
| 10 | 观测时间 | datetime | 非空 |

## 点位坐标表

表 6-19

| 序号 | 字段名 | 数据类型 | 备注 |
|---|---|---|---|
| 1 | PCID | int | 主键 |
| 2 | 点名 | varchar(30) | 非空 |
| 3 | 点组名 | varchar(30) | 非空 |
| 4 | 期号 | int | 非空 |
| 5 | 2C 误差 | float | |
| 6 | 指标差 | float | |
| 7~9 | 点位坐标 | float | |
| 10~12 | 本期变化量 | float | |
| 13~15 | 累计变化量 | float | |
| 16 | 观测时间 | datetime | 非空 |

## 收敛表

表 6-20

| 序号 | 字段名 | 数据类型 | 备注 |
|---|---|---|---|
| 1 | SLID | Int | 主键 |
| 2~4 | …… | varchar(30) | 左右帮点及点组名 |
| 5 | 期号 | Int | 非空 |
| 6~9 | …… | …… | 收敛值及变化量,监测时间 |

## 倾斜监测表

表 6-21

| 序号 | 字段名 | 数据类型 | 备注 |
|---|---|---|---|
| 1 | QXID | int | 主键 |
| 2 | 顶部点名 | varchar(30) | 非空 |
| 3 | 底部点名 | varchar(30) | 非空 |
| 4 | 点组 | varchar(30) | 非空 |
| 5 | 期号 | int | 非空 |
| 6~8 | …… | float | 倾斜量、变化速率及累计量 |
| 9 | 观测时间 | datetime | 非空 |

## 监测日志表

表 6-22

| 序号 | 字段名 | 数据类型 | 备注 |
|---|---|---|---|
| 1 | MLID | int | 主键 |
| 2 | 监测时间 | datetime | 非空 |
| 3 | 期号 | int | |
| 4 | 天气 | varchar(30) | |
| 5 | 工况描述 | varchar(1000) | |
| 6 | 图片 | image | |

### 6.4.4 系统功能模块设计

系统汇集了监测信息采集、存储、分析以及监测成果输出等功能，最终有助于变形分析与变形解释，为城市轨道交通工程安全施工保驾护航。结合用户需求，并充分考虑监测信息特点，监测系统可分为两大功能模块，一为监测信息采集模块，命名为监测器（Monitor）；二为监测信息管理分析模块，命名为分析器（Analyzer）。两大功能模块各司其职，功能上较为独立，系统数据流程如图 6-16 所示。基于数据流程分析，系统两大功能子模块可进一步细化，其具体功能划分，也即系统主菜单如图 6-17 和图 6-18 所示。系统功能进一步确定后，接下来的重点工作就是基于合适的开发环境，以及必要的软硬件支持，逐一实现 NATMoS 的功能。

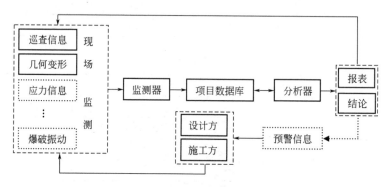

图 6-16 系统数据流程

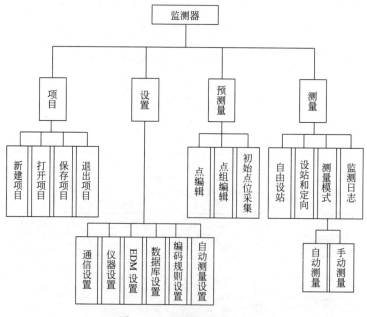

图 6-17 监测器功能划分

# 第 6 章 数据采集、处理与分析评价

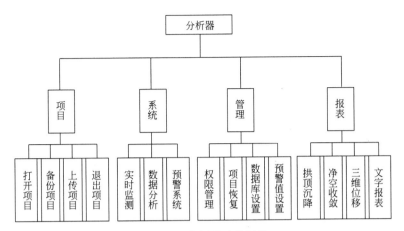

图 6-18 分析器功能划分

# 第 7 章 案例分析

## 7.1 典型工点案例分析

### 7.1.1 明挖法车站

**1. 工程概况**

某地铁车站为地下岛式车站,标准段为两层三跨箱型结构,宽度为 21.1m,车站长为 236m,高为 14.79m,车站标准段顶部覆土约 4.19m,共有 2 个风道,3 个出入口、1 个消防专用口。

车站采用明挖法施工,标准段及南端采用连续墙+钢支撑支护形式,北端采用连续墙+锚索支护形式。A 出入口采用矿山法+明挖法施工,其他附属结构采用明挖法施工,围护结构采用钻孔灌注桩+钢支撑。平面图和剖面图如图 7-1 和图 7-2 所示。

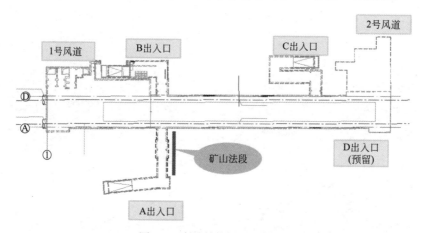

图 7-1 车站结构平面位置图

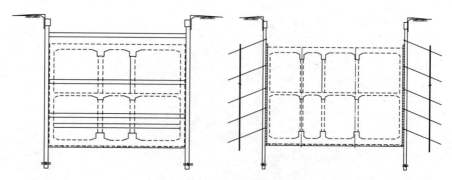

图 7-2 车站围护结构剖面图

车站地层划分为人工堆积层、新近沉积层、第四纪全新世冲洪积层及第四纪晚更新世冲洪积层四类。车站范围地质剖面如图7-3所示。

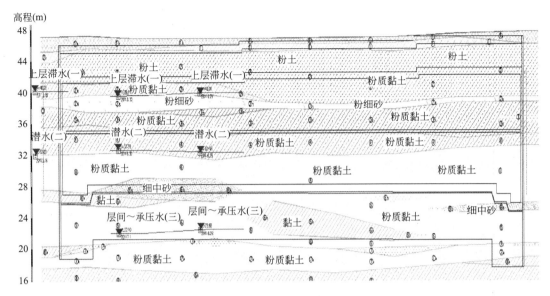

图7-3 车站范围地质剖面图

土层物理力学性质如表7-1所示。

土层物理力学性质  表7-1

| 土层编号 | 岩性 | 密度(kN/m³) | 标准贯入(mm/10击) | 地基承载力特征值(kPa) | 黏聚力(kPa) | 内摩擦角(°) |
|---|---|---|---|---|---|---|
| ① | 粉质黏土素填土 | 17.5 | / | / | 10 | 12 |
| ①$_1$ | 杂填土 | 17.0 | / | / | 0 | 10 |
| ② | 粉土 | 19.9 | 15 | 130 | 12 | 28 |
| ②$_1$ | 粉质黏土 | 19.6 | 14 | 120 | 27 | 16 |
| ②$_2$ | 黏土 | 18.1 | 14 | 100 | 28 | 12 |
| ②$_3$ | 粉细砂 | 19.5 | 25 | 140 | 0 | 27 |
| ③$_1$ | 粉质黏土 | 20.0 | 16 | 160 | 27 | 17 |
| ④ | 粉质黏土 | 20.1 | 14.7 | 170 | 30 | 16 |
| ⑥ | 粉质黏土 | 19.7 | 11 | 200 | 30 | 17 |
| ⑥$_1$ | 黏土 | 18.8 | / | 180 | 38 | 10 |
| ⑥$_2$ | 粉土 | 19.8 | 22 | 230 | 16 | 28 |
| ⑦$_1$ | 中粗砂 | 20.5 | 39 | 280 | 0 | 35 |
| ⑦$_4$ | 粉质黏土 | 20.0 | / | 220 | 30 | 17 |

勘察深度范围内分布3层地下水,分别为上层滞水(一)、潜水(二)、层间~承压水(三)。

上层滞水(一):稳定水位深度6.0~6.2m,标高40.75~41.45m,含水层为人工填土或浅部的新近沉积土层。

潜水（二）：稳定水位深度 12.40～12.60m，标高 34.35～35.05m，含水层主要为粉质黏土③₁、粉质黏土④层。

层间～承压水（三）：稳定水位深度 21.5～22.8m，标高 23.95～26.15m，主要含水层为粉质黏土⑥及其夹层。

基坑土方施工前一个月，采用井点降水措施对坑内水疏干，降水深度控制在结构构件最低点以下 1.0m。

**2．风险源识别**

（1）风险源分析

车站主体及附属结构施工引起的风险工程共 17 个，其中自身风险 4 个，环境风险 13 个，具体如表 7-2 所示。

车站施工风险统计表　　　　表 7-2

| 序号 | 风险工程 | 风险工程描述 | 风险等级 |
|---|---|---|---|
| 1 | 车站主体 | 标准段基坑开挖深度为 19.10～20.0m，盾构井处深 20.5～21.70m | Ⅰ级 |
| 2 | A 出入口矿山法段 | 矿山法段宽 7.5m，高约 5.57m，CD、CRD 法施工，结构覆土厚约为 6.53m | Ⅰ级 |
| 3 | 2 号风亭 | 基坑深度约 13.597m，最深处约 5.397m，基坑 2m 范围内有新增污水管线 | Ⅰ级 |
| 4 | 1 号安全口、B 出入口、C 出入口 | 基坑深度小于 15m | Ⅲ级 |
| 5 | 主体邻近 DN600 上水管 | 埋深 1.53m，与主体基坑最小距离 6.0m | Ⅱ级 |
| 6 | 主体邻近 D1050 污水管 | 埋深约 6.5m，距离基坑 12.5m | Ⅱ级 |
| 7 | 主体邻近 DN500 燃气管 | 埋深 1.29m，与基坑距离 22m | Ⅱ级 |
| 8 | 主体邻近 D900 污水管 | 埋深 6.5m，与基坑距离约 7.0m | Ⅱ级 |
| 9 | 主体邻近 D800、D500 雨水管 | 埋深约 1.42m，与基坑距离 10～16m | Ⅱ级 |
| 10 | 主体邻近 D1400 雨水管 | 埋深 2.7m，与基坑最小距离约 9.0m | Ⅱ级 |
| 11 | A 出入口垂直下穿 DN500 燃气管、2000mm×2000mm 电力管沟、D900 污水管、D800 雨水管、D80 电力管 | DN500 管底埋深 1.89m，矿山法段初支距离管底约 4.64m；2000mm×2000mm 电力管沟，管底埋深 5.29m，矿山法段初支距离管底约 1.24m；D900 污水管，矿山法段初支距离管底约 0.24m；D800 雨水管距离矿山法段初支结构外皮 5.16m；D80 电力管线距离矿山法段初支结构外皮 5.31m | Ⅰ级 |
| 12 | 2 号风道邻近 DN500 燃气管 | 管顶埋深 2.26m，与基坑距离 1.7m | Ⅱ级 |
| 13 | 2 号风道邻近 DN400 新增污水管 | 管底埋深 5.68m，与基坑距离约 2.4m | Ⅰ级 |

具体风险源与车站及附属结构位置平面图如图 7-4 所示。

（2）重难点分析

根据工程地质、水文地质、围岩变形规律及风险识别情况。基坑开挖过程重点关注风

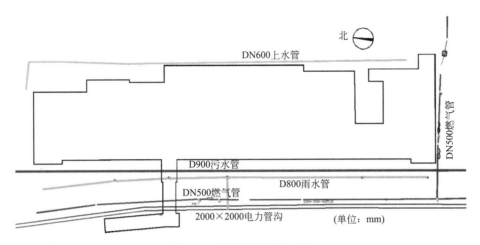

图 7-4 环境风险源平面图

险如下:

① 基坑开挖过程存在粉细砂层,若疏干效果不佳,易造成开挖面及反坡土等位置土体渗水流砂,严重者发生坍塌,给施工带来安全隐患。

② 基坑底板范围内存在细中砂夹层,易发生渗水流砂,土体流失几率较大,极易造成底板不稳等问题。

③ 基坑连续墙接缝处,易因接缝不佳造成的基坑侧壁渗水、土体流失,致使基坑周边地表沉降过大,给基坑自身及周边造成安全隐患。另外,基坑锚索段,因锚索口封闭不佳,也易造成基坑侧壁渗水流砂问题。

④ 基坑周边存在带水带压管线,基坑施工过程应调查管线状态,防止管线变形过大造成燃气泄漏、管线渗漏冲刷周边土体致使流失等问题发生。

监测方案设计过程中,应加强对以上关键点的监测,包括监测项目、监测频率和监测点密度等。施工过程中,应加强对以上关键节点监测和巡查力度。

**3. 监测方案设计**

(1) 监测项目

根据施工工法、基坑及周边环境的监测和风险等级、相关规范要求等资料,本车站监测对象为围护结构体系和周边环境。围护结构监测项目为:墙顶水平位移,墙体深层水平位移,钢支撑轴力,锚索拉力和墙顶竖向位移(根据相关规范要求,施工单位进行监测,第三方监测单位可以不测)。周边环境监测项目为:周围地表、地下管线、道路等竖向变形(监测范围取基坑两侧 1.0 倍开挖深度);建(构)筑物变形(监测范围取基坑两侧 2.0 倍开挖深度)。

(2) 监测点布置

监测点布设时,重点关注基坑阳角、基坑长边中心、变断面、不良地质体处等风险较大处及带压带水管线。根据相关规范要求,基坑监测布点剖面如图 7-5 所示,基坑监测布点平面如图 7-6 所示。

(3) 监测控制标准

根据设计文件,变形监测控制标准如表 7-3 所示。

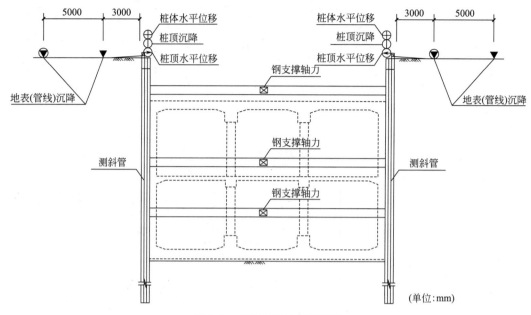

图7-5 基坑监测布点剖面图

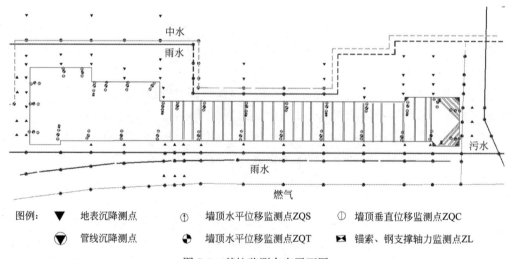

图例: ▼ 地表沉降测点　　⊕ 墙顶水平位移监测点ZQS　　⊗ 墙顶垂直位移监测点ZQC
　　　▽ 管线沉降测点　　◓ 墙顶水平位移监测点ZQT　　⊠ 锚索、钢支撑轴力监测点ZL

图7-6 基坑监测布点平面图

变形监测控制标准　　　　　　　　　　　　　　　　　　　　　　表7-3

| 项目 | | | 控制值 | 速率 |
|---|---|---|---|---|
| 主体基坑 | 自身结构 | 围护结构顶水平位移 | 30mm | 2mm/d |
| | | 围护结构深层水平位移 | 30mm | 2mm/d |
| | | 轴力 | 最大值(70%~80%)$f$;最小值(80%~100%)$f_y$ $f$—承载力设计值;$f_y$—预加轴力设计值 | |
| | | 拉力 | | |
| | 周边环境 | 周边地表 | 30mm | 2mm/d |
| | | 管线 | 上水管10mm,雨污水管20mm | 上水管2mm/d,雨污水3mm/d |

续表

| 项目 | | | 控制值 | 速率 |
|---|---|---|---|---|
| B、C 出入口 | 自身结构 | 围护结构顶水平位移 | 26mm | 2mm/d |
| | | 围护结构深层水平位移 | 26mm | 2mm/d |
| | | 轴力 | 最大值(70%~80%)$f$;最小值(80%~100%)$f_y$; $f$—承载力设计值;$f_y$—预加轴力设计值 | |
| | 周边环境 | 周边地表 | 26mm | 2mm/d |
| | | 雨水管线 | 20mm | 2mm/d |
| 2号风道 | 自身结构 | 围护结构顶水平位移 | 28mm | 2mm/d |
| | | 基坑围护结构深层水平位移 | 28mm | 2mm/d |
| | | 轴力 | 最大值(70%~80%)$f$;最小值(80%~100%)$f_y$; $f$—承载力设计值;$f_y$—预加轴力设计值 | |
| | 周边环境 | 周边地表 | 21mm | 2mm/d |
| | | 管线 | 燃气管15mm,斜率0.002, 上水管20mm,斜率0.0025, 雨、污水管20mm,斜率0.0025, 其他管线30mm | 2mm/d |
| A出入口明挖基坑 | 自身结构 | 围护结构顶水平位移 | 30mm | 2mm/d |
| | | 围护结构深层水平位移 | 30mm | 2mm/d |
| | | 轴力 | 最大值(70%~80%)$f$;最小值(80%~100%)$f_y$; $f$—承载力设计值;$f_y$—预加轴力设计值 | |
| | 周边环境 | 周边地表 | 30mm | 2mm/d |
| | | 管线 | 燃气管10mm,斜率0.003; 电力沟30mm,斜率0.0025 | 2mm/d |

**4. 变形规律分析**

（1）围护结构形式对周边地表变形影响

基坑周边共布设地表或管线沉降监测点117个，其中96个监测点随基坑土方开挖，表现为先上浮后下沉的变形规律，典型沉降时程曲线如图7-7所示，呈现该规律变化的监测点占87.27%；有14个监测点随基坑土方开挖，表现为直接下沉，典型沉降时程曲线如图7-8所示，呈现该规律变化的监测点占12.73%。

为更好地说明明挖基坑土方开挖围护结构形式对周边地表影响，选取该车站的相邻车站进行研究。具体各车站土体基坑基本概况如表7-4所示（工程水文地质相似）。

具体变化情况如表7-5和图7-9所示。

从图7-9可以看出：采用地下连续墙的三个基坑，出现先上浮后下沉的测点数量要明显大于直接下沉测点的数量；而采用排桩的基坑，周边地表也有先上浮后下沉的测点，但占比明显小于直接下沉监测点数量。经分析总结原因为：基坑开挖是一个围岩土压卸载的过程，基坑中部回弹量最大，越靠近基坑侧壁，回弹量越小，基坑四角的回弹量最小。基坑侧壁结构对回弹有一定的约束作用，但基坑侧壁只能"阻碍"回弹变形，而不能"阻

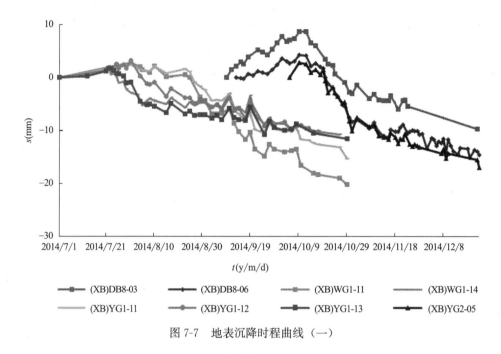

图 7-7 地表沉降时程曲线（一）

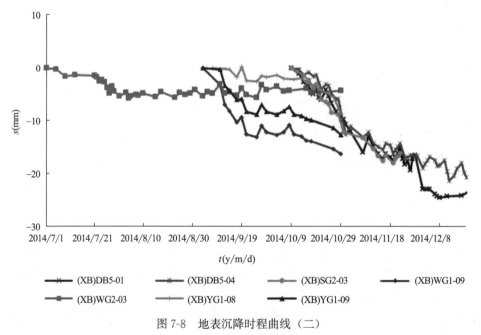

图 7-8 地表沉降时程曲线（二）

车站主体基坑概况  表 7-4

| 车站名称 | 基坑长度(m) | 基坑宽度(m) | 基坑深度(m) | 围护结构形式 |
| --- | --- | --- | --- | --- |
| 上行车站 2 | 322.7 | 21.1 | 16.66 | 排桩＋钢支撑 |
| 上行车站 1 | 263.2 | 21.1 | 18.05 | 地下连续墙＋钢支撑 |
| 本车站 | 236 | 21.1 | 20.0 | 地下连续墙＋钢支撑＋预应力锚索 |
| 下行车站 1 | 210 | 23.3 | 25.3 | 地下连续墙＋钢支撑＋预应力锚索 |

**沉降监测点分布情况**  表 7-5

| 车站名称 | 监测点总数(个) | 连续监测测点数量(个) | 先上浮后下沉测点数量(个) | 直接下沉测点数量(个) | 前后车站之间距离(m) |
|---|---|---|---|---|---|
| 上行车站2 | 163 | 71 | 20 | 51 | 1.1 |
| 上行车站1 | 169 | 95 | 76 | 19 | 2.0 |
| 本车站 | 117 | 110 | 96 | 14 | 0.0 |
| 下行车站1 | 135 | 96 | 57 | 39 | 6.3 |

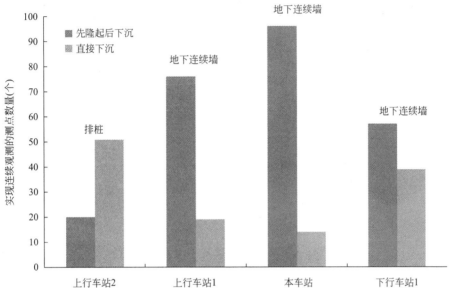

图 7-9 上浮和下沉测点数量分布直方图

止"回弹变形。因此，基坑侧壁也会在坑底土的带动下，向上发生一定位移。由于某些基坑侧壁（如地下连续墙）的刚度可能比较大，自身在向上移动的过程中，可能会通过侧摩阻力，带动周边土体一起向上发生位移，从而有效地将基坑底部的回弹变形反映到地表。这种变形规律主要发生在基坑开挖较浅，基坑内外高程差和围岩压差不大时。当基坑开挖深度增加，由于围护结构的挠曲变形，基坑周边土体会产生侧向位移，从而使周边地表下沉，沉降时程曲线表现为先上浮后下沉。排桩的刚度较小，传递基坑底回弹变形的能力有限，另外桩间土体遇水或施工不当易造成水土流失，使得基坑周边土体损失，地表直接发生竖向位移。

（2）土体冻涨对周边地表变形影响

本车站附属明挖基坑，长约 160m，宽约 20m，深约 13m，围护结构采用排桩+钢支撑。2015 年 12 月 6 日基坑开挖完成，由于是流水作业，此时部分区段已开始结构施工。但是从 2015 年 12 月底开始，不少测点开始以较快速度（约+2mm/d）上浮，这种现象一直持续至 2016 年 2 月初，如图 7-10 所示。经总结分析认为，这种上浮变形是由土体冻胀引起的，基坑侧壁会增加土体的散热面积，当气温较低时，非常容易发生冻胀事故。

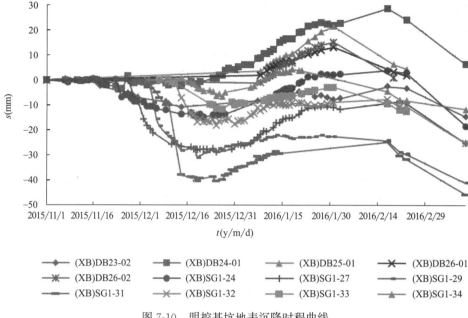

图 7-10　明挖基坑地表沉降时程曲线

土体冻胀并不是单纯的水变成冰体积膨胀,而是体积膨胀的同时,带动土颗粒重新排布,从而引起土体膨胀,膨胀量要远远大于冰本身的膨胀量,粉土比砂土或黏土更容易发生冻胀。另外,冻土会锁住水分,使周边变得干燥,水气易从深处补充,因此冻胀土的体积会一直增加。如车站附属明挖基坑开挖正好赶上土体易发生冻涨季节,冻涨上浮持续长达两个多月。由于土质、温度和土体含水量分布不均匀,土体冻胀上浮范围不同,当气温回升,随着土体冰冻融化,土体发生下沉,严重时易发生沉陷破坏,如图 7-11 所示。

图 7-11　冻融后土体坍陷

(3) 明挖基坑周边地表变形规律

根据大量工程实例进行基坑开挖周边地表变形规律统计分析,地铁车站深基坑开挖施工造成周边地表沉降规律一般可用图 7-12 来描述,当基坑开挖较浅时,地表可能会轻微

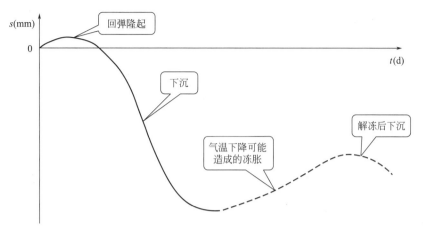

图 7-12 基坑周围地表一般沉降规律

上浮，这主要是坑底土卸载回弹引起的，随着开挖进行，围护结构发生挠曲变形及其外部土体流失，周边地表开始下沉。冬季气温较低，由于基坑散热面积较大，部分测点会因冻胀上浮，气温回升后，又会因土体融化而下沉。

以基坑周边环境风险雨水管线为例，绘制出基坑开挖完成后其纵向变形曲线如图 7-13 所示。

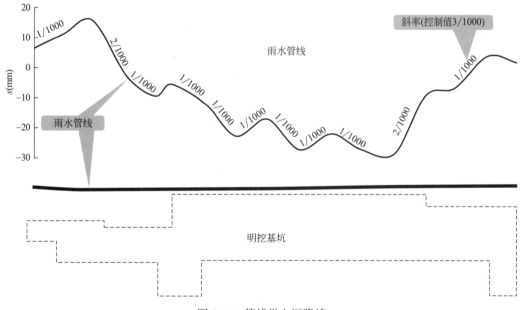

图 7-13 管线纵向沉降槽

从图中可分析出：基坑中部对应的管线沉降量比较大，端部的沉降量比较小。另外，在基坑一侧选择一监测断面，绘制变形沉降槽如图 7-14 所示。

从图中可看出：基坑周边地表整体发生下沉变形，距离基坑结构一定距离（约 5m 位置）竖向位移最大，较近及远离随着距离的增大，竖向位移逐渐变小（图 7-15）。

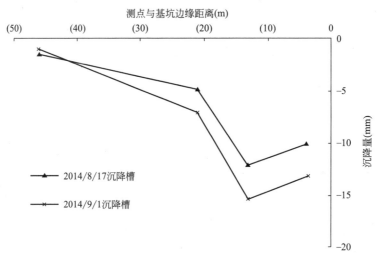

图 7-14 基坑周边地表点沉降槽

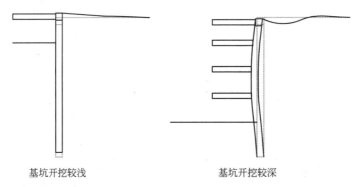

图 7-15 围护结构及周边环境变形示意图

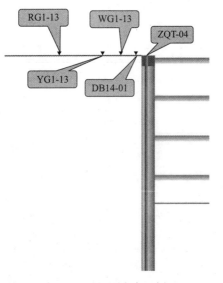

图 7-16 基坑测点布置剖面

（4）围护结构体水平位移变形规律

选择基坑某断面进行围护结构变形分析，断面监测点位置如图 7-16 所示，周边地表与围护结构变形如图 7-17 所示。

从图中可看出：当基坑开挖较深时，基坑周边地表沉降，与围护结构深层水平位移的发展存在一定关系，土体横向扩张带来竖向的压缩，墙体深层水平位移扫过的面积占地表沉降槽扫过面积的 30%～50%。

围护结构自身变形规律为：随着基坑开挖，围护结构向坑内发生变形，轴力也随之增大。具体如图 7-18 所示。

（5）围护结构顶水平位移变形规律

随着基坑开挖，围护结构顶水平位移向坑内

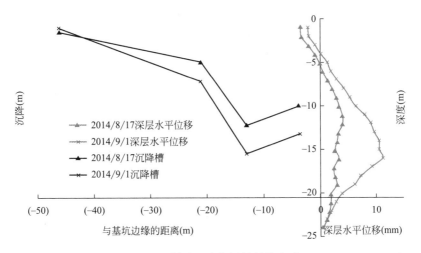

图 7-17 周边地表与围护结构变形

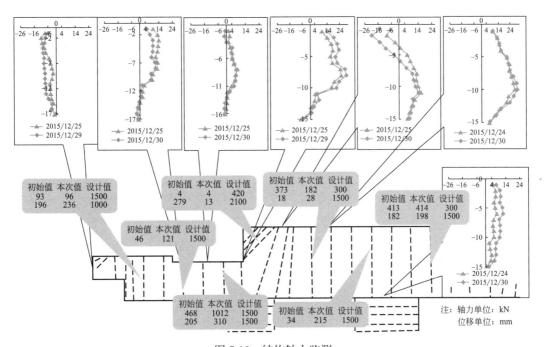

图 7-18 结构轴力监测

逐步变形增大。前期开挖变形速率较大，随着支撑体系受力，后期变形速率较小，但是如遇到超挖等现象，易产生较大速率变形。具体围护结构顶水平位移变形曲线如图 7-19 所示。

另外，基坑中部围护结构水平位移较大，两边较小，基坑围护结构纵向变形规律同周边地表。

## 7.1.2 矿山法车站

**1. 工程概况**

某车站为地下两层双柱三跨岛式车站，总长 269.0m，结构宽 21.5m，高 16.50m，中

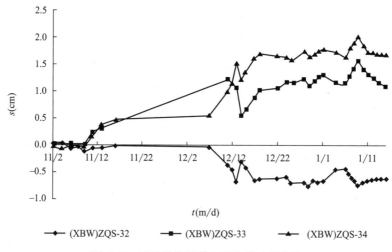

图 7-19　围护结构桩顶水平位移时程曲线

心里程处覆土约 12.23m。车站主体采用双层 PBA 工法，车站共设 4 个出入口、2 个风亭和 1 个紧急疏散口。附属结构位于道路红线内的部分采用矿山法施工，其余部分采用明挖法施工。车站平面如图 7-20 所示。主体结构剖面如图 7-21 所示。

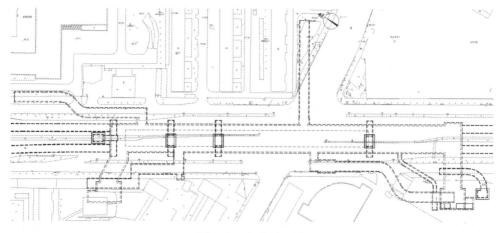

图 7-20　车站平面图

车站地层由人工填土层、新近沉积层和第四纪沉积黏性土、粉土、砂土及碎石土交互而成，基岩埋深大于 50m。车站范围存在地下潜水（二）和承压水（三）。

潜水（二）：含水层主要为中粗砂$②_4$、卵石$②_5$ 及卵石$⑤$层，其下部相对隔水层主要为粉质黏土$⑥$、黏土$⑥_1$ 层，稳定水位深度 17～18m，标高 30.15～31.10m。

承压水（三）：含水层主要为粉细砂$⑥_3$、卵石$⑦$ 及粉细砂$⑦_2$，其下部相对隔水层主要为粉质黏土$⑧$、黏土$⑧_1$ 层，稳定水位深度 22.30～24.30m，标高 23.60～25.74m，该层水具有承压性，承压水头 3～5m。地质剖面如图 7-22 所示。

车站施工步骤如图 7-23 所示。

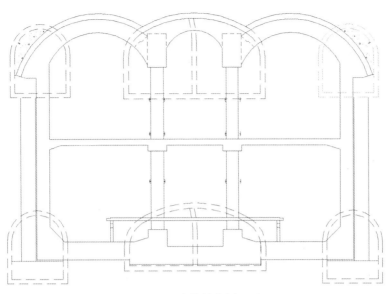

图 7-21 主体结构剖面图

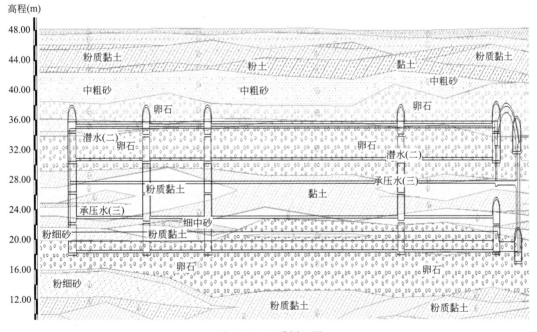

图 7-22 地质剖面图

## 2. 风险源识别

（1）风险源分析

车站风险工程共 37 个，其中自身风险 19 个，环境风险 18 个。车站风险工程具体情况如表 7-6 所示。

环境风险源平面图如图 7-24 所示。

环境风险源与主体结构相对位置剖面图如图 7-25 所示。

图7-23 车站施工步骤

车站施工风险统计表　　表7-6

| 序号 | 风险工程 | 风险工程描述 | 风险等级 |
|---|---|---|---|
| 1 | 车站主体 | 结构顶板位于卵石②$_5$层及卵石⑤层中 | Ⅰ级 |
| 2 | 1号施工竖井 | 倒挂井壁法施工,平面长宽为5.7m×7.7m,深31.8m | Ⅰ级 |
| 3 | 1号施工通道 | 宽4.6m,高约20.22m,总长约53.05m,埋深约10.05m。台阶法施工 | Ⅱ级 |
| 4 | 2号施工竖井 | 倒挂井壁法施工,平面长宽为5.7m×7.7m,深31.7m | Ⅰ级 |
| 5 | 2号施工通道 | 宽4.6m,高约20.22m,总长约53.05m,最浅埋深约9.96m,最深埋深约14.2m。台阶法施工 | Ⅱ级 |
| 6 | 3号施工竖井 | 倒挂井壁法施工长宽为5.5m×7.7m,深31.5m | Ⅰ级 |
| 7 | 3号施工通道 | 宽4.6m,高约20.22m,通道总长约53.05m,最浅埋深约9.77m,最深处埋深约14.04m。台阶法施工 | Ⅱ级 |
| 8 | 4号施工竖井 | 倒挂井壁法施工,平面长宽为5.5m×7.7m,深31.4m | Ⅰ级 |
| 9 | 4号施工通道 | 宽4.6m,高约20.22m,总长约53.05m,埋深约9.85m。台阶法施工 | Ⅱ级 |

续表

| 序号 | 风险工程 | 风险工程描述 | 风险等级 |
|---|---|---|---|
| 10 | 主体平行下穿 2600mm×2000mm、2200mm×1750mm 雨水方沟、D1150 污水管；平行侧穿 DN400 中压燃气管、DN1000 上水管、DN400 上水管，垂直下穿 DN300 上水管、D880 污水管 | ①2200mm×1750mm 雨水方沟覆土约 2.95m，内底埋深约 5.0m；与车站结构净距约 6.2m；②2600mm×2000mm 方沟覆土约 2.97m，内底埋深约 5.27m，与车站结构净距约 5.9m；③D1150 污水管覆土约 6.7m，内底埋深约 8.1m。车站南端头局部内底埋深约 10.0m。距离南端头车站结构净距最小约 1.60m；④DN400 中压燃气管在车站北端头离车站西侧墙 14m，南端头已与车站在平面位置上相交，燃气管管顶埋深约 1.6m；⑤DN1000 上水管覆土约 1.4m，内底埋深约 2.4m，离车站东侧墙净距约 8.1m；⑥DN400 上水管覆土约 2.1m，内底埋深约 2.5m，距离车站东侧墙净距为 13.1m；⑦DN300 上水管内底约 2.2m，覆土约 1.8m，与车站结构净距约 10.1m；⑧D880 污水管覆土约 6.9m，管内底约 8.0m。与车站结构净距约 3.4m | Ⅰ级 |
| 11 | 1号施工竖井邻近 DN400 中压燃气管 | DN400 燃气管顶埋深约 1.6m，与 1 号施工竖井初支外皮净距约 13.6m | Ⅰ级 |
| 12 | 2号施工竖井邻近 DN400 中压燃气管 | DN400 燃气管顶埋深约 1.6m，与 2 号施工竖井初支外皮净距约 13.6m | Ⅰ级 |
| 13 | 1号施工通道下穿 DN400 中压燃气管、2600mm×2000mm、2200mm×1750mm 雨水方沟、D1150 污水管、DN1000 和 DN400 上水管 | ①下穿 2200mm×1750mm 雨水方沟距离初支外皮净距 4.7m；②下穿 2600mm×2000mm 雨水方沟距离初支外皮净距为 4.5m；③下穿 DN400 中压燃气管距离初支外皮净距为 7.8m；④下穿 D1150 污水管距离初支外皮净距 2.1m；⑤下穿 DN1000 上水管距离初支外皮净距 7.7m；⑥下穿 DN400 上水管距离初支外皮距为 8.2m | Ⅰ级 |
| 14 | 2号施工通道下穿 DN400 中压燃气管、2600mm×2000mm、2200mm×1750mm 雨水方沟、D1150 污水管、DN1000、DN400 上水管 | ①下穿 2200mm×1750mm 雨水方沟距离初支外皮净距 4.7m；②下穿 2600mm×2000mm 雨水方沟距离初支外皮净距为 4.4m；③下穿 DN400 中压燃气管距离初支外皮净距为 10.8m；④下穿 D1150 污水管距离初支外皮净距约 2.0m；⑤下穿 DN1000 上水管距离初支外皮净距 7.7m；⑥下穿 DN400 上水管距离初支外皮距为 8.1m | Ⅰ级 |
| 15 | 3号施工通道下穿 DN400 中压燃气管、2600mm×2000mm、2200mm×1750mm 雨水方沟、D1150 污水管、DN1000、DN400 上水管 | ①下穿 2200mm×1750mm 雨水方沟距离初支外皮净距 4.7m；②下穿 2600mm×2000mm 雨水方沟距离初支外皮净距为 4.5m；③下穿 DN400 中压燃气管距离初支外皮净距为 10.8m；④下穿 D1150 污水管距离初支外皮净距约 2.0m；⑤下穿 DN1000 上水管距离初支外皮净距 7.5m；⑥下穿 DN400 上水管距离初支外皮距为 7.9m | Ⅰ级 |
| 16 | 4号施工通道下穿 DN400 中压燃气管、2600mm×2000mm、2200mm×1750mm 雨水方沟、D1150 污水管、DN1000、DN400 上水管 | ①下穿 2200mm×1750mm 雨水方沟距离初支外皮净距 5.6m；②下穿 2600mm×2000mm 雨水方沟距离初支外皮净距为 4.3m；③下穿 DN400 中压燃气管距离初支外皮净距为 7.6m；④下穿 D1150 污水管距离初支外皮净距约 0.6m；⑤下穿 DN1000 上水管距离初支外皮净距 6.1m；⑥下穿 DN400 上水管距离初支外皮距为 6.5m | Ⅱ级 |

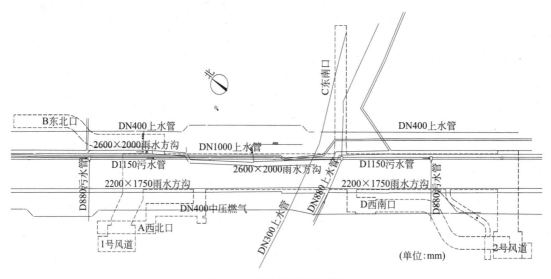

图7-24 环境风险源平面图

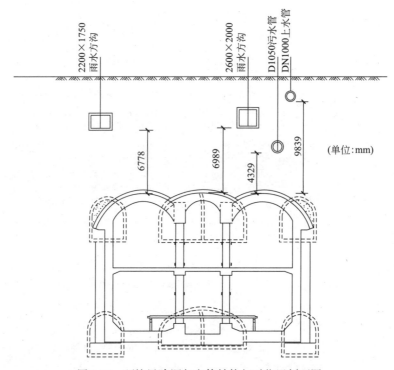

图7-25 环境风险源与主体结构相对位置剖面图

（2）重难点分析

根据工程地质、水文地质及风险源统计资料分析，本工程重点是施工过程中严格按照设计规范施工，尽量减少围岩扰动，减少围岩松动圈的发展，主要关注风险为：

① 上导洞开挖范围内为卵石地层、局部为粉细砂，存在潜水；下导洞开挖范围内为卵石、粉细砂及粉质黏土夹层，位于承压水（三）水位标高以下。导洞开挖过程中遇水极

易造成拱顶及掌子面塌方、涌水涌砂等土体流失现象发生。

② 开挖影响范围内存在燃气及上水带压管线、雨污带水管线，施工过程应调查管线状态，防止管线变形过大造成燃气泄漏、管线渗漏冲刷周边土体致使水土流失等问题发生。

针对以上风险，施工过程中所采取的措施如下：

① 马头门施工

分区、分段凿除施工导洞马头门范围井壁混凝土，并设置临时支撑；同步分段架设通道格栅钢架（井壁范围内设一榀，前三榀密排），使其与被割断的竖井水平钢格栅焊接成一体，共同受力；待喷射混凝土完毕后进行横通道开挖。

② 水处理

施工过程中采用地面井点降水＋洞内真空降水相结合的措施。遵循"先探水、遇水再处理、确保掌子面无水后再开挖"的原则，提前进行残留水探测，如遇残留水，根据残留水情况采用引排或洞内真空降水等方式处理后再开挖。

③ 初支背后注浆

及时对初支背后进行注浆，注浆分两次进行：第一次距开挖面 3～5m，为低压注浆，注浆压力以控制浆液从开挖面溢出结束；第二次距开挖面 8～10m，注浆压力 0.3～0.5MPa，根据监测情况可多次补充注浆。

④ 导洞开挖

导洞初支结构在格栅落脚处及时打设锁脚锚杆并注浆，控制格栅架设后下沉；导洞支护厚度 0.3/0.35m，控制开挖步距 0.5m；导洞开挖至端头及时进行封端。

⑤ 加大关键风险点的监测点布设密度，加强施工过程中的监测与巡查力度。

**3. 监测方案设计**

(1) 监测项目

根据施工工法及风险等级等资料，围护结构体系监测项目为：拱顶沉降及收敛（第三方监测单位可不测）。周边环境监测项目为：开挖影响范围内的周边地表、道路、管线等竖向变形；建（构）筑物等竖向及水平变形。

(2) 监测点布置

监测点布设重点考虑变截面、马头门、调高段、明暗挖结合段、地层偏压、围岩软硬不均、地下水位较高、下穿或邻近重要风险源等矿山法工程关键部位。根据相关规范要求，标准断面监测点布设如图 7-26 所示。

(3) 监测控制标准

监测控制标准由设计单位根据评估结果所得，具体监测控制标准如表 7-7 所示。

**4. 变形规律分析**

(1) $L_1$ 竖井～$L_5$ 竖井

车站主体正上方地表沉降时程曲线如图 7-27 所示，车站主体侧上方地表沉降时程曲线如图 7-28 所示。

选择其中沉降量最大的观测点统计不同阶段的变形。主体结构正上方：导洞开挖阶段变形约占 75%，桩柱施工期间变形约占有 9%，扣拱开挖期间变形约占 16%。车站主体侧上方：导洞开挖阶段变形约占 72%，桩柱施工期间变形约占 1%，扣拱开挖阶段变形约占 27%。

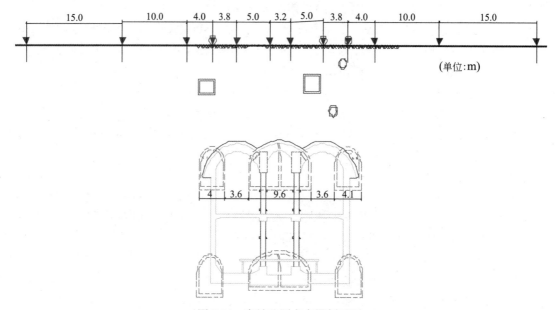

图 7-26 车站监测点布设剖面图

监测控制标准 表 7-7

| 序号 | 类别 | 监测对象 | 监测项目 | 控制标准 | | |
|---|---|---|---|---|---|---|
| | | | | 累积变形(mm) | 变形速率(mm/d) | 倾斜率 |
| 1 | 周边环境 | 地表 | 沉降 | 40 | 2 | / |
| 2 | | 有压管线 | 沉降 | 10 | 2 | 0.002 |
| 3 | | 无压管线 | 沉降 | 20 | 2 | 0.003 |
| 4 | | 建筑物 | 沉降 | 10 | 2 | 0.001 |

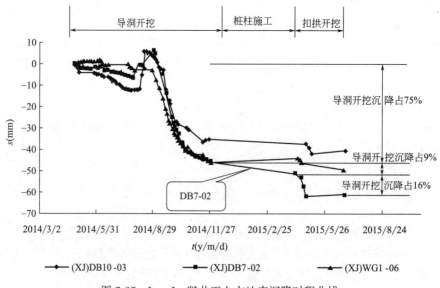

图 7-27 $L_1 \sim L_5$ 竖井正上方地表沉降时程曲线

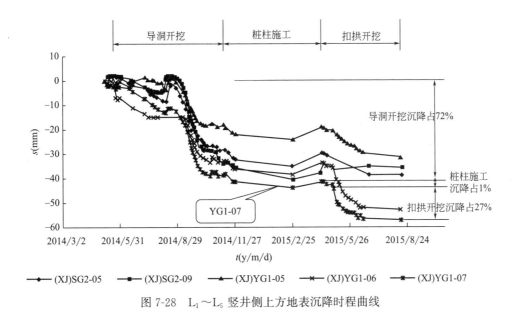

图 7-28 $L_1 \sim L_5$ 竖井侧上方地表沉降时程曲线

(2) $L_3$ 竖井～$L_4$ 竖井

车站主体正上方沉降时程曲线如图 7-29 所示。

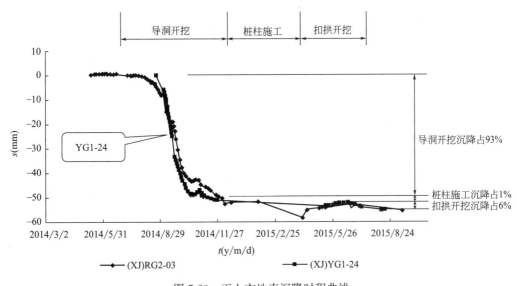

图 7-29 正上方地表沉降时程曲线

导洞开挖阶段变形约占 93%，桩柱施工期间变形约占有 1%，扣拱开挖期间变形约占 6%。沉降槽如图 7-30 所示，最大沉降量约 100mm。经过拟合计算，24 排的沉降槽宽度系数 $i=11.2$m，26 排的沉降槽宽度系数 $i=8.8$m。开挖影响范围宽度约为 20m。

(3) 结论

车站采用双层导洞 PBA 工法施工，产生了约 −100mm 的沉降量，变形主要发生在导洞开挖阶段，变形占总沉降量的 75%～93%。桩柱施工阶段变形占总沉降量的 1%～9%，扣拱开挖阶段变形约占总沉降的 6%～16%。车站上方沉降槽宽度约 20m，与地铁结构埋

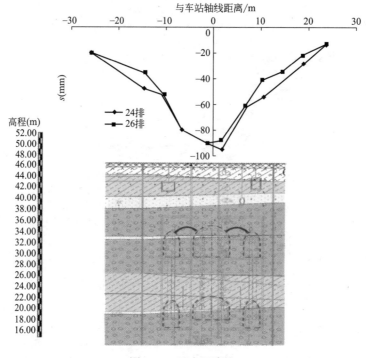

图 7-30 地表沉降槽

深相近。

### 7.1.3 矿山法区间

**1. 工程概况**

某矿山法区间第一段结构开挖跨度 10.9m，开挖高度 8.87m，覆土厚度 9.4～9.74m，采用 CRD 法施工。第二段结构开挖跨度 6.3m，开挖高度 6.42m，覆土厚度 10.56～11.14，采用台阶法开挖。矿山法区间平面如图 7-31 所示。

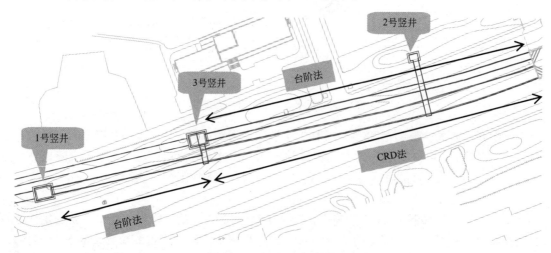

图 7-31 矿山法区间平面图

区间隧道断面采用马蹄形断面,具体如图 7-32 所示。

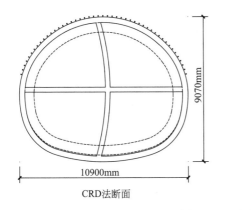
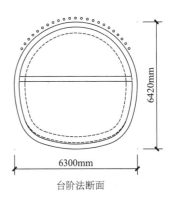

图 7-32 区间断面尺寸

隧道主体结构拱顶所在土层主要为粉土②层、粉质黏土②$_1$层、粉土③层。

区间实际测量到两层地下水,上层滞水(一):水位标高 37.36～41.23m,水位埋深为 3.03～6.95m。含水层为粉土②层及粉质黏土②$_1$层。潜水(二):水位标高 32.97～37.78m,水位埋深为 6.5～11.26m。含水层为粉土③、粉质黏土④层、粉土④$_2$层及粉细砂④$_3$层。结构拱顶位于层间潜水(二)水位以下。地质纵剖图如图 7-33 和图 7-34 所示。

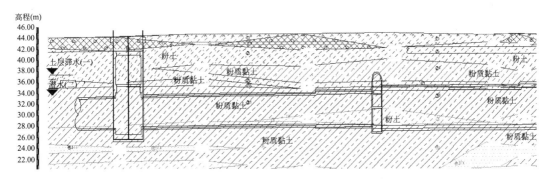

图 7-33 地质纵剖图(西段)

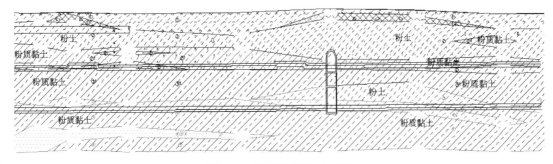

图 7-34 地质纵剖图(东段)

具体地层岩土物理力学参数值如表 7-8 所示。

岩土物理力学参数值  表 7-8

| 地层编号 | 岩性名称 | 固结快剪 | | 静三轴(固结不排水剪) | | 垂直基床系数 $K_v$(MPa/m) | 水平基床系数 $K_x$(MPa/m) | 静止侧压力系数 $K_0$ |
|---|---|---|---|---|---|---|---|---|
| | | 黏聚力 $c$(kPa) | 内摩擦角 $\varphi$(°) | 黏聚力 $c_{cu}$(kPa) | 内摩擦角 $\varphi_{cu}$(°) | | | |
| ② | 粉土 | 14 | 20 | 23 | 18 | 30 | 35 | 0.4 |
| ②$_1$ | 粉质黏土 | 29 | 17 | 25 | 17 | 30 | 29 | 0.41 |
| ②$_2$ | 黏土 | 28 | 10 | 30 | 12 | 15 | 21 | 0.45 |
| ②$_3$ | 粉细砂 | 0 | 20 | | | 28 | 30 | 0.4 |
| ③ | 粉土 | 18 | 22 | 18 | 23 | 35 | 41 | 0.4 |
| ③$_1$ | 粉质黏土 | 29 | 17 | 28 | 14 | 31 | 30 | 0.38 |
| ③$_2$ | 黏土 | 30 | 12 | 32 | 13 | 20 | 25 | 0.45 |
| ④ | 粉质黏土 | 29 | 16 | 32 | 14 | 31 | 29 | 0.38 |
| ④$_1$ | 黏土 | 35 | 14 | 35 | 14 | 22 | 27 | 0.45 |
| ④$_2$ | 粉土 | 20 | 25 | 21 | 25 | 38 | 40 | 0.41 |
| ④$_3$ | 粉细砂 | 0 | 28 | | | 40 | 42 | 0.36 |
| ⑥ | 粉质黏土 | 29 | 20 | 29 | 21 | 38 | 40 | 0.43 |
| ⑥$_1$ | 黏土 | 35 | 16 | 35 | 15 | 33 | 35 | 0.45 |
| ⑥$_2$ | 粉土 | 22 | 25 | 22 | 26 | 42 | 45 | 0.36 |
| ⑧ | 粉质黏土 | / | / | 26 | 21 | 40 | 42 | 0.38 |
| ⑧$_2$ | 粉土 | / | / | 23 | 28 | 45 | 48 | 0.34 |
| ⑧$_3$ | 细中砂 | / | / | | | 50 | 55 | 0.33 |

CRD 法具体施工步骤如图 7-35 所示。

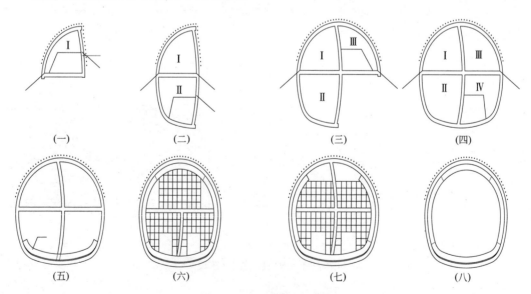

图 7-35 CRD 法施工步骤

## 2. 风险源识别

(1) 风险源分析

矿山法区间施工引起的风险工程 11 个，其中自身风险工程 7 个，环境风险工程 4 个。风险工程具体情况如表 7-9 所示。

风险源统计表　　表 7-9

| 序号 | 风险工程 | 风险工程描述 | 风险等级 |
|---|---|---|---|
| 1 | 区间（大断面） | 结构开挖跨度 10.9m，开挖高度 8.87m，覆土厚度约 8.1m | Ⅰ |
| 2 | 区间（标准断面） | 开挖跨度 5.83m，高度 5.84m，覆土厚度约 8.1m，采用台阶法施工 | Ⅱ |
| 3 | $L_1$ 施工竖井 | 结构开挖尺寸为 10.3m×14.3m，开挖深度 19.569m，采用倒挂井壁法 | Ⅱ |
| 4 | $L_2$ 施工竖井 | 其井口为矩形，井口净尺寸为 4.5m×6.6m，开挖尺寸 5.1m×7.2m，开挖深度为 19.28m | Ⅱ |
| 5 | 施工横通道 | 拱顶直墙断面，净宽 4m。通道拱顶为渐进爬坡式，包括 A、B、C 三个断面及各断面之间的渐变断面，A 断面高 7.95m，B 断面高 9.7m，C 断面高 11.45m | Ⅲ |
| 6 | $L_3$ 施工竖井 | 尺寸为 10.3m×14.3m，深度 19.256m，倒挂井壁法 | Ⅱ |
| 7 | 施工横通道 | 宽度 4.6m，高度 11.45m，覆土厚度约 7.18m，分三层导洞施工 | Ⅲ |
| 8 | D400 中水管 | 区间平行下穿，管顶标高 43.25m。$L_1$、$L_2$、$L_3$ 邻近竖井，$L_2$ 横通道下穿 | Ⅰ |
| 9 | D800 雨水管 | 区间平行斜穿，管顶标高 41.26m。$L_2$ 横通道下穿 | Ⅰ |
| 10 | D1000 污水管 | 区间平行旁穿，管顶标高 39.39m | Ⅱ |
| 11 | D500 燃气管 | 区间垂直下穿，管顶标高 42.5m | Ⅰ |

风险工程平面位置如图 7-36 所示，剖面位置如图 7-37 和图 7-38 所示。

图 7-36　风险工程平面位置示意图

(2) 重难点分析

根据工程地质、水文地质、风险源统计等资料，重点关注的风险为：

① 隧道主体结构拱顶所在土层主要为粉土②层、粉质黏土②$_1$ 层、粉土③层，且拱顶位于层间潜水（二）水位以下，易造成拱顶上方土体发生潜蚀、流砂现象，导致拱顶上方

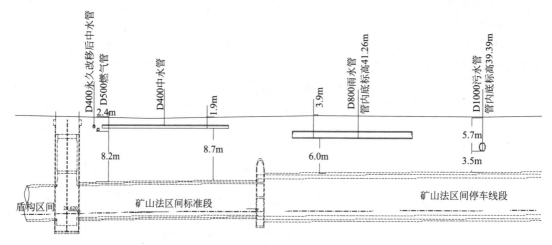

图 7-37 风险工程剖面示意图

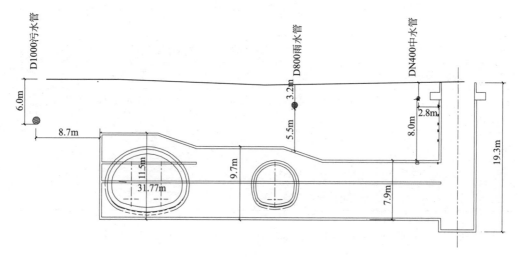

图 7-38 $L_2$ 竖井及横通道下穿管线剖面

发生空洞、坍塌与脱落。

② 开挖影响范围内存在燃气及上水带压管线、雨污带水管线，施工过程应调查管线状态，防止管线变形过大造成燃气泄漏、管线渗漏冲刷周边土体致使流失等问题发生。

施工过程采取的措施主要有：采用地面管井降水，穿越风险等级为一级的邻近管线时，严格控制开挖步距 0.5m，加强拱部小导管注浆，砂层加大注浆范围，超前小导管注浆由两榀一注改为一榀一注，且相邻榀变角度打设。加强监测与巡查力度。

**3. 监测方案设计**

（1）监测项目

根据施工工法及风险等级等资料，围护结构体系监测项目为：拱顶沉降及收敛（施工单位监测、第三方监测单位可不测）。周边环境监测项目为：开挖影响范围内的周边地表、道路、管线等竖向变形；建（构）筑物等竖向及水平变形。

(2) 监测点布置

监测点布设重点考虑变截面、马头门、调高段、地层偏压、围岩软硬不均、地下水位较高、下穿或邻近重要风险源等矿山法工程关键部位,具体典型监测点布设断面如图 7-39 所示。

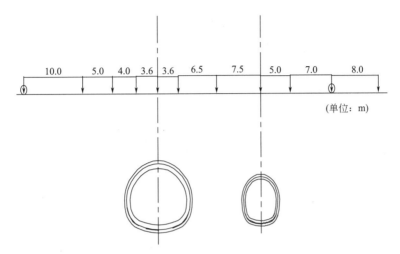

图 7-39 区间监测布点剖面图

(3) 监测控制标准

监测控制标准由设计单位根据评估结果所得,根据设计文件监测控制标准如表 7-10 所示。

变形监测控制标准　　　　　　　表 7-10

| 序号 | 类别 | 监测对象 | 监测项目 | 控制标准 | | |
|---|---|---|---|---|---|---|
| | | | | 累积变形 (mm) | 最大变形速率 (mm/d) | 斜率 |
| 1 | 周边环境 | 地表、道路 | 沉降(竖井) | 20 | 3 | / |
| 2 | | | 沉降(横通道) | 20 | 5 | / |
| 3 | | | 沉降(区间) | 30 | 3 | / |
| 4 | | 中水管、燃气管 | 沉降 | 10 | 2 | 0.002 |
| 5 | | 雨水管、污水管 | 沉降 | 20 | 2 | 0.003 |
| 6 | 围护结构 | 锁扣圈 | 沉降 | 20 | 3 | / |

**4. 变形规律分析**

(1) 地表变形规律及原因分析

矿山法区间典型地表点变形时程曲线如图 7-40 所示,从中可以看出,区间上方地表沉降发展规律基本一致,随着掌子面的邻近和通过,地表变形速率偏大,发生陡降,多次触发红色监测预警。二衬施工完成后,地表沉降趋于稳定,最大沉降约 −150mm,巡查发现区间变形较大处对应地表发生明显凹陷和开裂病害。

原因分析:①区间矿山法隧道位于粉土、粉质黏土层,结构拱顶位于层间潜水(二)

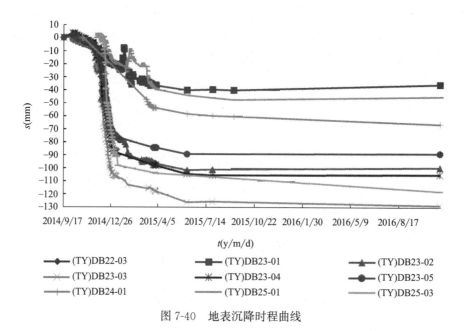

图 7-40 地表沉降时程曲线

水位以下,粉土为高～中高压缩性,含有有机质,粉质黏土为高～中高压缩性,含有有机质、腐殖质,并分布有孔洞,孔洞直径 0.5～1.0mm,孔洞中充水。矿山法施工过程中造成围岩应力重分布,粉土、粉质黏土可能产生较大变形,发生明显的固结和次固结变形。②施工过程巡查发现施工不规范行为,如连续两榀开挖、拱脚悬空、钢格栅连接不规范、上下台阶错位过长致使初支不能及时封闭成环等问题均是造成地表变形过大的主观原因。

(2) 结构覆跨比对地表变形影响

为进一步分析矿山法区间地表变形规律,绘制部分地表监测点等沉线如图 7-41 所示。从中可以看出区间上方沉降量并非均匀分布,虚线所围区域沉降量均在 -100mm 以上,其中 1 处为左线标准断面对挖的汇合处,对地层产生了 2 次扰动,沉降量偏大;第 2 处为 2 号竖井横通道东侧与 CRD 法区间交汇处,该处受横通道开挖、CRD 法区间破除马头门和标准断面施工沉降叠加的三重影响,沉降量比较大,超过 -150mm,竖向变形较大区域

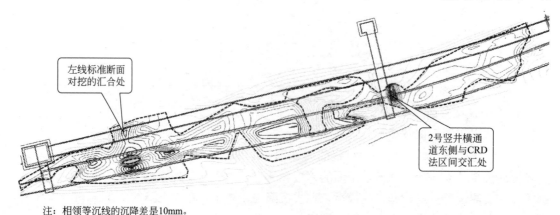

注:相邻等沉线的沉降差是 10mm。

图 7-41 区间等沉线

都在CRD法正上方和侧上方。根据结构尺寸计算可知：本区间CRD覆跨比约为0.89，标准断面覆跨比约为1.77，因当覆跨比偏小，拱顶上方土体扰动范围较大，不利于拱顶压力向两侧拱脚传递，拱顶拱效应偏弱，不利于形成塌落拱，承载能力较弱，地应力达到新的平衡较慢，因此开挖过程极易造成拱顶上方土体压力过大，扰动范围较大，随着松散围岩圈向地表发展，造成对应地表较大沉降变形。所以矿山法工程结构设计时尽量避免拱顶扁平结构形式。

（3）开挖影响范围实测与理论对比分析

根据施工进度记录，2015年1月4日，区间$L_3$竖井与$L_2$竖井之间右线大断面CRD法区间已贯通，左线标准断面掌子面距离地表监测点21排和23排还有一定距离，位置如图7-42所示。因此地表监测点21排和23排沉降槽是由右线大断面开挖引起的。具体沉降槽如图7-43和图7-44所示。

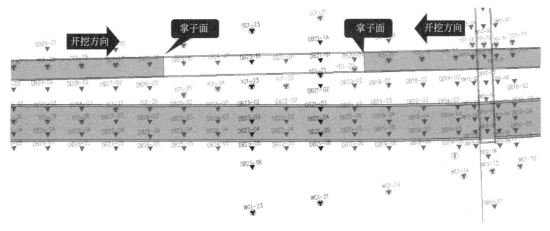

图7-42 区间施工进度

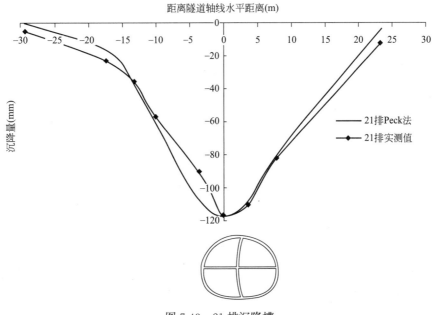

图7-43 21排沉降槽

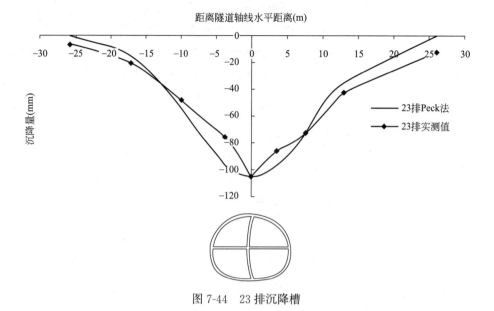

图 7-44　23 排沉降槽

根据《城市轨道交通工程监测技术规范》GB 50911—2013 的条文说明，对于沉降槽宽度的预估，给出了建议公式。

第一类：Attewell，Farmer（1974），计算得出 $i=\left(\dfrac{z_0}{2R}\right)$；$R=4.87\mathrm{m}$；

Clough，Schmidt（1981），计算得出 $i=\left(\dfrac{z_0}{2R}\right)^{0.8}$；$R=4.98\mathrm{m}$；

Loganathan，Poulos（1998），计算得出 $i=1.15\left(\dfrac{z_0}{2R}\right)^{0.9}$；$R=5.66\mathrm{m}$。

第二类：Atkinson，Potts（1977）松砂，计算得出 $i=0.25(z_0+R)=3.80\mathrm{m}$；

Atkinson，Potts（1977）密实和超固结黏土，计算得出 $i=0.25(1.5z_0+0.5R)=4.33\mathrm{m}$。

第三类：O'Reily，New（1982）黏性土（$3\mathrm{m}\leqslant z_0\leqslant 34\mathrm{m}$），计算得出 $i=0.43z_0+1.1=5.29\mathrm{m}$；

O'Reily，New（1982）粒状土（$6\mathrm{m}\leqslant z_0\leqslant 10\mathrm{m}$），计算得出 $i=0.28z_0+0.1=2.83\mathrm{m}$。

结合本区间右线大断面隧道埋深 $z_0=9.74\mathrm{m}$，隧道半径 $R=5.45\mathrm{m}$。对本区间隧道施工影响沉降槽宽度进行计算预估如下：

计算得出 $i=K\cdot z_0=2.92\sim 5.84\mathrm{m}$

$K$ 参考《城市轨道交通工程监测技术规范》GB 50911—2013 第 104 页表 2 的推荐值；

Leach（1985），计算得出 $i=(0.57+0.45z_0)\pm 1.01=3.94\sim 5.96\mathrm{m}$；

Rankine（1988），计算得出 $i=0.50z_0=4.87\mathrm{m}$。

而经实际拟合，21 排的沉降槽宽度系数 $i=8.75\mathrm{m}$，23 排的沉降槽宽度系数 $i=8.87\mathrm{m}$。由此可见：规范计算结果均小于实测值，实际沉降槽比规范建议的沉降槽曲线更宽，影响范围更广。

### 7.1.4 盾构法区间

**1. 工程概况**

某盾构法区间全长 1292.82m，设两处联络通道。线路平面最小曲线半径为 500m，直线段间距最小为 13m，最大为 28.6m，线路为倒"V"形坡，坡度由南向北分别为 2‰、4‰和－9‰、－2‰，竖曲线半径均为 5000m，隧道埋深为 9.89～15.32m。

盾构左右线均从南段始发，北段接收。盾构法区间平面图如图 7-45 所示。

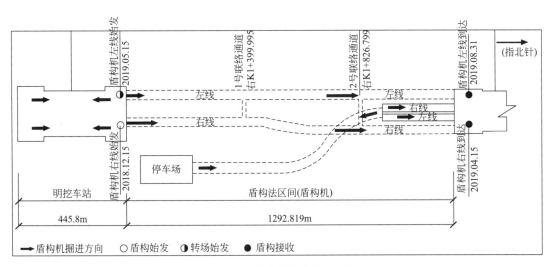

图 7-45 盾构法区间平面图

区间隧道主要穿越地层为砂质粉土③层、粉质黏土③$_1$层、黏土③$_2$层、粉砂③$_3$层、粉质黏土④层、黏土④$_1$层、黏质粉土④$_2$层、粉细砂④$_3$层、粉砂⑤$_2$层、黏质粉土⑤$_3$层、粉质黏土⑤$_4$层。区间隧道主要穿越层间潜水（二）、层间潜水～承压水（三）和承压水（四）。工程水文地质剖面图如图 7-46 所示。

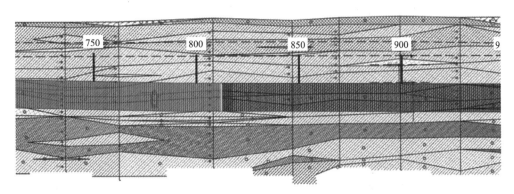

图 7-46 工程水文地质剖面图

**2. 风险源识别**

（1）风险源分析

根据相关资料，区间盾构施工引起自身及周边环境风险源如表 7-11 所示。

风险统计表    表7-11

| 序号 | 风险工程名称 | 风险等级 | 风险基本状况描述、分析 |
|---|---|---|---|
| 1 | 盾构法区间施工 | 三级 | 加强对地表沉降监控量测,及时进行信息反馈,盾构施工控制开挖速度及施工质量 |
| 2 | 1号联络通道施工 | 一级 | 开挖前需对所处地层进行探孔调查,进行加固处理,并需做好降水措施 |
| 3 | 2号联络通道施工 | 一级 | |
| 4 | 盾构下穿出入段线基坑、矿山段 | 一级 | 盾构法区间与出入段线明挖、矿山法结构垂直净距1～3.3m下穿。施工中做好下穿区域土体预加固处理,盾构下穿施工保持平稳掘进,并加强盾构掘进过程的注浆及二次注浆工作 |
| 5 | 盾构与出入场线矿山段并行 | 二级 | 盾构法区间与矿山法结构水平净距3.5m侧向穿越。施工中盾构下穿施工保持平稳掘进,并加强盾构掘进过程的注浆及二次注浆工作 |
| 6 | 盾构穿越道路及新增管线明渠 | 三级 | 施工过程中加强监控量测,及时进行信息反馈,盾构施工控制开挖速度及施工质量 |

(2) 重难点分析

根据工程水文地质、周边环境等风险源统计情况,本工程主要风险为:

① 盾构始发和接收段。因地面加固效果不佳易造成掌子面土体塌方,区间掘进地层有粉细砂、粉砂,遇水极易引起大量泥砂涌入,造成严重的工程事故。

② 盾构掘进过程中应控制好土压力、扭矩等相关掘进参数,做好土体改良,检查盾尾密封装置,控制盾构轴线偏差,避免掘进面土体失稳,提前做好超前地质探测等。且需做好同步注浆和二次补浆,注浆过程中重点关注注浆质量(浆液配比、初凝时间等)、注浆压力、二次补浆的及时性。

③ 穿越既有初支结构过程中,如加固、掘进参数、注浆等控制不佳时,易造成既有初支结构变形过大,甚至坍塌危险。

针对以上风险,本区间施工过程中采取的主要措施及落实情况如下:

① 盾构前方的地表隆起控制:在实时监测的情况下,根据刀盘前方地层情况,在保证土压平衡情况下尽量减小盾构推力,进而减小盾构前方的地表隆起。

② 盾构推进时的沉降控制:盾构推进时,建立土压平衡,平稳匀速推进,严格控制推进速度和出土量,调整土仓压力,控制同步注浆的压力及注浆量,同时根据地层变化及时调整推进参数,确保地层损失降至最小,从而有效控制地层的弹塑性变形。加强盾尾同步注浆及二次补浆。确保管壁后空隙充满,减少隧道围岩径缩、地层沉降。选择具有和易性好、泌水性小,且具有一定强度的浆液进行及时、均匀、足量地压注,确保其盾尾空隙得到及时和足量的充填。浆液材料及配比由现场试验情况确定。

③ 盾构连续推进:施工中做好盾构机的维修保养工作,避免在穿越风险源过程中停机检修或更换刀具。

④ 穿越一级风险源段:应在穿越前设置试验段,应针对性地设定多种推进参数、尝试不同推进模式,掌握同类型地层的地质特性、沉降规律。根据实际施工过程中的出土量、地表沉降量、深层土体变化情况等不断对土仓压力、总推力、掘进速度、注浆量及注浆压力、泡沫设置、土体改良剂配比等掘进参数进行调整,总结出合适的推进模式与参数,

保证穿越过程中风险源的安全。经过试验段掘进参数总结分析，适宜本地质情况下的盾构掘进参数为：土仓压力：1.0～3.0kg/cm²，推力：1000～2500t，刀盘转速：1～1.5rpm，扭矩：1500～3000 kN·m，螺旋机转速：5～15rpm，土层掘进速度：40～60mm/min。为保证上方矿山法隧道的稳定，下穿前对矿山法隧道下穿段下方进行补强注浆。

**3. 监测方案设计**

（1）监测项目

根据施工工法及风险源等级等资料，围护结构体系监测项目为：拱顶沉降及收敛（第三方监测单位可不测）。周边环境监测项目为：开挖影响范围内的周边地表、道路等竖向变形；建（构）筑物等竖向及水平变形、既有明挖基坑结构变形、既有矿山法初支结构变形。

（2）监测点布置

重点考虑联络通道、地层偏压、围岩软硬不均、地下水位较高、下穿明挖基坑结构、矿山法初支结构等关键风险点，其标准监测点布设断面如图7-47所示。

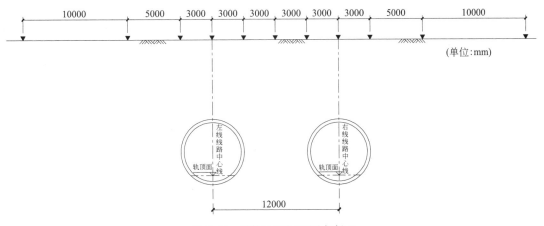

图7-47 盾构法区间监测点断面

（3）监测控制标准

监测控制标准由设计单位根据评估结果所得，根据设计文件监测控制标准如表7-12所示。

区间沉降监测控制标准　　　　　　　表7-12

| 序号 | 监测项目 | 控制标准 | | |
|---|---|---|---|---|
| | | 累积变形(mm) | 速率(mm/d) | 斜率 |
| 1 | 地表沉降（下穿道路） | 30 | 3 | / |
| 2 | 地表沉降（下穿海淀公园） | 45 | 5 | / |
| 3 | 有压管线 | 10 | 2 | 0.002 |
| 4 | 无压管线 | 20 | 2 | 0.005 |

**4. 变形规律分析**

盾构掘进过程中，对应地表监测点纵向累计变形如图7-48所示。

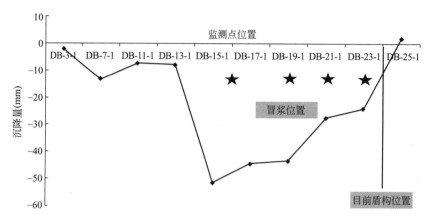

图 7-48 盾构隧道对应地表沉降纵向沉降量

从图中可看出盾构掘进过程造成地表沉降量最大值约-52mm，且地表沉降量较大位置均与掘进过程中地表冒浆位置相对应，冒浆问题间接造成盾构掘进过程中地表变形过大。冒浆主要是由地面为农田，土层疏松，部分地质探孔封堵不佳导致浆液冒出地面等原因造成的。

部分监测点变形时程曲线如图 7-49 所示。部分监测点断面沉降槽如图 7-50 所示。

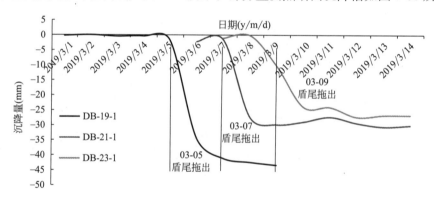

图 7-49 冒浆位置地表沉降监测点时程曲线

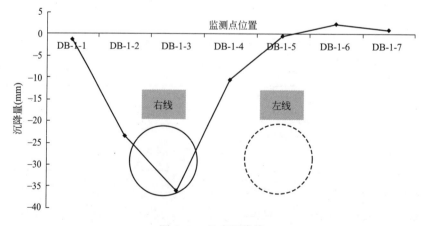

图 7-50 地表沉降槽

从图中可看出盾构盾尾拖出后，地表变形速率急剧增大，随着同步注浆及二次补浆措施实施，后期逐渐趋于稳定。从横向监测点变形沉降槽图中发现，单线盾构掘进造成水平影响范围约20m，大于隧道埋深17m。

### 7.1.5 穿越既有车站

**1. 工程概况**

某轨道交通车站为双层岛式地下车站（下穿既有段为单层），呈东西走向，总长240.65m，车站采用端厅形式，两侧主体双层段采用暗挖单层导洞PBA法施工，标准段宽23.5m，高17.12m，覆土约14m；车站中部下穿既有车站为分离式平顶直墙矩形结构形式，采用桩基托换矿山法施工，其中右线断面为9.4m×7.65m，左线为9.4m×8.8m。具体平面位置如图7-51所示。剖面如图7-52～图7-54所示。

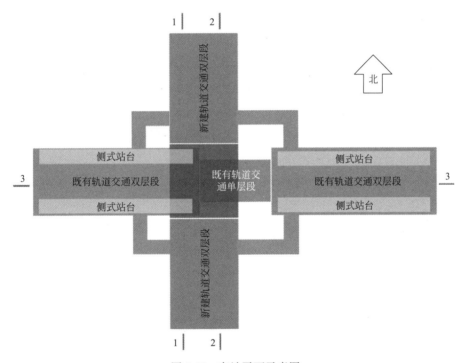

图7-51 车站平面示意图

既有车站主体单层段为双联拱结构，宽17.1m，高10m，拱顶弧墙，柱洞法施工，单跨7.9m，覆土12.3m，复合式衬砌，初支厚350mm，二衬混凝土强度等级C30，拱顶侧墙厚600mm，中隔壁厚700mm，底板厚1500mm，底板有仰拱。单层段拱顶及侧墙位于卵石⑤层，底板位于卵石⑦层。主体双层段采用双层导洞PBA法施工，双层双跨结构，单跨11m，覆土6.2m，开挖总宽26.8m，开挖总高17.15m，复合式衬砌；扣拱初支厚350mm，二衬拱顶侧墙厚600mm，底板厚1000mm，中柱为D1000钢管柱，柱距6m；PBA边桩及端墙下条基宽3.5m，柱下底纵梁条基宽4m，车站底板与条基存在错台。双层段拱顶位于粉土③层或粉质黏土③₁层，侧墙基本位于卵石⑤层，底板位于卵石⑦层。具体如图7-55～图7-57所示。

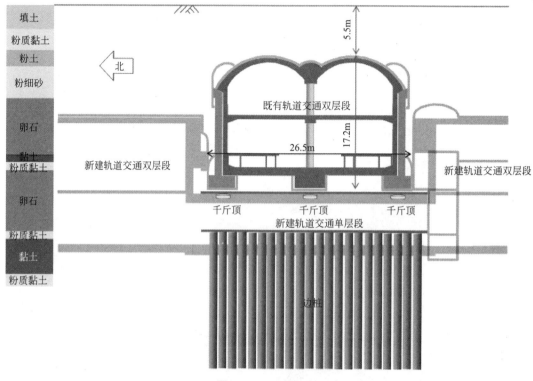

图 7-52  1-1 剖面图

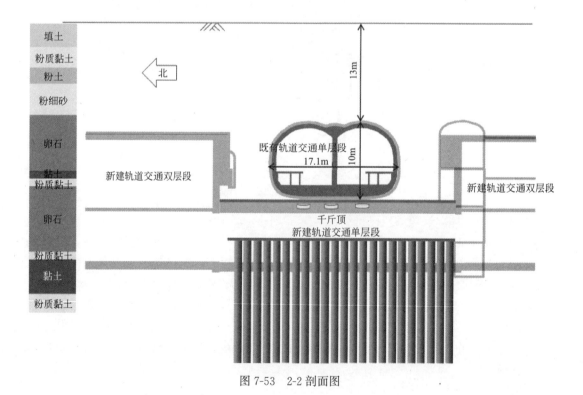

图 7-53  2-2 剖面图

第 7 章 案例分析

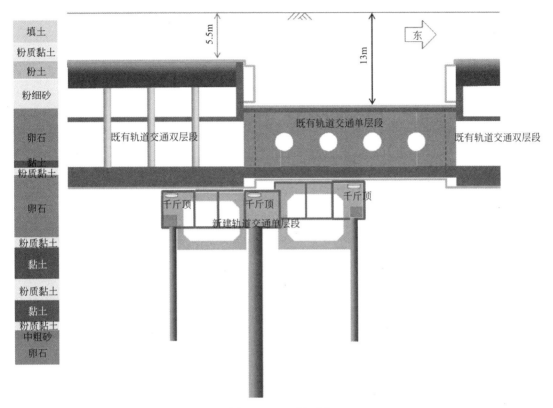

图 7-54 3-3 剖面图

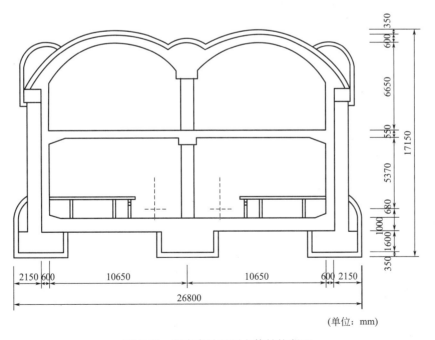

(单位：mm)

图 7-55 既有车站双层主体结构断面

215

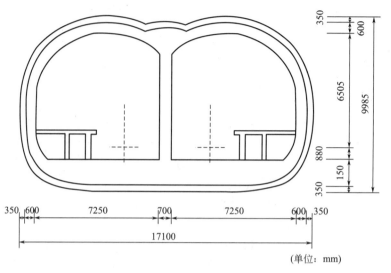

图 7-56　既有车站单层主体结构断面

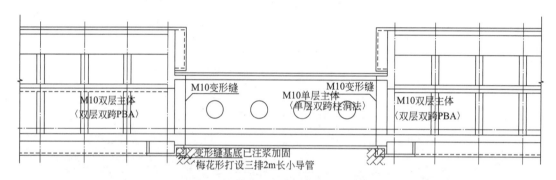

图 7-57　既有车站主体结构纵断面图

根据岩土详勘报告，拟建场地位于永定河冲洪积扇中上部，地貌类型为第四纪冲洪积平原，第四纪沉积韵律较为明显。地层由人工填土层和第四纪沉积的黏性土、粉土、砂土、碎石土及第三纪基岩构成。场地位于古清河与古金沟河河间地块内，工程影响范围内的地下水主要为第四纪松散沉积物孔隙水，分为上层滞水、潜水、承压水或层间水，赋存介质主要为卵石圆砾、砂土和粉土。根据勘察报告，在勘察深度内实测到两层地下水，分别为潜水（二）、层间水～承压水（三）。新建隧道顶板位于卵石层，开挖侧壁土层为卵石层、粉土层和黏土层，底板落于黏土层。地下潜水位位于下穿段结构侧墙中部。具体地质剖面如图 7-58 所示。

具体施工步序如图 7-59 所示。

**2. 风险源识别**

根据工程水文地质条件、施工工法、穿越既有车站风险主要存在自身隧道施工及其对既有结构变形的影响。

（1）新建隧道施工风险

① 潜水（二）稳定水位位于车站开挖范围内；层间水～承压水（三）位于部分竖井

# 第7章 案例分析

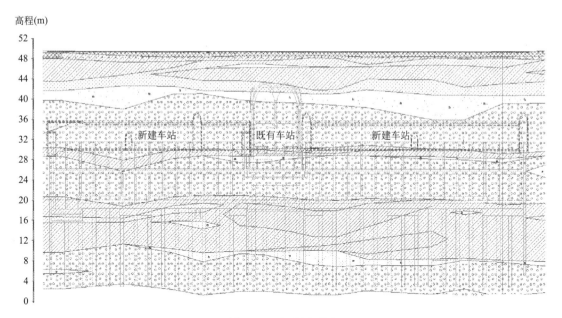

图 7-58 地质剖面图

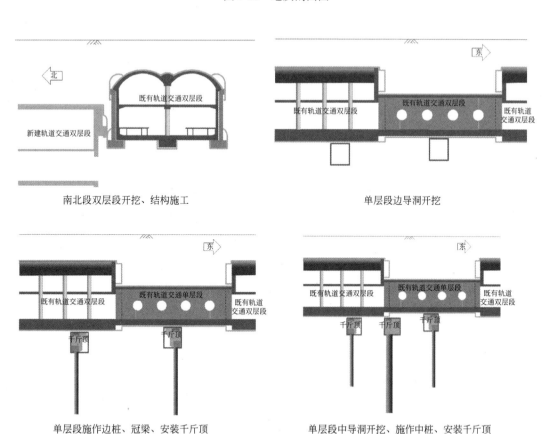

图 7-59 施工步序（一）

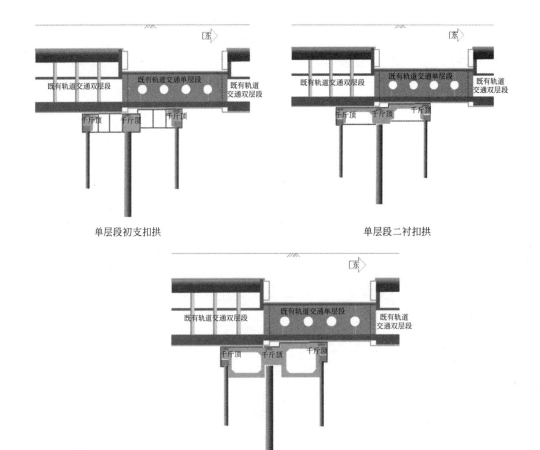

图 7-59 施工步骤（二）

及下层施工横通道开挖范围之内。潜水（二）主要含水层以透水性较好的砂土及碎石土为主；层间水～承压水（三）主要含水层为透水性较好的粉土、砂土，且局部地段具有承压性，承压水头高度 1～2.5m。车站主体结构底板下相对隔水层较薄，开挖时须采取有效的地下水控制措施，同时应加强地下水位的监控，防止开挖过程中，发生涌水涌泥等现象。

② 车站拱部地层位于卵石⑤层，围岩稳定性差，易发生坍塌，土方开挖后需注意及时支护。车站主体侧壁地层以可塑的黏性土、密实的粉土、砂土及湿～饱和卵石为主，隧道围岩分级经地下水修正后均为Ⅵ级，稳定性差易发生坍塌。

（2）既有车站结构风险

主要是控制既有车站道床、结构、轨道等变形。其中根据设计评估结果，单层主体结构矿山法隧道下穿既有线车站主体结构为特级风险。需重点关注以下部位：

① 根据既有地铁结构检测结果，结构存在渗漏、裂缝的部位。

② 根据穿越既有轨道交通评估结果，建议的主要影响范围及变形关键点部位。

**3. 监测方案设计**

（1）监测项目

根据既有结构变形特征及相关规范要求，既有车站监测项目为：轨道（道床）结构竖向、水平位移，隧道结构竖向、水平位移，隧道结构净空收敛，隧道、道床结构裂缝，轨道静态几何形位和无缝线路钢轨位移。

（2）监测点布置

在分析检测、评估报告的基础上，重点考虑变形缝、病害位置、结构变截面处、换乘通道接驳既有结构处等既有轨道关键部位布点，且以主要影响区为中心，逐渐增大监测断面间距。具体监测点布设如图7-60所示。

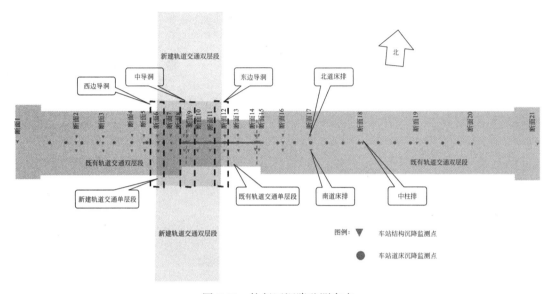

图 7-60　轨行区沉降监测布点

**4. 变形规律分析**

（1）整体变形分析

根据监测数据，既有车站北道床、中柱和南道床沉降时程曲线如图7-61～图7-63所示。

从图7-61～图7-63可以看出：

① 南北道床及中柱排结构沉降测点的变形规律相似。

② 新建单层段导洞开挖变形速率及阶段变形量较大，结构施工完成后变形逐渐趋于稳定。具体选择位于中导洞正上方中柱排测点为研究对象，该测点不同施工阶段的沉降量分析如表7-13及图7-64所示。

（2）过程变形分析

① 边导洞施工阶段

根据施工期间的变形量，选择既有结构纵向监测断面绘制纵向累计变形沉降槽如图7-65所示。

边导洞开挖完成后，沉降槽呈W形分布，最大沉降量正好位于两个边导洞正上方，监测数据真实反映了矿山法隧道施工对既有轨道交通结构的影响。边导洞开挖完成160天后，洞内安装千斤顶，而南段站台层土方开挖面距离地铁结构还有20m以上。此时，中柱排沉降槽从W形发展成了平底状，且各测点沉降速率均稳定至±0.01mm/d以内。随着工程的进展，邻近既有线20m范围内站台层土方开挖，既有线的沉降趋势十分明显。沉

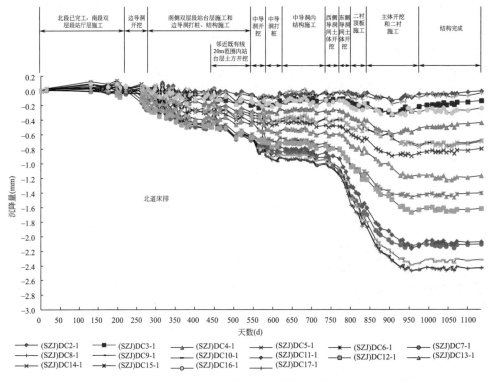

图 7-61 北道床排沉降时程曲线

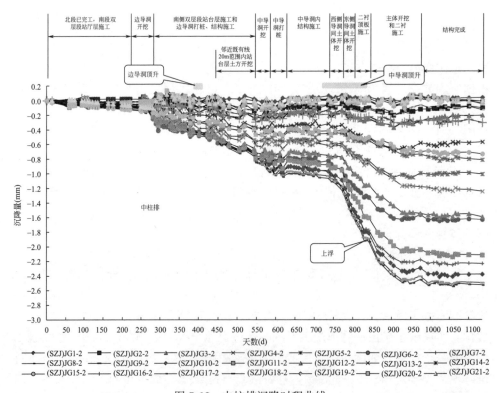

图 7-62 中柱排沉降时程曲线

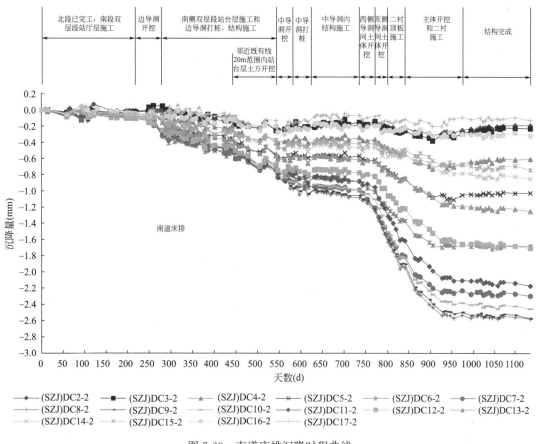

图 7-63 南道床排沉降时程曲线

**阶段沉降量分析表**　　　　　　　　　　　　　　　表 7-13

| 序号 | 施工阶段 | 阶段沉降量（mm） | 占最终总沉降量的百分比 |
|---|---|---|---|
| 1 | 边导洞开挖前 | −0.10 | 4% |
| 2 | 边导洞开挖阶段 | −0.06 | 2% |
| 3 | 边导洞结构施工，南侧站台层开挖距既有线20m以外土方 | −0.32 | 13% |
| 4 | 边导洞结构施工，南侧站台层开挖距既有线20m以内土方 | −0.34 | 14% |
| 5 | 中导洞开挖阶段 | −0.13 | 5% |
| 6 | 中导洞打桩阶段 | −0.02 | 1% |
| 7 | 中导洞内结构施工阶段 | −0.06 | 3% |
| 8 | 西侧导洞间土体开挖阶段 | −0.15 | 6% |
| 9 | 东侧导洞间土体开挖阶段 | −0.38 | 15% |
| 10 | 二衬顶板施工阶段 | −0.32 | 13% |
| 11 | 主体开挖和二衬施工 | −0.60 | 24% |

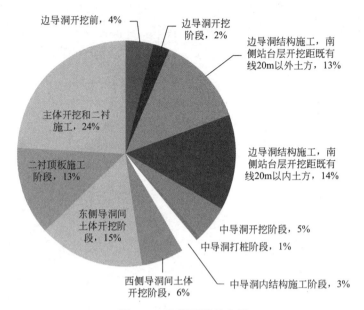

图 7-64 阶段沉降量分析

降槽从"平底锅"发展成正态曲线,如图 7-65 所示。周边地层发生向站台空间移位的趋势,而这种趋势加剧了既有轨道交通车站的沉降,造成既有车站南侧的沉降明显大于北侧,即车站发生向南"横滚",越靠近站台层,沉降变形越大。站台层土方开挖引起的沉降槽变化具体如图 7-66 所示和既有结构横断面沉降槽如图 7-67 所示。

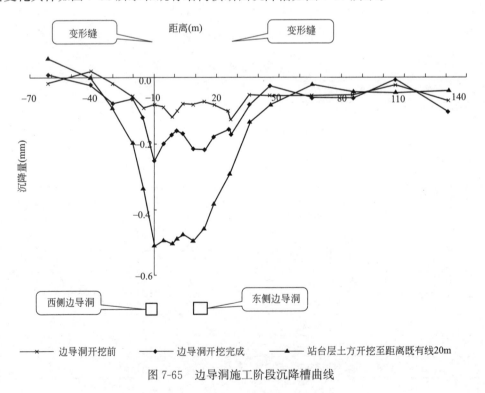

图 7-65 边导洞施工阶段沉降槽曲线

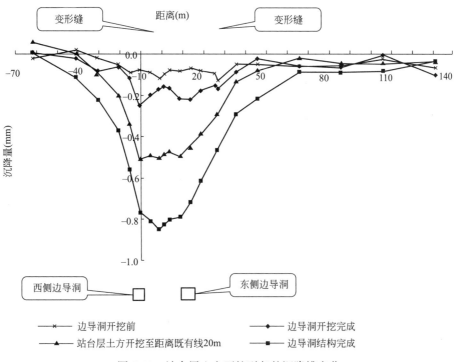

图 7-66　站台层土方开挖引起的沉降槽变化

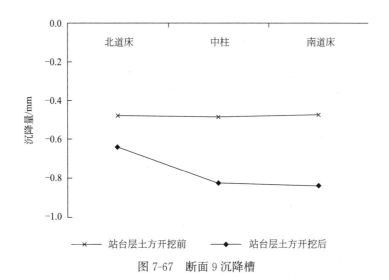

图 7-67　断面 9 沉降槽

② 中导洞施工阶段

中导洞开挖时边导洞内结构已完成，千斤顶已进行加力，边桩和导洞间土体的被动抗力都对既有线起到明显的承托作用。具体变形发展过程如图 7-68 所示。

从图发现随着中导洞开挖，施工主要影响范围内既有结构继续发生沉降变形，但远离主要影响区的既有轨道交通结构发生轻微上浮，既有轨道交通结构发生以边导洞结构为支点的翘起变形。在整个施工期间，这种翘起变形，仅在中导洞施工期间发生。

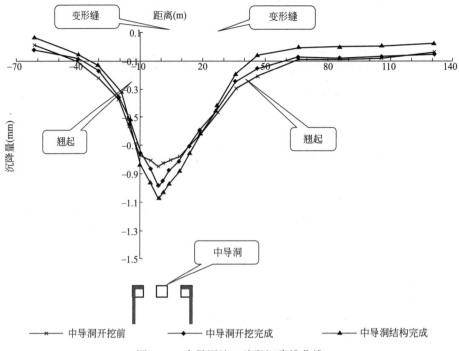

图 7-68 中导洞施工阶段沉降槽曲线

③ 导洞间土体开挖

该阶段沉降速率及阶段沉降量均较明显,最大阶段沉降量约 0.9mm,具体如图 7-69 所示。

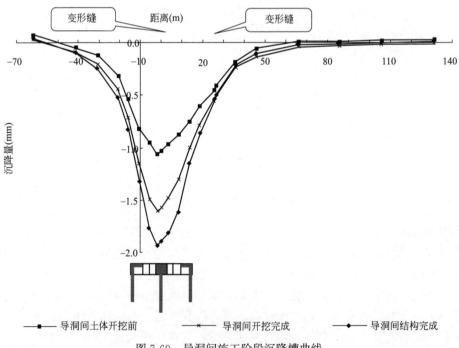

图 7-69 导洞间施工阶段沉降槽曲线

④ 主体结构施工阶段

二衬顶板施工完成后，顶板、围护桩等构成了一个相对封闭的结构，既有车站荷载可以全部施加在二衬顶板，再经边桩和中桩向下传递。这一阶段的沉降槽曲线如图 7-70 所示，主体土方开挖消除边桩和中桩一部分的侧摩阻力，降低桩的承载力，间接增大既有结构沉降。主体结构施工完成后，沉降基本稳定。

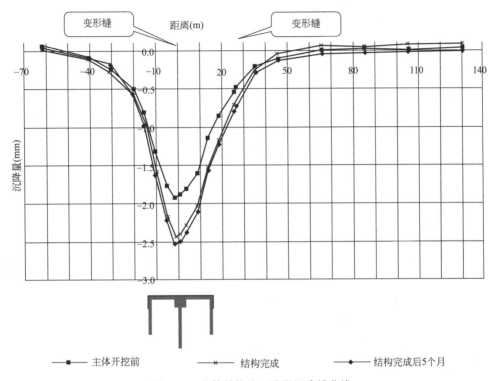

图 7-70　主体结构施工阶段沉降槽曲线

**5. 变形发展预测**

在地下工程实践中，土既是一种荷载作用，也是强度和支撑力的来源，之所以进行岩土工程监测，就是因为这种来源被挖除了，剩下的土体支撑作用减弱，而荷载作用相对加强。可用二维断面分析最大沉降量和沉降槽扫过面积与开挖面积的关系，沉降槽扫过的面积计算可采用图 7-71 方法近似求得。

以中柱排为例，计算沉降槽扫过的面积，其中每一个测点的沉降量，乘以其左右半宽度之和，近似为该测点代表的沉降槽面积。沉降槽面积和最大沉降量与开挖面积的关系曲线如图 7-72 所示，为了充分考虑岩土变形的持续性和滞后性，选择结构施工完成后状态的数据进行分析。

从图 7-72 可看出：最大沉降量与开挖面积基本是呈线性关系，拟合后 $R^2$ 达到了 0.9912，因此通过这个规律可用来预测结构的最终沉降量。

**6. 地表沉降与既有地铁沉降对应关系**

新建轨道交通下穿既有车站，因对应地表受既有车站结构保护，变形量较小。如本工程在既有轨道交通正上方的地表布置了沉降监测点，如图 7-73 所示。

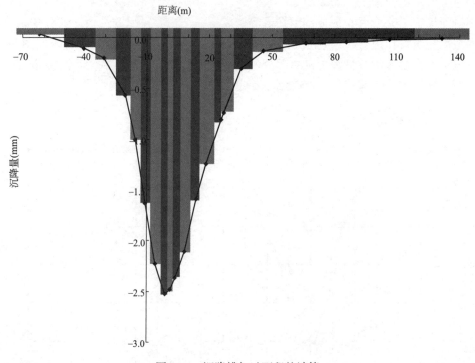

图 7-71 沉降槽扫过面积的计算

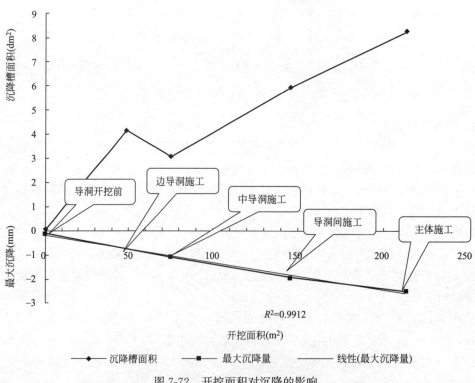

图 7-72 开挖面积对沉降的影响

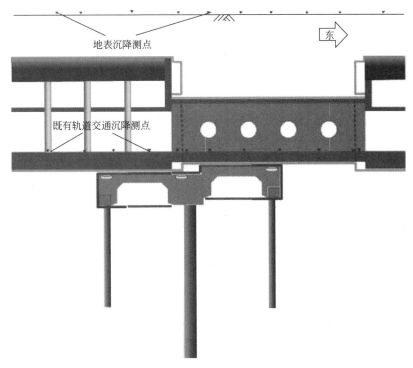

图 7-73 地表沉降测点的布置位置

既有轨道交通沉降最大的测点与其正上方对应地表测点变形规律基本一致，具体变形时程曲线如图 7-74 和图 7-75 所示。

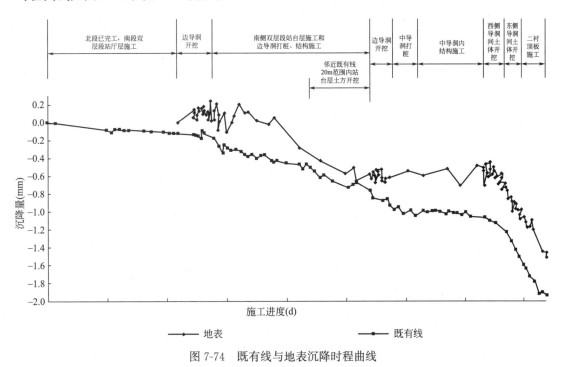

图 7-74 既有线与地表沉降时程曲线

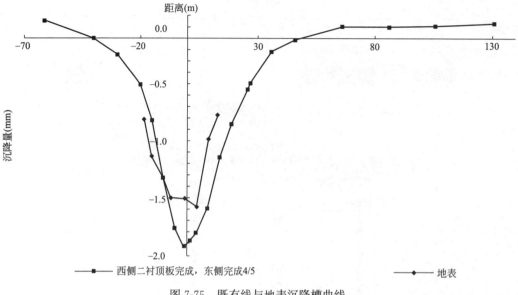

图7-75 既有线与地表沉降槽曲线

## 7.1.6 单层洞桩法车站

**1. 工程概况**

某地铁车站矿山法段为地下二层双跨连拱直墙结构,采用单层洞桩法施工,结构覆土厚度为10m,结构总高度17.5m,边桩直径1m,桩中心距为1.3m,中柱桩基直径1.8m,桩中心距为6m,车站底板以下为卵石⑨层,边桩和中柱桩基嵌固深度分别为11.5m、10m。具体车站结构断面及地层如图7-76所示。

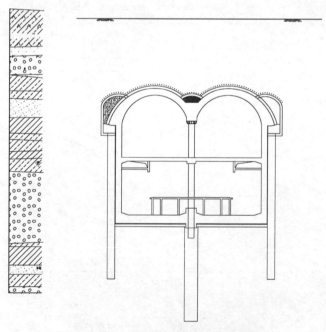

图7-76 车站结构断面图及地层剖面

## 2. 监测方案设计

(1) 监测目的

目前传统洞桩法矿山法车站一般采用理论分析和经验类比相结合的设计方法,新型单层洞桩法车站结构受力体系几乎未见相关研究,设计采用全土柱法进行结构荷载计算是否造成不必要的工程浪费,特别是边桩作为单层洞桩法矿山法车站施工期间(在车站主体拱、墙、板完成之后就不在将其作为受力构件考虑)承担竖向荷载及侧向土压力的构件,是该工法的重要组成部分,其结构受力体系及变形特征更是缺乏理论研究和现场实测验证。基于此,针对单层洞桩法初支扣拱期间在拱顶布设压力盒、格栅钢筋应力、初支拱顶竖向位移、二衬拱顶竖向位移、边桩布设边桩桩顶压力、钢筋应力、混凝土应变等传感器,及边桩顶竖向位移及桩身水平位移监测点进行监测,通过数据分析并结合理论分析总结出单层洞桩法施工过程中结构受力体系,为设计和理论研究提供真实数据支撑及参考。

(2) 监测项目设计

根据项目目的与研究意义,监测内容如下:边桩、中柱沉降及差异沉降;边桩桩体水平位移;边桩顶及中柱顶压力;边桩桩身钢筋内力;边桩桩身混凝土应变;扣拱导洞格栅钢筋内力;扣拱导洞拱顶土压力;初支扣拱和二衬扣拱顶沉降;地表沉降。

(3) 监测点布设

监测断面设计原则:各监测项目尽量布设在同一断面上,便于各种监测数据的综合分析与相互验证,并考虑开挖影响范围,在对应洞内主监测断面位置处布设洞外地表监测点断面。监测方案设计及工作量统计如表 7-14 所示。

**监测方案设计及工作量统计表**　　　　表 7-14

| 监测项目 | 监测工点及数量 | | 测点布设位置 |
|---|---|---|---|
| | 车站1 | 车站2 | |
| 初支扣拱应力应变形特征 | | | |
| 地表沉降 | 共布设9个断面,每个断面7~11个点 | | |
| 初支扣拱拱顶沉降 | 每个断面2个点,共3个断面 | 每个断面3个点,共4个断面 | 车站1:中间监测断面为断面三,前后各间隔5m分别布设一监测断面;<br>车站2:中间监测断面为断面五,前后各间隔5m分别布设一监测断面 |
| 二衬扣拱拱顶沉降 | 每个断面2个点,共3个断面 | 每个断面3个点,共3个断面 | 同上 |
| 扣拱导洞拱顶土压力 | 每个断面2个点,共3个断面,以断面三为中间断面 | 每个断面3个点,共3个断面,以断面五为中间断面 | 同上 |
| 扣拱导洞初支钢筋内力 | 每个断面6个点,共3个断面,以断面三为中间断面 | 每个断面9个点,共3个断面,以断面五为中间断面 | |

续表

| 监测项目 | 监测工点及数量 | | 测点布设位置 |
|---|---|---|---|
| | 车站1 | 车站2 | |
| 边桩中柱沉降及差异沉降 | | | |
| 边桩、中柱沉降及差异沉降 | 每个断面1个中柱沉降测点,5个断面;每个断面2个边桩沉降测点,9个断面 | 每个断面2个中柱沉降测点,5个断面;每个断面2个边桩沉降测点,9个断面 | |
| 边桩、中柱顶压力 | 断面一、二、四、五边桩,每根桩顶1支压力计,每根柱顶1支压力计;断面三边桩,每根桩顶2支压力计,每根柱顶2支压力计 | 断面一、二、三、四边桩,每根桩顶1支压力计,每根柱顶至少1支压力计;断面五边桩,每根桩顶2支压力计,柱顶2支压力计 | |
| 边桩结构内力及变形 | | | |
| 边桩桩体水平变形 | 每根边桩8支,共2根边桩 | 每根边桩8支,共2根边桩 | 车站1:选在断面三;车站2:选在断面五 |
| 边桩桩体混凝土应变 | 每根边桩12支,共2根边桩 | 每根边桩12支,共2根边桩 | 车站1:选在断面三;车站2:选在断面五 |

续表

| 监测项目 | 监测工点及数量 | | 测点布设位置 |
|---|---|---|---|
| | 车站1 | 车站2 | |
| 边桩结构内力及变形 | | | |
| 边桩桩体钢筋内力 | 每根边桩10支,共2根边桩 | 每根边桩10支,共2根边桩 | 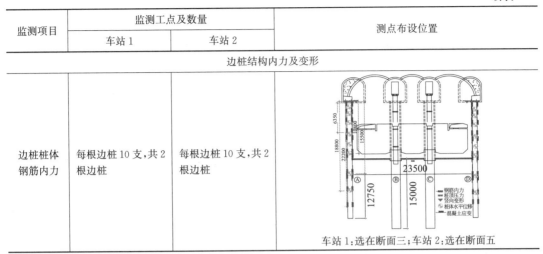<br>车站1:选在断面三;车站2:选在断面五 |

具体监测平面图及主断面剖面图如图7-77~图7-79所示。

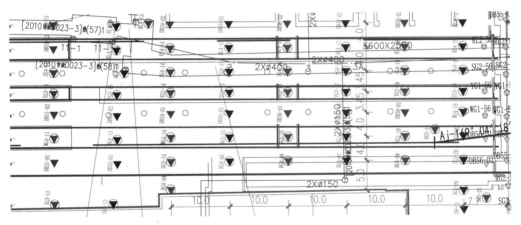

图7-77 地表竖向变形监测点平面位置图

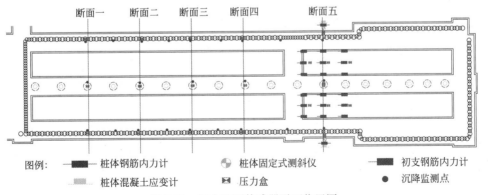

图7-78 洞内监测传感器平面位置图

（4）监测方法、仪器精度及监测点安设

根据监测技术要求，结合项目特点，具体监测方法、仪器精度及监测点安设如表7-15所示。

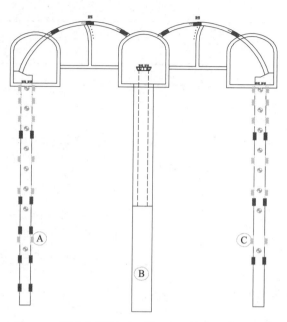

图 7-79 洞内主测断面（断面五）传感器布置剖面

**监测方法、仪器精度和监测点安设位置** 表 7-15

| 监测项目 | 监测方法 | 监测仪器 | 仪器精度 | 监测点安设 |
|---|---|---|---|---|
| 边桩、中柱沉降及差异沉降 | 水准测量 | 水准仪 | 0.5mm | 桩/柱顶安装测点 |
| 边桩桩体水平位移 | 固定式测斜仪 | 频率读数仪 | 0.15%F.S | 桩内安装测斜管 |
| 边桩顶及中柱顶压力 | 振弦式或光纤光栅式压力计 | 频率读数仪、光纤光栅解调器 | 0.15%F.S | 桩顶浮浆凿除后的桩顶位置 |
| 边桩桩身钢筋内力 | 钢筋计 | 频率读数仪 | 0.15%F.S | 绑焊桩的迎土侧及背土侧主筋上 |
| 边桩桩身混凝土应变 | 应变计 | 频率读数仪 | 0.15%F.S | 绑扎桩的迎土侧及背土侧主筋上 |
| 扣拱导洞格栅钢筋应力 | 钢筋计 | 频率读数仪 | 0.15%F.S | 绑焊到格栅主筋上 |
| 扣拱导洞拱顶土压力 | 振弦式压力计 | 频率读数仪 | 0.15%F.S | 埋设在钢格栅与岩层交界处 |
| 初支扣拱及二衬扣拱顶沉降 | 水准测量 | 水准仪 | 0.5mm | 初支/二衬表面安装测点 |
| 地表沉降 | 水准测量 | 水准仪 | 0.5mm | 对应地表安装测点 |

现场安装典型照片如图 7-80 所示。

**3. 变形规律分析**

（1）扣拱导洞拱顶竖向变形

拱顶竖向变形共布设 6 个监测点。具体各监测点累计变形量统计如表 7-16 所示，变形时程曲线如图 7-81 所示。

图 7-80 现场安装示意图

(a) 拱顶土压力安设；(b) 格栅钢筋应力安设；(c) 桩顶压力传感器安设；
(d) 桩身传感器安设；(e) 传感器线缆归置；(f) 现场监测

**拱顶沉降累计值统计表** 表 7-16

| 测点号 | ABR-1 | ABR-2 | ABR-3 | BCL-1 | BCL-2 | BCL-3 |
| --- | --- | --- | --- | --- | --- | --- |
| 累计变形量(mm) | −0.07 | −0.12 | −0.12 | −0.13 | −0.08 | −0.14 |
| 平均值(mm) | −0.11 | | | | | |

结合施工进度与监测数据，综合分析可得：

① 拱顶竖向变形主要发生在初支扣拱导洞开挖阶段，且变形速率较大，随着掌子面的推进，拱顶竖向变形逐渐趋于收敛，经统计最大沉降量为−0.14mm，平均值为−0.11mm。

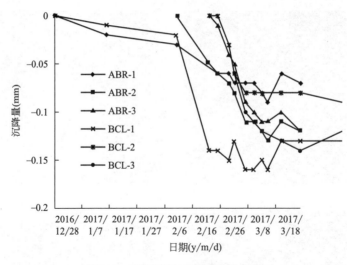

图 7-81 拱顶竖向变形时程曲线图

② 监测点布设在初支钢格栅上,此变形只代表拱顶钢格栅的竖向变形,不代表拱顶围岩土体的竖向变形(真实的围岩竖向变形数值要远大于-0.14mm)。因随着掌子面土体开挖,围岩应力释放瞬间高达约80%,架设钢格栅完成后,围岩的二次应力平衡基本完成,格栅的竖向变形只是松动围岩带来的竖向压力造成的变形。

(2) 扣拱导洞拱顶围岩压力

围岩压力监测在各工序节点压力值统计如表 7-17 所示,典型测点时程曲线如图 7-82 所示。

拱顶围岩压力统计表　　　　表 7-17

| 工序节点 | 扣拱开挖结束（MPa） | 初支凿除（MPa） | 二衬扣拱（MPa） | 站厅层结构施工（MPa） | 站厅层结构完成（MPa） |
| --- | --- | --- | --- | --- | --- |
| AB28 | 0.03 | 0.03 | 0.04 | 0.04 | 0.04 |
| AB36 | 0.05 | 0.04 | 0.06 | 0.07 | 0.07 |
| AB42 | 0.06 | 0.05 | 0.07 | 0.07 | 0.07 |
| BC25 | 0.04 | 0.03 | 0.04 | 0.04 | 0.04 |
| 平均值 | 0.05 | 0.04 | 0.05 | 0.06 | 0.06 |

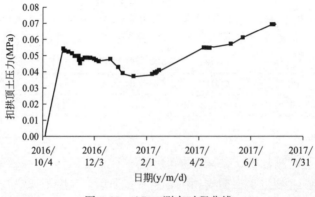

图 7-82　AB36 测点时程曲线

结合施工进度与监测数据综合分析可得：

① 围岩压力变形规律总结：围岩压力主要发生在导洞初支扣拱期间，并且变化速率较大，累计最大值为0.06MPa，平均值为0.05MPa；二衬扣拱期间前期有所减少，但随着二衬扣拱进度推进围岩压力逐渐回升并趋于稳定；土方大开挖阶段围岩压力几乎无变化。最终变化量最大值为0.07MPa，平均值为0.06MPa。

② 围岩压力变形规律原因分析：a. 扣拱导洞土方开挖后，及时架设钢格栅封闭成环并挂网喷射混凝土，格栅上部因施工造成的松动围岩压力（单层洞桩法第一次围岩应力重新分布为导洞开挖，本次为第二次围岩重新分布）瞬间作用在格栅上，致使拱顶土压力瞬间增加。b. 随着开挖掌子面的推进，拱顶受覆土压力开始向两边传递到拱脚，致使拱顶压力有所减小。c. 初支凿除期间，原拱顶荷载由导洞及大拱初支共同承担，变为由初支大拱单独承担，拱顶荷载重新分布（单层洞桩法第三次围岩重新分布），致使拱顶围岩压力有所增加。d. 主体扣拱完成后，车站结构拱、梁、桩（柱）空间受力体系基本完成，剩余的施工作业均是在拱顶的保护下进行的，所以在站厅和站台层土方大开挖期间拱顶围岩压力区域稳定。

③ 根据式（7-1）进行拱顶松动围岩推算。拱顶围岩最大值为0.07MPa，相当于约3.5m的松动土柱压力作用在初支及二衬结构上。相比较设计采用的全土柱法进行结构荷载计算，采用全土柱法结构安全系数较大。

$$q = \gamma h \tag{7-1}$$

式中 $q$——匀布竖向荷载，（kPa）；

$\gamma$——围岩重度（kN/m³）；

$h$——土柱高度（m）。

(3) 扣拱导洞钢格栅内力

钢格栅钢筋内力在各工序节点值统计如表7-18所示，典型测点时程曲线如图7-83所示。

钢筋内力统计表　　　　表7-18

| 工序节点 | | 扣拱开挖结束（kN） | 初支凿除（kN） | 二衬扣拱（kN） | 站厅层结构施工（kN） | 站厅层结构完成（kN） |
|---|---|---|---|---|---|---|
| AB36 | 西 | 51.42 | 51.35 | 53.50 | 62.49 | 63.07 |
| | 中 | 3.32 | 2.80 | 7.18 | 16.46 | 16.52 |
| | 东 | 29.58 | 19.66 | 19.53 | 24.76 | 23.89 |
| BC25 | 西 | 5.16 | 0.46 | 5.84 | 9.47 | 9.84 |
| | 中 | 25.30 | 18.71 | 22.52 | 22.37 | 21.92 |
| | 东 | 7.06 | 4.47 | 10.93 | 11.69 | 11.44 |
| CD34 | 西 | 23.89 | 9.71 | 23.84 | 31.78 | 32.96 |
| | 中 | 34.69 | 23.55 | 20.98 | 26.73 | 27.19 |
| | 东 | 19.76 | 13.98 | 20.62 | 25.01 | 25.90 |

结合施工进度与监测数据综合分析可得：

① 变化规律与扣拱导洞围岩压力相同。经数据统计最大钢筋内力为63.07kN。

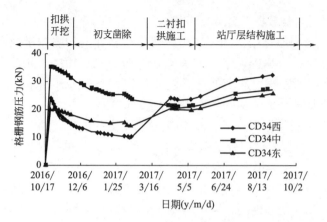

图 7-83　CD34 测点时程曲线图

② 二衬扣拱期间因中隔壁的拆除致使围岩出现应力重分布，松动围岩与初支结构更密贴（其中还有初支背后及二衬背后回填注浆的作用），使得拱顶压力逐渐传递至拱脚，跨中及两侧格栅内力趋于均匀分布，钢格栅达到一种更合理的受力状态。站厅及站台层土方开挖期间初支结构变形趋于稳定。

③ 以初支扣拱完成后为施工节点，分析围岩压力和钢格栅内力的关系。

初支扣拱阶段，初支厚度 0.35m，格栅主筋采用 $\phi25$，箍筋采用 $\phi8$，喷射混凝土强度等级 C20。根据监测数据围岩压力取 0.07MPa，使用结构荷载模型对初支内力进行验算。具体验算结果如图 7-84 所示。

图 7-84　初支结构计算结果简图

根据图 7-84 可知：初支结构跨中最大内力为 63.8kN，支座最大内力为 106.4kN。该结果和初支跨中监测数据 63.07kN 完全吻合。

根据《混凝土结构设计规范》受弯构件应力计算式为

$$\sigma_{sq}=\frac{M_q}{0.87h_0 A_s} \tag{7-2}$$

式中　$M_q$——初支结构内力（N·mm）；

　　　$A_s$——钢筋截面积（mm²）；

　　　$h_0$——构件受力结构高度（mm）。

计算可得钢筋跨中应力为 120.7MPa，支座处应力 201.3MPa（钢格栅纵向间距 500mm，每延米内含 8 根 $\phi25$ 钢筋），均远小于 $\phi25$ 的屈服强度。

（4）二衬结构竖向变形

二衬拱顶竖向变形共布设 6 个监测点。具体各监测点累计变形量统计如表 7-19 所示，变形时程曲线如图 7-85 所示。

二衬拱顶沉降累计值统计表　　　　　　　　　　表 7-19

| 测点号 | AB1 | AB2 | AB3 | CD1 | CD2 | CD3 |
|---|---|---|---|---|---|---|
| 累计变形量(mm) | −1.47 | −1.47 | −1.47 | −1.53 | −1.52 | −1.52 |
| 平均值(mm) | −1.50 ||||||

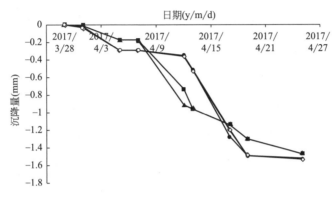

图 7-85　二衬拱顶沉降时程曲线图

结合施工进度与监测数据综合分析可得：

① 二衬拱顶竖向变形主要发生在二衬扣拱期间，站厅及站台层土方开挖期间初支结构变形趋于稳定。最大沉降量为−1.53mm，平均沉降量为−1.50mm。

② 二衬拱顶沉降主要受二衬拱顶初支传递过来的围岩应力、二衬背后回填注浆压力及二衬结构自重等多重因素影响。

（5）边桩顶压力

共布设了 6 根边桩的桩顶压力监测，数据总结分析如表 7-20 所示。特殊监测点变形时程曲线如图 7-86 所示。

桩顶压力计各阶段占比统计表　　　　　　　　表 7-20

| 边桩 | 扣拱开挖(MPa) | 初支凿除完成(MPa) | 二衬扣拱(MPa) | 站厅层土方开挖(MPa) | 中板浇筑完成(MPa) | 站台层土方开挖(MPa) |
|---|---|---|---|---|---|---|
| A1 | 0.21 | 0.31 | 0.34 | 0.69 | 0.75 | 0.68 |
| A4 | 0.29 | 0.40 | 0.57 | 0.77 | 0.75 | 0.76 |
| D1 | 0.32 | 0.37 | 0.40 | 0.61 | 0.72 | 0.48 |
| D2 | 0.33 | 0.45 | 0.51 | 1.06 | 1.14 | 0.95 |
| D3 | 0.26 | 0.34 | 0.50 | 0.68 | 0.68 | 0.71 |
| D5 | 0.26 | 0.33 | 0.42 | 0.64 | 0.70 | 0.48 |
| 平均值 | 0.28 | 0.37 | 0.46 | 0.74 | 0.79 | 0.68 |
| 各阶段变形所占总变形量百分比 | 35% | 11% | 11% | 36% | 6% | |

图 7-86　桩顶压力变形时程曲线

结合施工进度与监测数据分析可得：

① 桩顶压力变形主要发生在初支扣拱、二衬扣拱、站厅层土方开挖阶段，其各阶段变形量占总变形量的比例分别为：35%、22%、36%。最大值出现在站厅层土方开挖完成后，范围为 0.68～1.14MPa，平均值为 0.79MPa，根据边桩直径换算成荷载为 620.15kN。

根据式（7-2），理论计算中板完成后边桩顶荷载为 3553.43kN（按照全土柱法，覆土 14m；如果根据拱顶压力监测数据反推的松散围岩高度 3.5m，计算荷载为 2017.8kN）。理论计算值远大于现场实测值，可解释为荷载由边桩背后土体及导洞初支分担。

$$\begin{aligned} q &= (\gamma_1 h_1 + \gamma_2 h_2) \cdot L \cdot B \\ &= (19.5 \times 14 + 9.7 \times 20.7) \times 1.25 \times 6 \\ &= 3553.43 \text{kN} \end{aligned} \quad (7-3)$$

式中　$q$——边桩顶部荷载（kN）；

$\gamma_1$——顶板以上土层重度加权平均值，根据地层参数计算为 19.5kN/m³；

$\gamma_2$——结构所在土重度加权平均值，根据地层及结构参数计算为 20.7kN/m³；

$L$——边桩影响的长度（m）；

$B$——边桩影响的宽度（m）；

$h_1$——顶板以上边桩影响土层高度；

$h_2$——结构范围边桩影响土层高度。

② 边桩压力变形规律原因分析：a. 冠梁及假拱施作期间对桩顶压力影响较小，荷载沿小导洞初支直接向下传递到导洞底板地层处，桩顶及冠梁在导洞初支底板之上，受力较小。b. 初支扣拱期间，扣拱导洞土方开挖后围岩应力作用在格栅上，并随着开挖掌子面的推进，拱顶受覆土压力开始向两边传递到拱脚由边桩承担。c. 二衬扣拱期间，初支凿除后原拱顶荷载由导洞及大拱初支共同承担，变为由初支大拱单独承担并沿格栅传递拱脚，最终由边桩承担。d. 站厅站台土方开挖，侧墙及中板结构自重均由边桩承担，直到二衬框架结构全部完成。

③ 分析总结扣拱掌子面与边桩距离对边桩顶压力变形的影响范围如图 7-87 所示，从图中可以看出，边桩距离扣拱掌子面前 10m，桩顶压力开始出现增长变化，扣拱掌子面通过该桩 30m 后，桩顶压力出现平稳趋势。扣拱开挖对边桩顶压力的影响范围是 −10～30m。

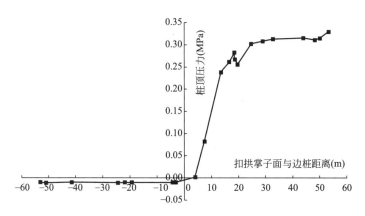

图 7-87 桩顶压力变形时程曲线

(6) 边桩钢筋内力

边桩钢筋内力在各工序节点值统计如表 7-21 所示，典型测点时程曲线如图 7-88 和图 7-89 所示。

边桩钢筋内力统计表    表 7-21

| 工序节点 | 假拱回填 | 初支扣拱 | 初支凿除 | 二衬扣拱 | 中板完成 | 站台层土方开挖 |
|---|---|---|---|---|---|---|
| 迎 6.35 | −0.02 | −0.64 | 0.00 | −0.81 | −5.50 | −7.14 |
| 迎 10.8 | −0.09 | −1.94 | −2.29 | −2.97 | −5.21 | −6.87 |
| 迎 15.1 | −0.12 | 0.39 | 0.53 | 0.33 | −2.17 | −2.26 |
| 迎 18.8 | / | / | / | / | / | / |
| 迎 22.2 | / | / | / | / | / | / |
| 背 6.35 | 0.05 | 2.38 | 2.98 | 3.85 | / | / |
| 背 10.8 | −0.13 | 2.15 | 2.74 | 2.56 | −2.37 | −1.50 |
| 背 15.1 | −0.10 | 0.28 | 0.48 | 0.40 | −1.36 | −2.33 |
| 背 18.8 | −0.11 | 0.31 | 0.45 | 0.43 | / | / |
| 背 22.2 | / | / | / | / | / | / |

图 7-88 迎土侧钢筋内力时程曲线

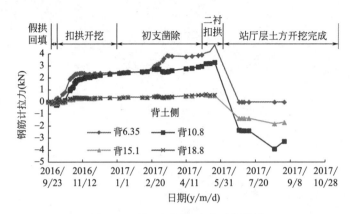

图 7-89 背土侧钢筋内力时程曲线

结合施工进度与监测数据综合分析可得：

① 钢筋内力变形主要发生在初支扣拱、二衬扣拱、土方开挖等三个阶段。其中初支扣拱和二衬扣拱阶段变形规律同桩顶压力变形规律，土方开挖阶段由于迎土侧土体侧压力造成桩身向车站侧发生变形，钢筋应力也急剧增加，并且均呈受压状态。

② 由于土方开挖桩侧摩阻力减少，致使桩轴力向下传递更深（桩深部的轴力急剧增加），增加的轴力由底板以下桩侧阻力承担。

（7）边桩混凝土应变

边桩混凝土应变在各工序节点值统计如表 7-22 所示，典型测点时程曲线如图 7-90 和图 7-91 所示。

边桩混凝土应变统计表　　　　　　表 7-22

| 工序节点 | 初支扣拱($\mu\varepsilon$) | 初支凿除($\mu\varepsilon$) | 二衬扣拱($\mu\varepsilon$) | 站厅层土方开挖($\mu\varepsilon$) | 站台层土方开挖($\mu\varepsilon$) |
| --- | --- | --- | --- | --- | --- |
| 迎0.5 | −172.79 | −232.41 | −259.12 | −287.83 | −275.84 |
| 迎1.75 | 19.50 | 46.43 | 52.08 | 58.98 | / |
| 迎3.55 | / | / | / | / | / |
| 迎7.55 | −33.29 | −40.73 | −48.83 | −65.69 | −197.69 |
| 迎10.72 | −22.26 | −32.60 | −39.03 | −53.58 | −56.99 |
| 迎15.55 | −23.92 | −26.19 | −30.79 | −45.80 | −137.96 |
| 背0.5 | 33.38 | 44.42 | 42.03 | 21.13 | / |
| 背1.75 | −161.03 | −219.62 | −245.22 | −283.18 | −345.02 |
| 背3.55 | −26.18 | −17.76 | −14.98 | −3.30 | / |
| 背7.55 | −101.65 | −125.32 | −138.50 | −154.37 | / |
| 背10.72 | −12.60 | −26.60 | −36.40 | −56.92 | / |
| 背15.55 | −16.75 | −24.85 | −28.97 | −51.20 | / |

根据表 7-22、图 7-90 及图 7-91 可知边桩混凝土应变变化规律同边桩钢筋内力相同。根据式（7-4）和式（7-5）计算边桩轴力如表 7-23 和图 7-92 所示。

$$\varepsilon_{轴} = (\varepsilon_{迎土侧} + \varepsilon_{背土侧})/2 \tag{7-4}$$

$$F = E_c \times A \times \varepsilon_{轴} \tag{7-5}$$

# 第7章 案例分析

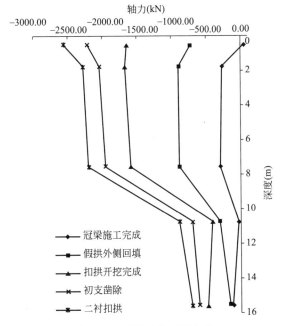

图 7-90 边桩轴力时程曲线

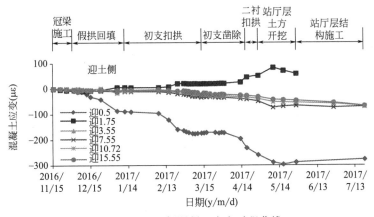

图 7-91 迎土侧混凝土应变时程曲线

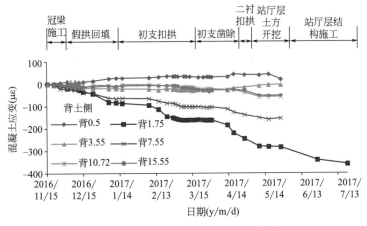

图 7-92 背土侧混凝土应变时程曲线

式中 $E_c$——混凝土弹性模量（C30 取值 $3\times10^7$ kPa）；
    $A$——边桩截面积（m²）。

**边桩轴力统计表**　　表 7-23

| 深度(m) | 假拱回填(kN) | 初支扣拱(kN) | 初支凿除(kN) | 二衬扣拱(kN) | 站厅层土方开挖(kN) |
|---|---|---|---|---|---|
| −0.5 | −712.84 | −1642.42 | −2214.74 | −2557.51 | −3142.00 |
| −1.75 | −895.93 | −1667.32 | −2040.32 | −2275.41 | −2641.32 |
| −7.55 | −886.44 | −1589.78 | −1956.25 | −2206.92 | −2592.47 |
| −10.72 | −298.99 | −410.63 | −697.44 | −888.65 | −1301.86 |
| −15.55 | −150.19 | −479.14 | −601.29 | −704.08 | −1142.73 |

根据式（7-6）计算桩侧摩阻力如表 7-24 所示。

$$q=\frac{\Delta F_N}{l_i\times\mu_p} \tag{7-6}$$

式中 $\Delta F_N$——相邻两个监测点轴力差（kN）；
    $l_i$——相邻两个监测点距离（m）；
    $\mu_p$——桩截面周长（m）。

**边桩侧摩阻力统计表**　　表 7-24

| 深度(m) | 假拱回填(kPa) | 初支扣拱(kPa) | 初支凿除(kPa) | 二衬扣拱(kPa) | 站厅层土方开挖(kPa) |
|---|---|---|---|---|---|
| 0.5～1.75 | −46.62 | −6.34 | 44.42 | 71.84 | 127.50 |
| 1.75～7.55 | 0.52 | 4.26 | 4.61 | 3.76 | 2.68 |
| 7.55～10.72 | 58.99 | 118.40 | 126.40 | 132.37 | 129.59 |
| 10.72～15.55 | 9.81 | −4.51 | 6.34 | 12.16 | 10.49 |

① 桩身混凝土应变整体呈受压状态，利用桩身应变可计算桩身轴力（图 7-90）和桩侧摩阻力。A 轴和 C 轴边桩的轴力均为压力，且随施工进行，压力逐渐增大。A 轴边桩 1.75～3.55m 深度范围内，出现了负摩阻力，C 轴边桩 0.5～1.75m 深度范围内，在扣拱开挖完成之前，出现了负摩阻力，可能与后注浆施工有关。

② 边桩同一深度处，迎土侧和背土侧的应变是不一样的，如图 7-91 和图 7-92 所示。桩顶和桩端的差别明显，桩身中部的差别小，规律符合圣维南原理[①]。

（8）边桩顶竖向位移

具体各监测点累计变形量统计如表 7-25 所示。

---

① 圣维南原理（Saint Venant's Principle）是弹性力学的基础性原理，是法国力学家圣维南于 1855 年提出的。其内容是：分布于弹性体上一小块面积（或体积）内的荷载所引起的物体中的应力，在离荷载作用区稍远的地方，基本上只同荷载的合力和合力矩有关；荷载的具体分布只影响荷载作用区附近的应力分布。

边桩顶竖向变形统计表  表7-25

| 测点号 | A01 | A02 | A03 | A04 | A05 | A06 |
|---|---|---|---|---|---|---|
| 变形量(mm) | -3.48 | -4.19 | -3.46 | -6.94 | -4.50 | -8.57 |
| 测点号 | A07 | A08 | A09 | D01 | D02 | D03 |
| 变形量(mm) | -4.69 | -9.39 | -5.75 | -6.17 | -7.48 | -3.61 |
| 测点号 | D04 | D05 | D06 | D07 | D08 | D09 |
| 变形量(mm) | -6.97 | -4.36 | -6.66 | -4.31 | -8.73 | -5.09 |
| 平均值(mm) | -5.80 | | | | | |

① 根据监测数据边桩桩顶沉降平均值为-5.80mm。

② 边桩顶的竖向位移与边桩承担的竖向荷载、边桩施工质量（桩侧泥皮、桩底沉渣、钻孔塌孔等）、桩身弹性压缩、桩端地层压缩变形、边桩的侧向水平位移等有关。

（9）边桩桩身水平位移

具体各传感器数据如表7-26所示，时程曲线如图7-93所示。

桩体水平变形统计表  表7-26

| 深度(m) | 扣拱完成(mm) | 二衬完成(mm) | 站厅层土方开挖(mm) |
|---|---|---|---|
| -0.5 | 0.00 | 6.45 | 10.02 |
| -2.5 | 0.00 | 6.58 | 11.81 |
| -4.5 | 0.00 | 5.81 | 11.81 |
| -6.5 | 0.00 | 5.18 | 10.16 |
| -8.5 | 0.00 | 4.54 | 8.62 |
| -16.5 | 0.00 | 0.45 | 0.45 |
| -17.5 | 0.00 | 0.00 | 0.00 |

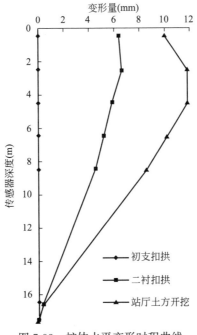

图7-93 桩体水平变形时程曲线

结合施工进度与监测数据综合分析可得：

① 桩体水平位移均向车站内变形，主要发生在站厅层土方开挖期间和二衬扣拱施工期间。边桩主要受侧向水土压力作用产生的侧向变形，初支扣拱前其边桩所受的边拱推力将与边导洞的侧向土压力平衡；二衬扣拱完成后进行主体土方开挖，边桩承受未开挖土体侧的水土压力，桩身发生侧向水平位移，但是桩顶部因已施工的二衬结构可视作一道抵抗侧向变形的水平支撑，因此桩顶侧向位移受到控制。

② 二衬扣拱完成后，桩体水平位移最大为6.58mm，发生在深度为0.5m和2.5m处；站厅层土方开挖完成后，最大水平位移增加至11.81mm，发生在深度为2.5m和4.5m的测点上，出现了"鼓肚"变形。

## 7.2 典型风险案例分析

### 7.2.1 明挖法车站底板涌水

**1. 工程概况**

某地铁基坑总长度159.6m，其中标准段宽度35.8m，深度22.49m；盾构井长15.6m，宽度39.2m，深23.89m。围护结构采用地下连续墙+内支撑+坑内降水的支护方案。内支撑体系采用竖向4道钢支撑，中间设临时立柱。第一、二、四道钢支撑采用D609×16钢管撑，第三道钢支撑采用D800×20钢管撑，第一道横撑间距6m，其余横撑间距3m，盾构井段竖向增设一道换撑D609×16（后期经四方会议论证取消）。基坑内中间设两道临时格构柱，纵向间距6m，水平间距10.8m（距离地下连续墙为12.5m），临时立柱下为桩基础。地下连续墙厚度0.8m，混凝土强度等级为C30，采用工字钢接头，墙嵌固深度进入基坑底面下隔水层。基坑地连墙标准段嵌固深度7m，其中5.5~7m深度范围内为素混凝土段；盾构井段基坑地下连续墙嵌固深度11m，其中6~11m深度范围内为素混凝土段。基坑保护等级为一级基坑，无环境风险源。具体基坑结构及布点如图7-94所示。

土方开挖遵循"纵向分段、竖向分层、中部拉槽、先撑后挖、随挖随支"的原则，控制好挖土长度和深度，随挖随撑。

工程水文地质情况：地下连续墙范围内地层主要为黏质粉土、粉质黏土、粉砂、细砂等。基坑底部主要为砂质粉土和细砂层。地层富含多层地下水，上层滞水、潜水、层间潜水~承压水和承压水等五层水，其中承压水（五）的测压水位位于结构底板以上9m左右。

基坑坑内疏干采用管井，井径600mm，井管类型为无砂混凝土滤管，井间距15m，井深28m，约30口，沿基坑长边方向设置三排。

**2. 监测方案设计**

根据相关规范及技术标准要求，本项目主要监测内容为：

（1）桩顶水平位移

（2）桩体水平位移

（3）钢支撑轴力

(4) 格构柱竖向及水平位移

(5) 周边地表竖向位移

监测点布设平面如图 7-94 所示。

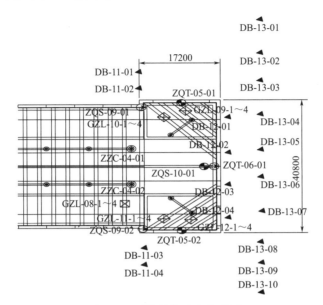

图 7-94　基坑结构及布点平面

**3. 事件过程描述及应急措施**

1) 基坑围护结构及周边地表突变

(1) 工程进度描述

11 月 13 日基坑盾构井土方开挖到第四道钢支撑下 1m 位置，第三道钢支撑最外侧斜撑未架设，邻近斜撑的直撑有一道未架设，第四道钢支撑均未架设。基坑盾构井周边地表、墙体均发生突变，施工单位立即停止施工。

(2) 监测数据变形

① 基坑周边地表：基坑周边地表急剧变形，形成明显沉降槽，最大变形点位于基坑盾构井中间，变形速率为 −45.66mm/d。周边地表沉降槽曲线如图 7-95 所示。

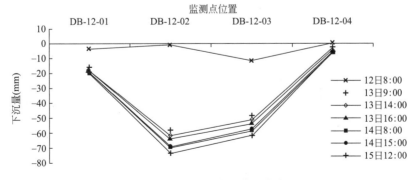

图 7-95　周边地表沉降槽曲线

② 基坑围护结构：盾构井中间墙体水平位移发生急剧变形，最大变形位置在－15m处，变形速率为56.62mm/d，累计变形量为72.86mm（向坑内变形）。连续墙水平变形曲线如图7-96所示。

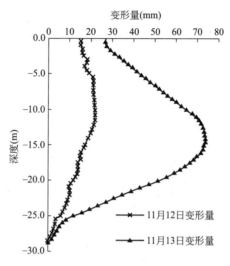

图7-96 连续墙水平变形曲线

③ 基坑钢支撑轴力：第二道钢支撑轴力急剧增加，GZL10-2轴力从442kN激增到1234kN，增幅约为180%；GZL11-2轴力从330kN激增到978kN，增幅约为196%。轴力变化曲线如图7-97所示。

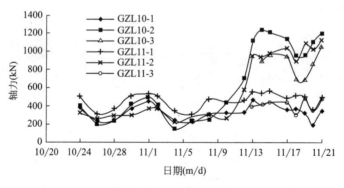

图7-97 轴力变化曲线

以上数据均说明基坑周边地表及围护结构在12日当天发生突变。

(3) 巡查情况：基坑周边地表明显凹陷（中间凹陷变形较大，向两边逐渐变小），周边地表发生新增裂缝（均是以盾构井边长中间为圆心的弧形裂缝）。明显看出基坑周边地表发生较大的沉降变形，并与监测数据吻合。

(4) 应急措施：施工单位立即停止施工，架设第三道最外侧斜撑及最近一道支撑，及时施加轴力并整体补设钢支撑轴力，并在盾构井周边进行雷达空洞探测（如发现空洞及严重松散区及时进行注浆加固）。

2) 支护结构发生裂缝变形

11月17日巡查发现基坑东侧盾构井南侧阳角东侧、北侧阳角东西侧地下连续墙发生渗水,到 11 月 21 日,基坑东侧盾构井南侧阳角东侧、北侧阳角东西侧地下连续墙出现纵向裂缝,施工单位立即架设第四道钢支撑,并在基坑周边(连续墙发生裂缝渗水处)地表进行深孔注浆,确保连续墙裂缝处不再渗水。

期间基坑周边地表监测点、墙体水平位移、墙顶水平位移、支撑轴力等均未出现较大变形,变形速率均在控制值范围之内。

3)坑底涌水

(1)工程进度描述:经各方同意后,11 月 23 日、24 日施工单位对基坑盾构井进行土方开挖,截至 24 日晚盾构井东北角开挖到距离底板 30cm 处,东南角开挖到距离基坑底板 1m 处。

(2)事件描述:11 月 25 日早巡查发现基坑盾构井东北角发生底板涌水,水量约 18$m^3$/d。

(3)应急措施:及时进行抽排水,11 月 25 日晚经各方一致决定在盾构井东北侧涌水处进行碎石填埋反压,盾构井其他部位进行填土反压。

**4. 事件原因分析**

1)基坑支护结构及周边地表突变

经分析,基坑周边地表及围护结构发生突变存在基坑超宽等客观因素,但其主观因素才是造成本次突变的主要原因:

(1)第三道钢支撑最外侧一道斜撑和最近一道直撑架设滞后,严重违反设计要求。

(2)第二道、第三道钢支撑轴力均存在轴力明显不足情况,第一道钢支撑设计轴力 1165kN,实测轴力约 300kN,只达到设计轴力的 25%左右;第二道钢支撑设计轴力 2715kN,实测轴力约 300kN,只达到设计轴力的 11%左右;第三道钢支撑设计轴力 5719kN,实测轴力约 900kN,只达到设计轴力的 16%左右。严重违反相关技术对钢支撑轴力要达到设计轴力 40%~60%的要求。

(3)开挖顺序不利于盾构井基坑稳定。根据巡查结果,盾构井土方开挖顺序为先中间,逐渐向两侧收土,致使盾构井墙中间部位过早临空,不利于盾构井边墙稳定。

(4)钢支撑(斜撑)在盾构井处小角度汇交,不利于垂直力传递到连续墙上。

(5)基坑周边存在堆载情况。

2)支护结构发生裂缝变形

基坑发生突变后,施工单位停工后未进行复工。经分析后续基坑连续墙连接处发生渗水、裂缝等主要原因是前期基坑围护结构变形造成的。

3)坑底涌水

(1)从监测数据判断

从地表监测数据沉降槽可看出:①基坑底板涌水期间,基坑周边地表沉降量及沉降范围均增大;②基坑盾构井两边地表沉降量不对称,东北角(涌水处)的地表变形量大于东南角的地表变形量。以上两点变形规律均符合因水量流失造成的地层沉降变形规律,特别是东北角地表(涌水处)的变形量大于东南角地表的变形量,可初步判断盾构井东北角涌水造成连续墙外地层水土流失,致使地表沉降。

总之,从监测数据可判断为基坑底板涌水期间、基坑外发生大量水土流失。

(2)从水文地质判断

基坑盾构井处连续墙嵌固深度 11m,其中 6~11m 深度范围内为素混凝土段,连续墙底板坐落于⑦₃粉质黏土层内,但地连墙插入隔水层部分深度 0.5～1.3m。⑥₃细砂为承压水④,⑦₂细砂地层为承压水⑤,施工过程中只对承压水④进行坑内疏干。

具体原因可能是地质⑦₃地层勘察精度不高,地下连续墙实际并未插入隔水层;也可能是地下连续墙底部素混凝土接缝效果不佳,造成地下连续墙接缝处渗水等均易造成坑外承压水⑤与坑内承压水⑤串联,并且承压水⑤水头较高(底板上 9m),极易造成承压水⑤冲破隔水层⑦₁粉质黏土层与地层⑥₃内的承压水④贯通,在基坑坑底发生突涌。

综合以上两点原因分析可得出:基坑底部涌水是因地下连续墙并未起到本应有的隔离作用,造成坑外承压水⑤与坑内承压水⑤串联,而承压水⑤水头较高,冲破隔水层致使基坑坑底涌水发生。

**5. 基坑后续施工措施**

根据原因分析,初步采用基坑周边打设减压降水井和对基坑坑内土体进行注浆加固的方法进行处理,具体如下:

(1) 基坑周边减压降水

在基坑周边共打设 24 口降水井,基坑南北两侧各 12 口,水平间距 6m,井深 37m,距离基坑水平位移约 13m,直接对⑦₂地层内的承压水⑤进行降水。具体布设平面如图 7-98 所示。

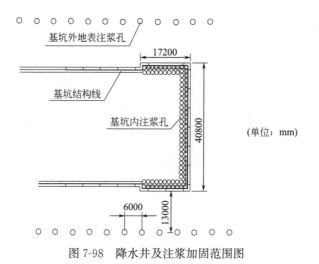

图 7-98 降水井及注浆加固范围图

(2) 基坑内土体注浆加固

对基坑内土体进行注浆加固,注浆过程中采用隔孔注入方式,保证土体浆液扩散均匀。钻孔深度 6.0m(±0 以上 1.5m,±0 以下 4.5m),注浆加固厚度 4.5m(±0 以下 4.5m)。注浆范围内采用浓度大、速凝 A 液(水泥浆添加一定比例的添加剂)和 B 液(改性水玻璃)及 C 液(速凝剂)的混合液注入地层。注浆压力为 0.8～1.0MPa。注浆扩散半径为 500mm。具体注浆平面如图 7-98 所示。

(3) 效果评价

截至 12 月 11 日,水位已降至 −23m,经各方一致同意,施工进行土方开挖。截至 12 月 12 日,基坑开挖至距离底板约 2m 位置,停止土方开挖,进行坑内土体加固。加固完成后继续开挖,开挖过程中土体干燥,基坑自身结构及周边地表变形速率均在可控范围内，处理措施达到预期效果。

基坑盾构井底板完成后，对周边地表沉降进行统计，如表 7-27 所示，从表中可看出周边地表变形主要发生在基坑突变、涌水和降水期间。其中基坑周边减压降水井降水造成基坑周边地表沉降约 20mm，并且涉及范围广。

基坑周边地表监测点分阶段变形量统计表　　　　　表 7-27

| 点号 | 突变期间变形量（mm） | 裂缝期间变形量（mm） | 涌水期间变形量（mm） | 降水期间变形量（mm） | 总体变形量（mm） |
| --- | --- | --- | --- | --- | --- |
| DB-12-01 | −23.07 | −0.48 | −9.9 | −25.23 | −58.68 |
| DB-12-02 | −75.75 | −2.0 | −10.83 | −23.21 | −111.79 |
| DB-12-03 | −66.18 | 0 | −9.0 | −20.64 | −95.82 |
| DB-12-04 | −8.03 | 0 | −1.44 | −19.67 | −29.14 |

### 7.2.2　隧道注浆引发地面隆起

**1. 工程概况**

某双向换乘通道采用中洞法施工，结构宽 13.9m，高 7.57m，覆土约 2.49～4.35m。拱顶地层工程性质差，主要为素填土、粉细砂和圆砾层，且受上层滞水影响，风险较大，施工过程中采用超前小导管、全断面深孔注浆、路面铺钢板、加强施工管理等多种措施。具体平面与纵剖面如图 7-99 和图 7-100 所示，双向换乘通道横剖面地质情况如图 7-101 所示。

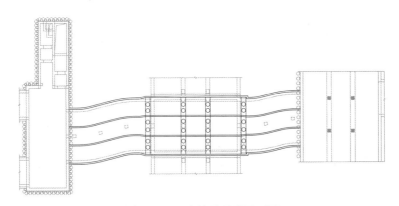

图 7-99　双向换乘通道平面图

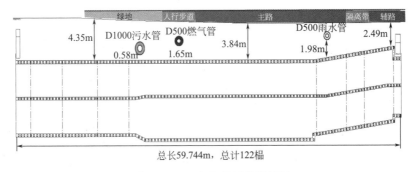

图 7-100　双向换乘通道纵剖图

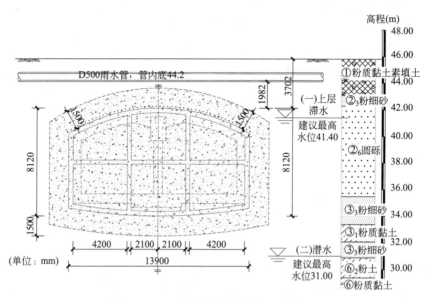

图 7-101 双向换乘通道横剖面地质情况

施工步序如图 7-102 所示。

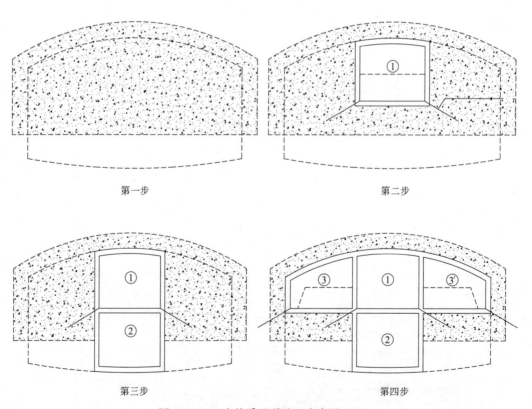

图 7-102 双向换乘通道施工步序图（一）

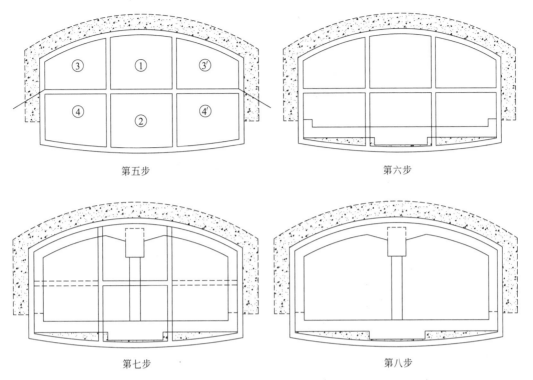

图 7-102 双向换乘通道施工步序图（二）

**2. 监测方案设计**

双向换乘通道的监测点平面布置如图 7-103 所示。

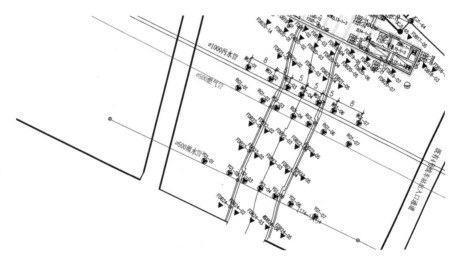

图 7-103 双向换乘通道监测点平面布置图

**3. 事故过程分析**

2016 年 4 月 5 日早晨，双向换乘通道因隧道内掌子面深孔注浆压力过大造成地面冒浆，道路隆起，如图 7-104 和图 7-105 所示。

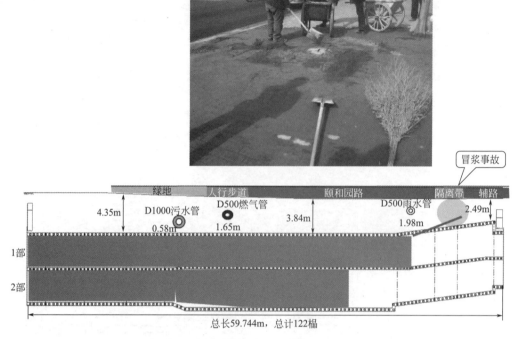

图 7-104 地面冒浆位置

图 7-105 地表隆起

另外，双向换乘通道垂直下穿3条市政管线，D1000 污水管（与结构净距 580mm）、D500 天然气管（与结构净距 1650mm）、D500 雨水管（与结构净距 1982mm），具体地面冒浆位置如图 7-104 所示。施工期间三条管线均发生较大变形，差异沉降均超过控制值。双向换乘通道下穿沉降槽如图 7-106 所示。

**4. 事故原因分析**

施工过程中为控制地表和管线沉降，施工过程中多次进行注浆，由于覆土较浅，注浆压力控制不佳，注浆过程中因压力过大造成地表出现隆起情况，甚至发生冒浆事故。具体各监测点沉降变形时程曲线如图 7-107 所示，地表等沉曲线如图 7-108 所示。

经过多次注浆试验摸索得出：注浆过程中，既要控制注浆量，也要控制注浆压力，保证注浆压力维持在适当范围以内，不至于抬升地表，让浆液缓慢向孔隙中渗透，从而起到良好的加固效果。

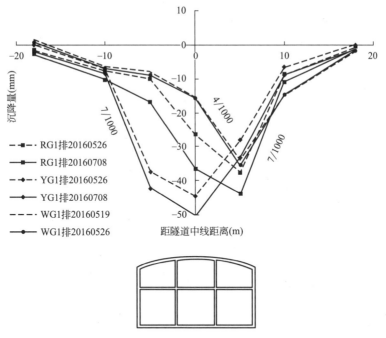

图 7-106 双向换乘通道下穿沉降槽

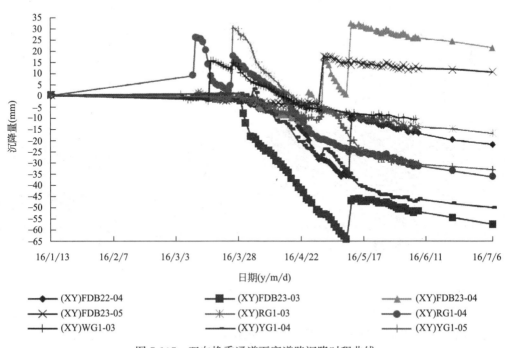

图 7-107 双向换乘通道下穿道路沉降时程曲线

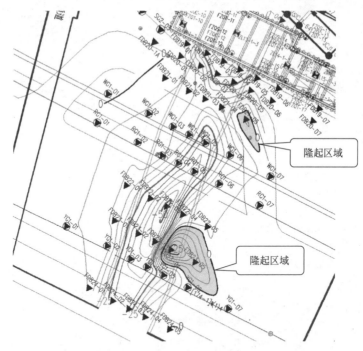

注：相邻等沉线的沉降差是5mm，阴影区域代表隆起，其他区域均为下沉。

图 7-108　双向换乘通道地表等沉线

### 7.2.3　盾构穿越道路异常变形

**1. 工程概况**

某区间采用盾构法施工，通过监测发现区间穿越道路某些区域的沉降变形比较剧烈，沉降值和速率比较大，连续几天出现红色预警，橙色预警更加频繁，其中最大变形速率超过了 20mm/d。区间地质剖面情况如图 7-109 所示。

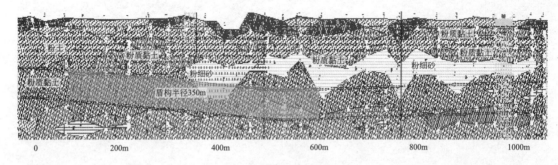

图 7-109　地质剖面图

**2. 原因分析**

经统计发现变形较大的位置，盾构拱顶上方均有 1～3m 厚的粉细砂层。经分析认为由粉细砂层的地质条件造成了盾构掘进过程中引发地表较大沉降量。

盾构始发、接收和转弯时，盾构机姿态控制难度加大，对地表沉降有加剧作用，为避开这些因素的影响，选择里程 500～1000m 平直段为研究对象。绘制沉降分布图如图 7-110 所示。

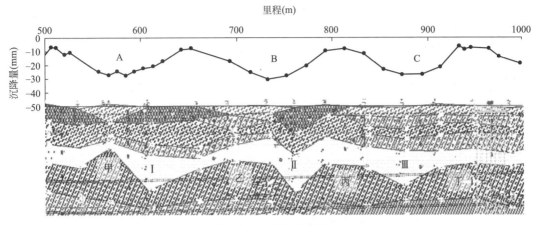

图 7-110 沉降分布图

为了便于分析，自北向南分别命名盾构拱顶上方沉降较大的三个区域为 A 区、B 区、C 区，其下对应的盾构拱顶在粉细砂层中掘进的三个区域分别命名为 I 区、II 区和 III 区，邻近的粉质黏土层分别命名为甲区、乙区、丙区和丁区。

地表沉降 A 区基本上以粉细砂层 I 区为中心，最大沉降量为 27.16mm，盾构掌子面上端 2m 厚为③₃ 粉细砂层，下端 4m 厚为③₁ 粉质黏土层，根据勘察报告，③₃ 粉细砂层中密或密实，饱和，黏聚力为 0，内摩擦角为 25°，压缩模量 $E_{s1-2}=15MPa$，土层修正后围岩分级为 Ⅵ 级，土石可挖性为 Ⅱ 级，在地下水作用下易坍塌，无法形成应力拱，围岩稳定性差。相对于粉质黏土，这种土较松散。盾构掘进过程中易使拱顶上方的粉细砂大量散落，快速坍塌形成空洞，并逐步向上发展造成地表沉降。

③₁ 粉质黏土层甲区和乙区上方的地表沉降，则要明显减少许多，如粉质黏土层甲区上方的地表沉降量最大为 12.16mm，约占地表沉降 A 区最大沉降量的 44.8%，粉质黏土层乙区上方的地表沉降量最大为 17.35mm，约占地表沉降 A 区最大沉降量的 63.9%。盾构施工过程中粉质黏土更有利于控制沉降变形。

地表沉降 B 区基本上以粉细砂层 II 区为中心，最大沉降量为 30.17mm，盾构掌子面上端 3m 厚为③₃ 粉细砂层，约一半在粉细砂层中，一半在粉质黏土中。

③₁ 粉质黏土层乙区和丙区上方的地表沉降，则要明显减少许多，如粉质黏土乙区上方的地表沉降量最大为 17.35mm，约占地表沉降 B 区最大沉降量的 57.5%，粉质黏土层丙区上方的地表沉降量最大为 20.20mm，约占地表沉降 B 区最大沉降量的 67.0%。

地表沉降 C 区基本上以粉细砂层 III 区为中心，最大沉降量为 27.13mm，盾构掌子面上端 2m 厚为③₃ 粉细砂层，下端 4m 厚为③₁ 粉质黏土层。

③₁ 粉质黏土层丙区和丁区上方的地表沉降，则要明显减少许多，如粉质黏土层丙区上方的地表沉降量最大为 20.20mm，约占地表沉降 C 区最大沉降量的 74.5%，粉质黏土层丁区上方的地表沉降量最大为 14.04mm，约占地表沉降 C 区最大沉降量的 51.8%。

另外，经过 A 区、B 区、C 区最大沉降量与粉细砂层厚度分析，可得粉细砂层厚度和产生的地表沉降变形成正比关系。

**3. 变形规律分析**

为了更好地理解粉细砂层对盾构掘进地表沉降的影响，利用有限元软件 Plaxis 8.5 进行数值模拟。数值模拟采用 2D 模型，宽度为 400m，厚度为 75m，盾构直径为 6m，管片厚度为 0.35m，中心埋深为 30m，"上层"土和"下层"土的分界面埋深也是 30m，地下水位根据勘察报告，取埋深为 7m。模型左、右边界限制法向位移，底部固定。为简化计算，本次模拟只考虑③$_1$ 粉质黏土和③$_3$ 粉细砂两种土层，土的各项参数如表 7-28 所示，模型网格划分如图 7-111 所示。

材料参数　　　　　　　　　　　　　　　　　表 7-28

| | $E_{oed}^{ref}$(kPa) | $E_{ur}^{ref}$(kPa) | $E_{50}^{ref}$(kPa) | $c$(kPa) | $\varphi$(°) | $k$(m/d) | $e$ | $\gamma$ | $\gamma_{sat}$ |
|---|---|---|---|---|---|---|---|---|---|
| 粉质黏土③$_1$ | 5800 | 22620 | 5220 | 16 | 23 | 0.1 | 0.69 | 20.00 | 20.17 |
| 粉细砂③$_3$ | 13500 | 76950 | 17550 | 1 | 25 | 3 | 0.70 | 19.00 | 20.64 |

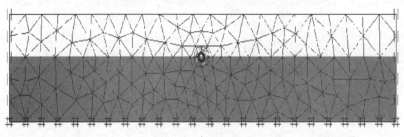

图 7-111　网格划分

为了比较不同地层条件地表沉降的差异情况，先后进行三次模拟，每次模拟在建立几何模型时，按照表 7-28 和表 7-29 对各土层进行定义。

土层定义　　　　　　　　　　　　　　　　　表 7-29

| | 第 1 次 | 第 2 次 | 第 3 次 |
|---|---|---|---|
| 上层 | 粉质黏土③$_1$ | 粉细砂③$_3$ | 粉细砂③$_3$ |
| 下层 | 粉质黏土③$_1$ | 粉质黏土③$_1$ | 粉细砂③$_3$ |

经计算输出地表沉降值，绘制沉降槽曲线如图 7-112 所示。

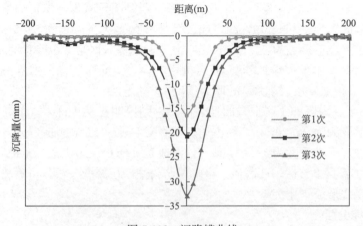

图 7-112　沉降槽曲线

从图 7-112 中可以看出,在相同盾构施工条件下(超挖率),地层情况对隧道上方的沉降槽具有显著的影响。第 1 次模拟中沉降最大值为 16.48mm;第 2 次模拟中沉降最大值为 21.01mm;第 3 次模拟中沉降最大值为 33.07mm。

从这 3 次模拟的结果来看,盾构拱顶进入粉细砂层中掘进可以明显增大地表沉降趋势。而盾构掌子面进入粉细砂层的厚度越厚,沉降变形也越明显。此规律与图 7-110 实测变形规律一致。

### 7.2.4 道路塌陷

**1. 工程概况**

某地铁暗挖区间全长约 1190.8m,单洞单线断面隧道,采用马蹄形结构形式,内净宽 5.38m,内净高 5.64m,初支厚 250mm(采用钢格栅骨架,喷射 C25 早强混凝土结构),二衬结构厚 300mm(现浇 C40 混凝土结构),采用台阶法施工。区间覆土厚度 17.2~22.6m。区间周边环境复杂,顺行及下穿多条城市市政管线。

区间深度范围内穿越地层主要为粉质黏土、卵石、基岩等,存在三层地下水,即潜水(二)、承压水(三)和基岩裂隙水(四)。

暗挖隧道开挖过程中采用单排超前小导管注浆对地层预注浆加固。拱顶小导管环向间距 0.3m,纵向每榀打设,单根长度 2m,外插角 15°~20°。小导管选用直径 25mm、长度 2.75m 的焊接钢管,打设过程中管壁每隔 100~200mm 交错钻眼,眼孔直径 6~8mm,根据开挖面前方的围岩条件控制注浆压力,终压不大于 0.5MPa,要求加固体半径不得小于 0.25m。当遇到风险较高的风险源时,辅助措施为:

(1) 下穿热力隧道、热力井。采用深孔注浆,注浆范围为顶部初支轮廓外 1.5m,底部为初支轮廓外 2m,注浆浆液为水泥-水玻璃双液浆。

(2) 下穿建筑物及道路桥桩。采用深孔注浆。注浆范围为初支轮廓外 3m,注浆浆液为水泥-水玻璃双液浆。

(3) 穿越不良地层。隧道掘进过程中拱部遇到含碎石粉质黏土⑤b5 层,土层厚度较大,富水。采用深孔注浆,掌子面采取初支轮廓外 2m+上半断面初支轮廓内 1m 深孔注浆加固。拱部 120°范围内增设小导管,$L=2.0$m,环向间距 300mm,每榀打设。具体如图 7-113 所示。

施工期间对地表等周边环境监测与巡视,具体监测点布设断面如图 7-114 所示。

**2. 事故经过及应急处理**

9 月 2 日凌晨 3 时 03 分,区间 2 号竖井右线向北上导洞开挖进尺 100m 时,隧道内掌子面突发涌水涌泥险情。

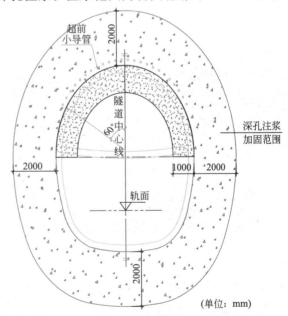

图 7-113 不良地质范围内隧道辅助加固措施剖面图

区间拱顶埋深约16m，对应隧道掌子面的地表位置为城市快速道路辅路，周边存在DN600雨水管线（埋深1.2m）、通信管线、西侧5m×3m热力方沟（底埋深10m）。具体事故位置周边环境剖面如图7-115所示。

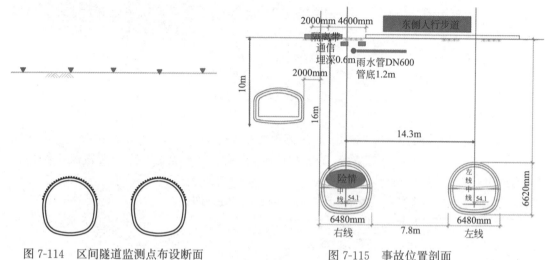

图7-114　区间隧道监测点布设断面　　　　图7-115　事故位置剖面

事故发生后，施工单位立即启动应急预案。掌子面临时封堵、在路面对应位置设置警戒线封闭并进行交通疏导、开展空洞探测和应急监测，具体如图7-116所示，并第一时间通知相关参建单位、政府职能部门及产权单位。

险情持续到上午8时许，掌子面涌泥突破掌子面封闭上半断面约8m长。上午10时许，地表封闭区域内道路突然发生塌陷，形成东西长约7m、南北宽约5m、深约5m的塌坑。塌坑范围内DN600雨水管线断裂，通信管线悬空，一根电力线杆和打孔地质钻机掉进坑内，具体如图7-117所示，未造成人员伤亡。

图7-116　事故位置掌子面应急封堵　　　　图7-117　道路路面塌陷

中午11时30分左右，为防止塌陷区扩大，尽快恢复路面，形成两步应急处理措施：第一步处理意见为：

（1）洞内处理，对掌子面进行刚性封堵，并及时抽排渗漏水。在洞内坍塌位置采用袋装水泥进行堆砌,防止拱部土体塌落,然后采用I22工字钢7道+纵向连接筋@2m+单层 Φ6@150mm×150mm 钢筋网+300mm 厚 C25 喷混对塌方处进行刚性封面。具体如图 7-118 所示。

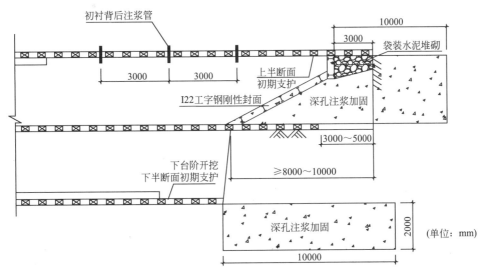

图 7-118　洞内刚性封面示意图

(2) 地面处理,在洞内刚性封面完成后,对地面塌陷区域先用混凝土自下而上分层回填至管线底,待雨水、通信等管线恢复后,采用级配砂石回填至地面,混凝土与级配砂石共计 220m³,道路恢复交通。

(3) 加强掌子面及洞身巡视和监测。

第二步处理意见为:

(1) 地面处理,从地面向下方的塌方体进行注浆;对周边管线进一步详细排查,对周边地面进行空洞普查。

根据应急雷达探测报告显示,塌陷区周边存在 3 处疏松病害区,采取由地面向下进行注浆加固土体,共打设 4 个注浆孔,注浆浆液为水泥浆,具体注浆参数如表 7-30 所示。注浆完成后对该区域进行复测,未发现疏松区域。

深孔注浆参数一览表　　　　　　　　表 7-30

| 孔位 | 打设角度及长度 | 注浆浆液 | 水泥浆液(m³) | 水泥用量(t) | 注浆终压(MPa) |
|---|---|---|---|---|---|
| 1 | 垂直打设 12m | 水泥浆<br>水灰比<br>1:1 | 5.53 | 4.2 | 0.6 |
| 2 | 垂直打设 12m+45°打设 4m | | 8.23 | 6.25 | 0.7 |
| 3 | 垂直打设 12m+45°打设 6m+20°打设 4m | | 19.17 | 14.55 | 0.7 |
| 4 | 垂直打设 12m+45°打设 5m | | 5.27 | 4 | 0.5 |

(2) 洞内处理,在掌子面刚性支护完成后,在掌子面范围进行探测和全断面深孔注浆,注浆加固长度 10m,同时对下半断面初支结构外 2m 范围进行注浆加固,加固长度 10m,深孔注浆采用水泥-水玻璃双液浆。后退式深孔注浆工艺,该部位深孔注浆浆液总量 335.437m³ 双液浆,注浆终压 0.5~0.8MPa(图 7-119)。

在对掌子面前方深孔注浆的同时，对洞内进行初支背后回填注浆，确保初支背后结构密实，背后回填注浆总量13.18m³水泥浆。

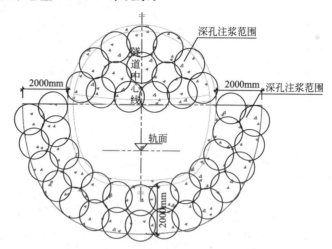

图 7-119　洞内深孔注浆范围示意图

（3）复工后措施，保证上台阶通过塌方区域后，再对塌方区进行径向注浆，最后进行塌方区的下台阶施工。

**3. 事故原因分析**

经综合分析，事故发生原因主要表现为以下几点：

（1）遇到不良地质体。根据地勘报告所示，工程所在地层处于山前坡洪积层、冲洪积层过渡地段，地质条件复杂，地层层序变化较剧烈（图7-120）。区间右线向北开挖掌子面前方拱顶地层正处于碎石的粉质黏土层⑤b5、卵石⑤、粉质黏土⑤b4交接位置，且含碎石的粉质黏土层⑤b5、卵石⑤正是地层自山前向山下水流通道，特别是遇短时暴雨（9月1日该地区突降短时暴雨），水流量激增，冲击力极大，在地层变化交界处极易形成水囊，另外施工扰动易造成隔水层粉质黏土⑤b4（地层较薄）破坏，突发掌子面失稳、涌水涌泥。

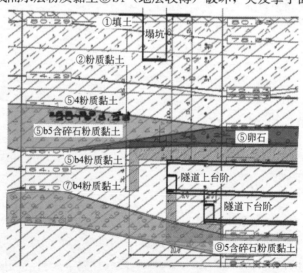

图 7-120　事故位置不良地质体

(2) 生态补水水位上升。4~6月河水生态补给，使区间拱顶存在潜水（二），卵石⑤层及⑤b5中含水量较大。具体水位监测情况如表7-31所示，水位变化时程曲线如图7-121所示。

水位监测情况一览表　　　　　　　　　表7-31

| 序号 | 观测井位置 | 初始观测情况 | | 最近一次观测情况 | | 水位变化量(m) | 水位变化情况 |
|---|---|---|---|---|---|---|---|
| | | 观测时间 | 水位(m) | 观测时间 | 水位(m) | | |
| 1 | 事故位置北300m | 2020/1/2 | 84.13 | 2020/11/12 | 81.38 | -2.75 | 水位下降2.75m |
| 2 | 事故位置 | 2020/1/2 | 76.32 | 2020/11/12 | 74.00 | -2.31 | 水位下降2.31m |
| 3 | 事故位置南1公里 | 2020/9/15 | 38.20 | 2020/11/13 | 38.47 | -0.27 | 水位下降0.27m |
| 4 | 事故位置南2公里 | 2020/4/7 | 41.02 | 2020/11/15 | 36.36 | 4.66 | 水位上升4.66m |

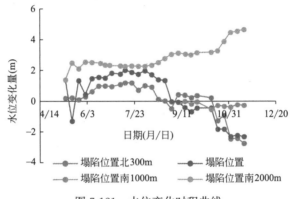

图7-121　水位变化时程曲线

(3) 地形低洼积水严重。该地区地势呈西北高，东南低，区间线路沿"沟谷"敷设，道路地势较周围地势较低。道路汇水积水严重。

(4) 注浆效果不佳。事故位置正处于单排超前小导管注浆和全断面外轮廓深孔注浆过渡段，巡视未见掌子面明显浆脉，掌子面注浆效果不佳。

(5) 渗水严重。该暗挖区间地层起伏较大，地质条件复杂，拱顶土层水量较大，施工难度大。施工过程中经常出现掌子面渗水、局部渗水成名流状，拱脚处因积水而长期浸泡，仰拱积水达30cm，纵向连接筋未能有效连接等问题。多次触发巡视联系单、巡视预警等。

(6) 风险意识淡薄。掌子面开挖过程中，未能按照设计要求进行超前地质探测，特别是在地质条件复杂的情况下，风险管理意识淡化，未能提前发现隐患并消除隐患。

(7) 监测数据未引起重视。道路塌方旁存在地表监测点RL1-24、YG2-24、DB2-24。其中YG2-24位于掌子面正上方位置，9月1日累计-2.2mm，速率-1.92mm/d，已经发生竖向变形；9月2日事故当天，监测启动应急措施，在洞内突涌对应地表增加临时监测点并加大监测频率，监测结果表明：监测点YG2-24在7:30时累计变形量-10.52mm，阶段变形量-8.32mm，速率-1.04mm/h；9:30时累计-12.98mm，阶段变形量-2.46mm，速率-1.23mm/h；10点道路发生塌陷事故，监测点掉落塌坑内。从监测点YG2-24变形可看出在道路塌陷前，监测点YG2-24急剧下沉，变形速率较大，事故位置监测点时程曲线如图7-122所示，另外根据9:30的监测结果绘制塌陷事故处隧道横向监测点变形沉降槽如图 7-123 所示，从图中可看出以事故塌陷位置为中心的沉降槽已较明显，道路局部发生较大沉降变形，风险隐患极大。

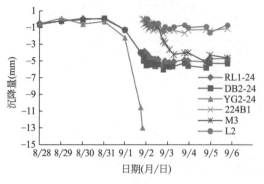

图 7-122　事故位置监测点时程曲线　　　　图 7-123　事故位置横向监测点变形沉降槽

（8）空洞探测未起到应有作用。凌晨 3 时掌子面开始发生突涌，持续到上午 6 时许，掌子面格栅掉落，突涌量及数量增大，至上午 8 时许，掌子面涌泥突破掌子面封闭上半断面约 8m 长，突涌量约 160m³。另外，根据监测数据道路塌陷范围内监测点 YG2-24 在 7:30 时累计变形量-10.52mm，阶段变形量-8.32mm，速率-1.04mm/h；9:30 时累计-12.98mm，阶段变形量-2.46mm，速率-1.23mm/h，竖向变形急剧增加，变形速率持续增大。根据后来道路塌方尺寸及监测阶段变形速率，可推出 9 时之前洞内塌方已经反映到地面。但是 9 时的雷达探测结果因环境条件限制造成测线长度不足，致使未判断出道路下方空洞病害。

**4. 后续施工措施**

根据现场情况，后续施工步骤如下：

（1）刚性临时封堵破除

对抢险过程中施工的刚性临时封堵进行破除，破除施工时按照要求预留核心土，破除至掌子面位置进行临时封面。

（2）封闭掌子面

掌子面封闭设单层 $\phi 6@150mm \times 150mm$ 钢筋网＋$\phi 22$ 锚筋（$L=0.5m$，间距 $0.6m \times 0.6m$）＋50mm 厚 C25 喷射混凝土。

（3）加强辅助加固措施

按照设计要求进行深孔注浆及打设超前小导管加固地层。

（4）开挖中遇承压水处理措施

开挖过程中遇到承压水（三）层，先进行深孔注浆后，再打设减压孔，减压孔设置在下台阶两侧排水沟内，每断面设置 2 个。

（5）超前探测

探孔应探明掌子面前方及拱顶土质及水位情况，每个掌子面探孔不少于 3 个，探孔位于初支结构内 300～500mm 处，探孔应探至拱顶以上 1m 处，探孔过程应详细记录地层土质情况及渗漏水情况，并填写超前探测记录，确认无涌水涌泥风险后，方可进行土方开挖作业。

(6) 土方开挖

对掌子面前端及拱部检查确认无突涌风险后方可进行土方开挖,开挖施工在坍塌区应先施工上半断面,掌子面穿越塌方区 10m 后,进行下台阶开挖。

(7) 打设减压降水井

在塌陷区北 100m 范围内,左右线之间打设降水井,降水井布置间距 5m,降水井深度 32m,通过小范围内降低地下水位,减小区间正线开挖风险。

(8) 后续应急措施

由于该地段施工突涌风险较大,当出现险情时,为了达到对掌子面进行快速封闭的目的,包括对洞内掌子面挂网喷射混凝土、插小导管棚护固定、型钢加固等。上导洞格栅两侧隔榀加焊预埋钢板,设置托底牛腿(翼缘板上设置螺栓孔,可用于快速连接斜撑),一旦出现险情,可迅速架设型钢对掌子面进行支撑封闭。应急格栅实物如图 7-124 所示。

图 7-124　应急格栅实物

**5. 小结**

(1) 严格按照设计要求规范施工,尽量减少围岩扰动,控制松动圈的发展是控制与防范洞内及地表塌陷的根本。

(2) 建立风险识别及前置理念。施工前对工点进行风险识别、风险等级评价、风险应对措施建立。增加地质风险分析与识别,且做好工程实施过程中掌子面超前地质的探测,发现不良地质体及时采取应对措施。

(3) 监测和雷达探测的结合是预判道路地表塌陷有效手段。施工过程中,凡是出现红色监测预警、变形速率较大、地表出现凹陷等病害地方均及时用雷达进行空洞探测并加大监测与巡查频率。做到及早发现道路病害,及时给出处置建议,尽量避免道路突发事件发生。

(4) 完善监测方案,引进新技术。增加土体深层监测点的布设与数据分析,根据隧道埋深及地质情况,布设土体深层沉降监测点,尽早发现深层土体变形情况及判断围岩松动范围。条件允许情况下,宜增加自动化监测,实时掌握风险源变形特征,切实做到信息化施工。

(5) 建立完善的应急预案及通畅的联动机制。

(6) 针对目前采取堵水而不降水的情况下工程地质认识有待加强,原降水情况下工程施工经验是否可直接借鉴有待考究。

# 第8章 测绘新技术发展及在监测工程中的应用

## 8.1 测绘新技术简介

近年来我国大力推动核心与关键技术攻关，形成了一批重要的创新成果，信息化测绘技术体系基本建成。资源三号01、02、03星的成功发射，开启了我国自主航天测绘的新时代；北斗卫星导航定位芯片的成功研制，结束了我国高精度卫星导航定位产品"有机无芯"的历史；北斗导航卫星星间链路的建立，标志着我国掌握了全球导航卫星星座自主运行核心技术；研制的国内首套机载雷达测图系统，达到了国际先进水平；自主研发的大规模集群化遥感数据处理系统，生产效率提高了5～10倍。我国测绘地理信息科技自主创新能力显著提升，并在测绘地理信息的关键技术研发上取得重要突破。

大地测量与导航定位方面。现代测绘基准关键技术取得突破，已经基本具备了涵盖全部陆海国土、高精度、三维、动态的能力。统筹建成2200多个站点组成的全国卫星导航定位基准站（CORS）网，正在加快推进CORS网的北斗升级改造。GNSS多系统组合精密定位理论、方法以及软件研制等方面取得了丰硕成果，实现了精密单点定位（PPP）技术与网络实时动态定位（RTK）技术的统一；研制了中国大陆$1°×1°$格网速度场模型。国产航空重力仪研制取得突破性进展，开展了系列试验。研制了中国陆地$2'×2'$重力似大地水准面模型（CNGG2013），精度达到10cm。自主设计了具备室外亚米级、室内优于3m的室内外无缝导航定位系统。卫星导航与智能终端、互联网融合发展，应用技术水平显著提高，具备了区域服务能力，并稳步向全球推进。

**1. 摄影测量与遥感**

高景一号03和04星、吉林一号07和08星、高分5号、6号和11号等为代表的测绘遥感卫星投入使用，我国卫星遥感数据获取、处理与应用能力显著提升，与国际先进水平的差距不断缩小。数字航摄仪、大面阵航空数码相机、多角度倾斜数码相机、机载LiDAR、机载SAR等航空遥感技术装备研发成功并推广应用，全面提升了我国航空遥感数据获取能力和水平。自主研发的车载移动测量系统、室内同步定位与制图系统、地面三维激光扫描仪等技术装备投入生产应用。研发了与航空航天遥感获取能力配套的遥感数据处理软件，具有影像高精度几何处理、地物地形要素自动识别与快速提取、生态环境遥感反演等功能。

**2. 地理信息与地图制图**

突破了基于倾斜影像的三维城市模型自动提取技术，提高了三维城市建模和可视化效率。矢量瓦片技术促进了地理信息在移动端的广泛使用。突破了基于知识的多尺度地理信息数据自动化制图技术，让制图更加平民化。"图数分离"制图综合数据模型突破了跨尺度缩编问题，为全国多尺度地理信息数据的联动更新奠定了技术基础。基础地理信息动态更新技术体系有力支撑了国家基础地理信息数据库"一年一版"目标的顺利实现。我国首个分布式节点协同、业务化运行的地理信息云服务平台"天地图"投入运营，能够提供全国地理信息资源在线共享与协同服务。世界首套 10m 分辨率全球地表覆盖数据在国际上产生重要影响。

总之，测绘新技术不断涌现，在监测行业的应用也越来越多，本书将对几种监测专业常用测绘新技术进行介绍。

### 8.1.1 GNSS 测量技术

**1. GNSS 测量原理及系统**

全球导航卫星系统定位是利用一组卫星的伪距、星历、卫星发射时间等观测量，同时还必须知道用户钟差。全球导航卫星系统是能在地球表面或近地空间的任何地点为用户提供全天候的三维坐标和速度以及时间信息的空基无线电导航定位系统。

卫星导航定位技术目前已基本取代了地基无线电导航、传统大地测量和天文测量导航定位技术，并推动了大地测量与导航定位领域的全新发展。当今，GNSS 系统不仅是国家安全和经济发展的基础设施，也是体现现代化大国地位和国家综合国力的重要标志。由于其在政治、经济、军事等方面具有重要的意义，世界主要军事大国和经济体都在竞相发展独立自主的卫星导航系统。2007 年 4 月 14 日，我国成功发射了第一颗北斗卫星，标志着世界上第 4 个 GNSS 系统进入实质性的运作阶段，北斗三号导航卫星系统由 MEO 卫星（地球中圆轨道卫星）、GEO 卫星（地球静止轨道卫星）和 IGSO 卫星（倾斜地球同步轨道卫星）三种不同轨道的卫星组成，包括 24 颗 MEO 卫星、3 颗 GEO 卫星和 3 颗 IGSO 卫星。除了四大全球系统外，还包括区域系统和增强系统，其中区域系统有日本的 QZSS 和印度的 IRNSS，增强系统有美国的 WAAS、日本的 MSAS、欧盟的 EGNOS、印度的 GAGAN 以及尼日利亚的 NIG-GOMSAT-1 等。未来几年，卫星导航系统将进入一个全新的阶段。用户将面临四大全球系统近百颗导航卫星并存且相互兼容的局面。丰富的导航信息可以提高卫星导航用户的可用性、精确性、完备性以及可靠性，但与此同时也要面对频率资源竞争、卫星导航市场竞争、时间频率主导权竞争以及兼容和互操作争论等诸多问题。

GPS 是在美国海军导航卫星系统的基础上发展起来的无线电导航定位系统。具有全能性、全球性、全天候、连续性和实时性的导航、定位和定时功能，能为用户提供精密的三维坐标、速度和时间。现今，GPS 共有在轨工作卫星 31 颗，其中 GPS-2A 卫星 10 颗，GPS-2R 卫星 12 颗，经现代化改进的带 M 码信号的 GPS-2R-M 和 GPS-2F 卫星共 9 颗。根据 GPS 现代化计划，2011 年美国推进了 GPS 更新换代进程。GPS-2F 卫星是第二代 GPS 向第三代 GPS 过渡的最后一种型号，将进一步使 GPS 提供更高的定位精度。

GLONASS 是由苏联国防部独立研制和控制的第二代军用卫星导航系统，该系统是继 GPS 后的第二个全球卫星导航系统。GLONASS 系统由卫星、地面测控站和用户设备三部分组成，系统由 21 颗工作星和 3 颗备份星组成，分布于 3 个轨道平面上，每个轨道面有 8 颗卫星，轨道高度 19000 公里，运行周期 11 小时 15 分。GLONASS 系统于 20 世纪 70 年代开始研制，1984 年发射首颗卫星入轨。但由于航天拨款不足，该系统部分卫星一度老化，最严重曾只剩 6 颗卫星运行，2003 年 12 月，由俄罗斯应用力学科研生产联合公司研制的新一代卫星交付联邦航天局和国防部试用，为 2008 年全面更新 GLONASS 系统做准备。在技术方面，GLONASS 系统的抗干扰能力比 GPS 要好，但其单点定位精确度不及 GPS 系统。

伽利略卫星导航系统（GALILEO）是由欧盟研制和建立的全球卫星导航定位系统，该计划于 1992 年 2 月由欧洲委员会公布，并和欧空局共同负责。系统由 30 颗卫星组成，其中 27 颗工作星，3 颗备份星。卫星轨道高度为 23616km，位于 3 个倾角为 56°的轨道平面内。2012 年 10 月，伽利略全球卫星导航系统第二批两颗卫星成功发射升空，太空中已有的 4 颗正式的伽利略卫星，可以组成网络，初步实现地面精确定位功能的 GALILEO 系统是世界上第一个基于民用的全球导航卫星定位系统，投入运行后，全球的用户将使用多制式的接收机，获得更多的导航定位卫星的信号，这将极大地提高导航定位的精度。

北斗卫星导航系统（BDS）是中国自主研发、独立运行的全球卫星导航系统。该系统分为三代，该系统由 4 颗地球同步轨道卫星、地面控制部分和用户终端三部分组成。2000 年，北斗一号，让中国导航实现从无到有，独创定位机制。2012 年，北斗二号，实现区域组网，完成向亚太地区提供服务，中国导航从根本上实现自主创新。2019 年 11 月 5 日凌晨 1 点 43 分，随着长征三号乙运载火箭成功发射第 49 颗北斗导航卫星，北斗三号导航卫星系统工程迎来具有里程碑意义的一刻：北斗三号系统最后一颗倾斜地球同步轨道（IGSO）卫星全部发射完毕，标志着该轨道组网顺利完成。2020 年 6 月 23 日，我国在西昌卫星发射中心用长征三号乙运载火箭，成功发射北斗系统第 55 颗导航卫星，即北斗三号最后一颗全球组网卫星，至此北斗三号全球卫星导航系统部署完成。

**2. GNSS 测量误差源**

GPS 存在三部分的误差：第一部分是 GPS 接收机，如卫星钟误差、星历误差、电离层误差、对流层误差等，其误差利用差分技术可以完全消除；第二部分是传播延迟误差，该误差大部分也可以消除，主要取决于基准接收机和用户接收机的距离；第三部分是 GPS 接收机固有的误差，如通道延迟、多径效应、内部噪声等，该误差无法消除。

**3. GNSS 测量接收机**

GPS 用户部分的核心是 GPS 接收机。其主要由基带信号处理和导航解算两部分组成。其中基带信号处理部分主要包括对 GPS 卫星信号的二维搜索、捕获、跟踪、伪距计算、导航数据解码等工作。导航解算部分主要包括根据导航数据中的星历参数实时进行各可视卫星位置计算；根据导航数据中各误差参数进行卫星钟误差、相对论效应误差、地球自转影响、信号传输误差（主要包括电离层实时传输误差及对流层实时传输误差）等各种实时误差的计算，并将其从伪距中消除；根据上述结果进行接收机 PVT 的解算；对各精度因子（DOP）进行实时计算和监测以确定定位解的精度。

（1）根据用途不同，接收机可分导航型接收机和测地型接收机。

① 导航型接收机

导航型接收机主要用于运动载体的导航，它可以实时给出载体的位置和速度。这类接收机一般采用 C/A 码伪距测量，单点实时定位精度较低，一般为±25m，有 SA 影响时为±100m。这类接收机价格便宜，应用广泛。根据应用领域的不同，此类接收机还可以进一步分为：车载型（用于车辆导航定位）、航海型（用于船舶导航定位）、航空型（用于飞机导航定位，由于飞机运行速度快，因此航空上用的接收机要求能适应高速运动）、星载型（用于卫星的导航定位，由于卫星的速度高达 7km/s 以上，因此对接收机的要求更高）。

② 测地型接收机

测地型接收机主要采用载波相位观测值进行相对定位，定位精度高，仪器结构复杂，价格较贵，主要用于精密大地测量和精密工程测量。

（2）根据频率不同，接收机可分单频接收机和双频型接收机。

① 单频接收机

单频接收机只能接收 $L_1$ 载波信号，测定载波相位观测值进行定位。由于不能有效消除电离层延迟影响，单频接收机只适用于短基线（<15km）的精密定位。

② 双频接收机

双频接收机可以同时接收 $L_1$、$L_2$ 载波信号。利用双频对电离层延迟的不一样，可以消除电离层对电磁波信号的延迟的影响，因此双频接收机可用于长达几千公里的精密定位。

**4. GNSS 静态测量技术**

GNSS 静态测量是一种利用 GPS 接收机与定位卫星进行定位的测量方法。GPS 静态测量技术在许多领域中起到了积极的作用，在测量、军事、交通等各个方面体现出巨大的价值。

GPS 相对定位原理，是以若干台的 GPS 接收机来跟踪 GPS 卫星信号，就所观测的载波相位观测数值，使用求差的方法，从而得出各个观测站之间的基线向量，也就是坐标差。再以已经知道的基线向量和坐标来对其他各个观测点的坐标进行计算。使用这种 GPS 相对静态定位方法可以消除或削弱误差，比如对流层延迟、电离层延迟和卫星钟误差等误差，所以获得的位置相对精度很高。

GPS 静态测量利用测量型 GPS 接收机进行定位测量，主要用于建立全球性或国家级大地控制网，建立地壳运动监测网、长距离检校基线、钻井定位及精密工程控制网，进行岛屿与大陆联测等。进行 GPS 静态测量时，认为 GPS 接收机的天线在整个观测过程中的位置是静止，在数据处理时，将接收机天线的位置作为一个不随时间改变而改变的量，通过接收到的卫星数据变化来求得待定点坐标。在测量中 GPS 静态测量的具体观测模式是采用 2 台（或 2 台以上）接收设备，分别安置在一条或数条基线的两个端点，同步观测 4 颗以上卫星，每时段长 45min～2h 或更多。基线定位精度可达 $5mm+1\times 10^{-6}D$（$D$ 为基线长度，单位为 km）。

**5. 实时动态（RTK）测量技术**

实时动态（RTK）测量技术是 GPS 测量技术与数据传输技术相结合而构成的组合系统。它以载波相位为根据的实时差分 GPS 测量技术，是 GPS 测量技术发展中的一个新的突破。

实时动态测量的原理，是在基准站上安置一台 GPS 接收机，对所有可见 GPS 卫星进行连续观测，并将其观测数据通过无线电传输设备，实时地发送给用户观测站。在用户站上，GPS 接收机在接收 GPS 卫星信号的同时，通过无线电接收设备，接收基准站传输的观测数据，然后根据相对定位的原理，实时地计算并显示用户站的三维坐标及其精度。

GPS RTK 实时监测系统主要是由 GPS 基准站、GPS 监测站、光纤通信链路和数据处理与监测中心等部分组成，而数据处理与监测中心主要由工作站、服务器和局域网组成。

基准站将接收到的卫星差分信息经过光纤实时传递到监测站，监测站接收卫星信号及GPS基准站信息，进行实时差分后，可实时测得站点的三维空间坐标。

**6. GPS 一机多天线监测技术**

采用布设一个基站和多个天线的监测站方式进行基坑、边坡等物体的平面位置变形监测，如图 8-1 所示。这个方法具有以下特点：

(1) 先进性。系统结构先进，反应速度快，监测精度达到相应的国家规范要求。

(2) 可靠性。系统采集的 GPS 原始数据完善、正确；数据传输网络结构可靠，传输误码率低；数据处理、分析结果准确；整个系统故障率低。

(3) 自动化。从数据采集、传输到分析、显示、打印、报警等实现全自动化。

(4) 易维护。系统中各监测单元互相独立，并行工作。系统采取开放式模块结构，便于增加、更新、扩充、维护。

(5) 经济性。在保证先进、可靠、自动化程度高的前提下，采取各种有效方法，力求功效高、成本低。

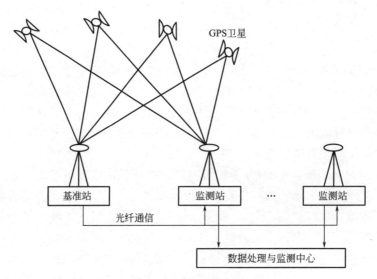

图 8-1  一机多天线监测技术

## 8.1.2  无人机倾斜摄影测量技术

倾斜摄影实景三维建模技术是国际测绘遥感领域新发展起来的一项高新技术，是指由一定倾斜角度的航摄像机所获取的影像，弥补了以往正射影像只能从垂直角度拍摄的局限，通过在同一飞行平台上搭载多台传感器，同时从垂直、倾斜等不同的角度采集影像，获取地面物体更为完整准确的信息。垂直地面角度拍摄获取的影像为正片（下视影像），镜头朝向与地面成一定夹角（相机倾斜角度在 40°～60°）拍摄获取的影像为斜片（倾斜影像）。因倾斜摄影系统搭载了倾斜相机，通过对获得的倾斜影像进行几何处理、多视匹配、三角网构建、提取出典型地物纹理特征，并对该纹理进行可视化处理，最终得到三维模型，因此可以较为完整地获取地物侧面的轮廓和纹理信息。

常用的倾斜摄影实景三维建模技术主要有三相机和五相机组合，目前主流方案采用五相机（一台垂直相机，四台倾斜相机），如 RCD-30 倾斜摄影系统和 SWDC-5 倾斜摄影系统。

最近几年，倾斜摄影实景三维建模技术得到了广泛的应用，三维实景建模可以用于场地规划、面积测量、土方量计算，另外与实景模型进度分析软件对接可以对工程项目的施工进度分析，实景模型虚拟空间运维管理等。倾斜摄影实景三维建模技术的快速发展，三维自动建模是目前的主流方向，也是目前研究领域的热点和难点。

**1. 倾斜摄影实景三维建模技术的特点**

相对于垂直摄影，倾斜摄影实景三维建模技术能让用户从多个角度观察地物，更加真实地反映地物的实际情况，三维实景建模在浏览中可以对模型进行放大、缩小、移动、多角度观看等操作，极大地弥补了基于正射影像应用的不足。

倾斜摄影实景三维建模技术可实现单张影像量测，通过配套软件的应用，可直接基于成果影像进行包括高度、长度、面积、体积、角度、坡度等的量测，与实景的数据信息一致，误差值最高 1%，扩展了倾斜摄影技术在行业中的应用。

倾斜摄影实景三维建模技术采用航拍技术，能快速获取大规模的多角度纹理信息，数据处理均采用计算机全自动处理，建模效率有很大提高，节约传统建模投入的大量人力物力劳动，降低了成本。

针对各种三维数字城市应用，利用航空摄影大规模成图的特点，加上从倾斜影像批量提取及贴纹理的方式，能够有效地降低城市三维建模成本。

相较于三维 GIS 技术应用庞大的三维数据，应用倾斜摄影实景三维建模技术获取的影像数据量要小得多，其影像的数据格式可采用成熟的技术快速进行网络发布，实现共享应用。

**2. 倾斜摄影实景三维建模技术的技术流程**

倾斜摄影实景三维建模技术流程如图 8-2 所示。

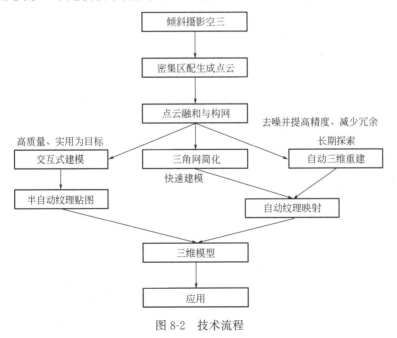

图 8-2 技术流程

(1) 航摄基站布设与测量

倾斜摄区的基准站按照 IMU/DGPS 辅助航空摄影和倾斜摄影相关技术要求进行布设，为保证航摄飞行期间基准站与机载 POS 系统同步连续观测，附近增设一台静态 GPS 基准站配合倾斜航空摄影使用。

(2) 检校场布设与检校分析

倾斜摄区检校场和像控点布设按照相关技术要求进行，根据测区地形进行均匀布设，将本摄区的检校场布设在倾斜摄区内部。

(3) 像片控制测量

根据不同的精度要求，在测区均匀布设一定数量的像控点，像控点尽量选择在影像清晰辨认、平坦的地面，例如：斑马线、球场边线等，房顶也需布设一部分像控点，便于提高高程精度。

(4) 数据预处理

使用相机镜头配套的专业软件，进行航摄飞行获取的原始影像数据图像后处理。对每架次飞行获取的影像数据进行及时、认真地检查和预处理，严格按照匀光、匀色步骤对航摄影像进行调整生成，最终获得最佳成像效果的影像数据。

(5) 空中三角测量

空中三角测量是后期内业数据生产和三维建模的前提保障。因此 POS 数据的检查和解算将作为项目执行期间的重要环节去保障，应对每架次飞行后立刻解算获得单个架次的 EO 成果，保障后期数据制作工作可以同步衔接进行。

(6) 实景建模

倾斜摄影获取的倾斜影像经过密集匹配、格网化、文理映射等影像加工处理，通过专用测绘软件可以生成倾斜摄影模型。

(7) 单体建模

单体化的模型成果数据，利用倾斜影像的丰富可视细节，结合现有的三维线框模型（或者其他方式生产的白模型），通过纹理映射，生产三维模型。

**3. 倾斜摄影实景三维建模技术的常用平台及设备**

目前倾斜摄影的平台有固定翼飞机、直升机、无人机等搭载平台。设备厂家有徕卡、北京四维远见、上海航遥、飞马机器人等品牌，如图 8-3 所示。

### 8.1.3 激光智能测量技术

激光智能测量技术主要由激光扫描系统、GPS、IMU、数码相机、监控和控制系统组成，其中 LiDAR 传感器和 IMU 是系统的核心部件，LiDAR 传感器是发射测量激光脉冲和接受激光脉冲遇到障碍物（目标）后所反射的回波，IMU 为确定任一瞬间平台在空间中的姿态，GPS 为 LiDAR 系统提供精确的定时和定位数据，数码相机可以为获得高分辨率的影像数据，监控及控制系统在系统采集数据的同时为操作人员提供有效的实时监控信息。

地面三维激光扫描仪是一种集多种高新技术的新型测绘仪器，已逐渐应用于变形监测之中。三维激光扫描仪采用非接触测量方式，直接反映客观事物实时的、变化的、真实的形态特性，所以人们将激光扫描技术作为快速获取空间数据的一种有效的手段，甚至将其

第 8 章 测绘新技术发展及在监测工程中的应用

图 8-3 几种常用平台及设备

称为继 GPS 后的又一项测绘技术革新，为滑坡等地质灾害监测提供了可供选择的新方案。

激光扫描测量通过激光扫描仪和距离传感器来获取被测目标的表面形态。其中激光扫描仪一般由激光脉冲发射器、接收器、时间计数器等部分组成。其工作原理为：激光脉冲发射器周期地驱动一个激光二极管发射激光脉冲信号，经目标漫反射后到达接收系统，利用稳定的石英时钟对发射与接收的时间差进行计数，经计算机对测量资料进行内部处理，显示或存储输出距离和角度资料。最后经过相应的数据后处理软件处理，获取目标表面三维坐标数据，从而进行各种量算或建立立体模型。

**1. 地面三维激光扫描系统工作原理**

地面三维激光扫描系统主要由激光扫描仪、PC机和电源组成。激光扫描仪包括：激光测距系统、激光扫描系统。同时也集成了CCD摄像机和仪器内部控制与校正系统。

根据激光测距原理，主要分为脉冲测距法、相位测距法和激光三角测距法，其中脉冲测距法已广泛应用于测绘工程技术各大领域。

（1）脉冲测距法TOF（Time of Flight）是一种高速激光测时测距技术。脉冲测距法的测距范围在几百米到几千米，但是随着扫描测距范围的增大，其点位测量的精度也随之降低。激光在触发脉冲的作用下瞬间发出一个高速且极窄的脉冲信号，由于扫描镜不停地转动并发射给待测物体，与此同时，激光信号被取样得到主波脉冲激光。激光探测是将激光回波信号转换成需要的电信号，回波信号主要是基于同一个扫描镜和聚光透镜收集而得到。时延估计是将很不规则的激光回波信号进行一系列的相关处理，对目标测距的时延进行精确估计进而生成回波脉冲信号，最终以该脉冲信号的开始作为接收到该目标物具体时刻延迟的估计。时间延迟测量：对于激光发射的主脉冲与回波脉冲的时间间隔的测量是根据距离计数方法得到的，其主要测量部件是精密原子钟控制的精密计数器。

（2）相位测距法是利用检测发射光和反射光在空间中传播时发生的相位差来检测距离，扫描范围控制在100m以内，但精度可以达到毫米级别，适合中等距离的扫描测量。目前最新推出的手持式激光测距仪是脉冲式激光测距仪中又一新型测距仪，它不仅体积小、重量轻，还采用数字测相脉冲展宽细分技术，无需合作目标即可达到毫米级精度，测程已经超过100m，且能快速准确地直接显示距离。

（3）激光三角测距法基本原理是基于平面三角几何，让一束激光经发射透镜准直后照射到被测物体表面上，由物体表面散射的光线通过接收透镜会聚到高分辨率的光电检测器件上，形成一个散射光斑，该散射光斑的中心位置由传感器与被测物体表面之间的距离决定，该方法扫描的距离一般只有几米到几十米，但精度可达到亚毫米级别，因此在工业测量和逆向工程中的应用广泛。

三维激光扫描系统有高精度扫描间隔、高频成像技术和较大幅度的扫描三个主要技术特征，通过扫描系统可以使脉冲激光束在预设范围内沿横轴方向和纵轴方向快速扫描得到纵向和横向扫描角度的值，全息光栅扫描技术、电镜扫描技术、多棱镜扫描技术和光机扫描技术是现阶段使用最多的扫描技术。

CCD摄像机主要用于目标对象影像信息的数据采集，其获取的彩色图像中包含了目标对象的真彩色纹理，当使用计算机系统对目标对象进行三维可视化的展示时需要用到此类信息。而且，仪器内部控制与校正系统不仅可以控制仪器内部各系统的联合工作，还可以进行有效校正。

**2. 地面三维激光扫描仪分类**

地面激光扫描系统包括固定式激光扫描系统和移动式激光扫描系统。

（1）固定式激光扫描系统

固定式激光扫描系统与传统测量中的全站仪非常相似，其主要的组成部分是激光扫描仪、数码相机、点云后处理软件和电源等。

固定式激光扫描系统的最大优点：可以扫描得到实体表面的一系列点云数据而不是离

散的单点三维坐标数据,扫描得到的点云数据可用来量测点间距离,构建物体的曲面模型;数码相机则用来拍摄得到扫描物体的纹理信息和扫描物体的边缘信息等。

固定式激光扫描系统的不足:①无 POS 系统,无法直接获取地理归化的点云坐标;②需要多测站作业,需要拼接;③效率低,速度慢。

(2) 移动式激光扫描系统

移动式激光扫描系统主要包括空中测量平台、激光系统、全球定位系统(GPS)和惯导系统(INS)、数码相机(DSS)等其他附件及一系列数据处理软件。

移动式激光扫描系统与固定式激光扫描系统对比具有如下优点:①有 POS 系统,可直接获取地理归化的点云坐标;②可以连续扫描;③效率高,速度快。

移动式激光扫描系统主要不足之处就是目前车载地面三维激光扫描系统的价格比较昂贵,成本较高。

**3. 地面三维激光扫描技术特点**

地面三维激光扫描技术的主要特点如下:

(1) 扫描测量的快速性:地面三维激光扫描系统可以瞬间快速获取测量形体表面的海量点云数据。

(2) 扫描的非接触性:地面三维激光扫描系统作业时不需要事先接触扫描目标体,适合在危险区域进行测量作业。

(3) 扫描具有全天候特征:由于地面三维激光扫描系统对扫描数据的快速性使得采集的三维数据具有实时动态的特征,并且其扫描方式为主动式扫描,使得野外的测量工作不受时间与空间的限制,可以随时随地进行扫描。

(4) 扫描具有高密度、高精度特性:三维激光扫描仪在扫描作业的时候可以利用软件对扫描间隔进行自行设置,所以扫描的点云数据具有高密度性,但如果扫描间隔过小,扫描所需时间也会随之变长。其高精度性质是由扫描仪本身的测量精度决定,目前扫描仪的模型测量精度可以达到 2mm。

(5) 扫描具有数字化、自动化特征:激光扫描系统不仅具有直接获取目标体的距离信号,而且扫描过程非常容易控制,实现成果的自动化显示输出,具有良好的可靠性。

(6) 扫描具有复原性:基于地面三维激光扫描技术拥有同步变化视距的激光自动聚焦功能,能提高实测物体的精度和散焦效应,有利于使得建立的模型更接近实体原型。

(7) 扫描具有实时性:将 GPS 定位系统集成于新型激光扫描系统之上,通过控制软件中内部坐标的转换,可以实时直接获得满足于工程需要的各种坐标下的点云三维坐标。

扫描仪也存在一些不足之处:

(1) 地面三维激光扫描仪价格非常昂贵,属于市场上的高档仪器设备。

(2) 野外作业比较简单,数据后处理费时费力。

(3) 扫描数据的后处理软件表现形式多样,没有统一的格式,各生产厂家的软件不能很好的兼容,缺乏实用性,对于后续的点云数据处理和建模等研究工作造成了很大的困难。

**4. 地面三维激光扫描技术流程**

整个系统由地面三维激光扫描仪、数码相机、后处理软件、电源以及附属设备构成,它采用非接触式高速激光测量方式,获取地形或者复杂物体的几何图形数据和影像数据。

最终由后处理软件对采集的点云数据和影像数据进行处理转换成绝对坐标系中的空间位置坐标或模型，以多种不同的格式输出，满足空间信息数据库的数据源和不同应用的需要。

(1) 数据获取

利用软科平台控制三维激光扫描仪对特定的实体和反射参照点进行扫描，尽可能多地获取实体相关信息。三维激光扫描仪最终获取的是空间实体的几何位置信息，点云的发射密度值，以及内置或外置相机获取的影像信息。这些原始数据一并存储在特定的工程文件中。其中选择的反射参照点都具有高反射性，它的布设可以根据不同的应用目的和需要，选择不同的数量和型号，通常两幅重叠扫描中应有4~5个反射参照点。

(2) 数据处理

① 数据预处理

数据获取完毕之后的第一步就是对获取的点云数据和影像数据进行预处理，应用过滤算法剔除原始点云中的错误点和含有粗差的点。对点云数据进行识别分类，对扫描获取的图像进行几何纠正。

② 数据拼接匹配

一个完整的实体用一幅扫描往往是不能完整地反映实体信息的，这需要我们在不同的位置对它进行多幅扫描，这样就会引起多幅扫描结果之间的拼接匹配问题。在扫描过程中，扫描仪的方向和位置都是随机、未知的，要实现两幅或多幅扫描的拼接，常规方法是选择公共参照点的办法来实现这个过程。这个过程也叫作间接的地理参照。选取特定的反射参照目标当作地面控制点，利用它的高对比度特性实现扫描影像的定位以及扫描和影像之间的匹配。扫描的同时，采用传统手段，如全站仪测量，获得每幅扫描中控制点的坐标和方位，再进行坐标转换，计算就可以获得实体点云数据在统一的绝对坐标系中的坐标。这一系列做法包括人工参与和计算机的自动处理，是半自动化完成的。

(3) 建模

① 算法选择

在数据处理完成后，接下来的工作就是对实体进行建模，而建模的首要工作是数学算法的选择。这是一个几何图形反演的过程，算法选择的恰当与否决定最终模型的精度和数据表达的正确性。

② 模型建立和纹理镶嵌

选择了合适的算法，可以通过计算机直接对实体进行自动建模。点云数据保证了表面模型的数据（DSM），而影像数据保证了边缘和角落的信息完整和准确。通过自动化的软件平台，用获取的点云强度信息和相机获取的影像信息对模型进行纹理细节的描述。

③ 数据的输出与评价

基于不同的应用目的，可以把数据输出为不同的形式，直接为空间数据库或工程应用提供数据源。然而数据的精度和质量如何，能否满足各种应用的要求对结果进行综合的评估分析仍是很重要的一步，评估的模型和评价标准要根据不同的应用目的来确定。

**5. 地面三维激光扫描技术的主要应用领域**

随着三维激光扫描测量技术、三维建模的研究以及计算机硬件环境的不断发展，其应用领域日益广泛，如制造业、文物保护、逆向工程、电脑游戏业、电影特技等，逐步从科学研究发展到进入人们的日常生活领域。三维激光扫描技术的介入促进了应用领域的发展，同时应用领域的大量需求成为其研究的动力，三维激光扫描测量技术在测绘领域有广泛的应用。激光扫描技术与惯性导航系统（INS）、全球定位系统（GPS）、电荷耦合（CCD）等技术相结合，在大范围数字高程模型的高精度实时获取、城市三维模型重建、局部区域的地理信息获取等方面表现出强大的优势，成为摄影测量与遥感技术的一个重要补充。同时在工程、环境监测和城市建设等方面均有成功的应用实例，如断面三维测绘、绘制大比例尺地形图、灾害评估与监测、建立3D城市模型、复杂建筑物施工、大型建筑及古建筑物变形监测等。

### 8.1.4 合成孔径雷达技术

合成孔径雷达干涉测量 InSAR（Interferometric Synthetic Aperture Radar）是合成孔径雷达 SAP（Synthetic Aperture Radar）技术与射电天文学干涉测量技术的合成。它使用卫星或飞机搭载的合成孔径雷达系统，通过两天线周时观测（单轨模式），或两次近平行的观测（重复轨道模式），获取地面同一景观的复影像对。由于目标与两天线位置的几何关系，在复图像上产生了相位差，形成干涉纹图，干涉纹图中包含了斜距向上的点与两天线位置之差的精确信息；根据复雷达图像的相位差信息，利用传感器高度、雷达波长、波束视向及天线基线距之间的几何关系，通过影像处理、数据处理和几何转换等来提取地面目标地形的三维信息。

合成孔径雷达差分干涉测量技术 D. InSAR（Differential InSAR）是以合成孔径雷达复数据提取的相位信息为信息源，利用复雷达图像的相位差信息来精确地测量出图像上每一点的三维位置和提取地面目标微小地形变化或测量地表形变等，由于它可以穿过各种大气云层、全天候、全天时获取地面高程及形变信息，现已成为一种极具潜力的空间对地观测技术。

**1. 合成孔径雷达分类**

（1）真实孔径雷达

真实孔径雷达 RAR（Real Aperture Radar）是侧视结构的主动式成像雷达，是利用安装在与平台行进垂直方向一侧或两侧的发射宽度很窄的脉冲电波波束，再接收从目标返回的后向散射波，最终以图像形式记录下来的雷达。

安装在飞行平台上的天线在一定高度上以相对于地球一定速度运动，飞行方向为方位向（Azimuth），雷达波束在地面上的足印（Footprint）随平台的运动在地面形成一个条带（Swatch），侧视雷达以一定角度照射地面，照射方向与竖直方向形成的夹角 $\theta$ 称为下视角（Down Angle），在雷达成像中，目标的位置在距离向是按反射脉冲返回先后排列来记录成像，而在方位向是通过平台的前进，扫描面在地表上移动，按平台行进的时序成像，最终由距离向扫描和方位向扫描构成一幅雷达图像。

真实孔径雷达分辨率分为距离向分辨率和方位向分辨率，且两者互不相关。距离向分辨率是在脉冲发射的方向上（距离向）能分辨两个目标的最小距离，它由脉冲宽度和光速决定；方位向分辨率是在与辐射波束垂直方向（方位向）上相邻的两束脉冲之间能分辨两个目标的最小距离，由波束宽度和到达目标的距离决定。方位向分辨率与波长和观测距离成正比，与天线孔径成反比，因此要提高方位向分辨率，必须降低脉冲宽度，然而脉冲宽度过小则反射功率下降，反射脉冲的信噪比降低。为了解决这个矛盾，实际采用脉冲压碎的方法，以达到既不降低功率又减少脉冲宽度的目标，从而提高距离分辨率，但这些措施无论是对机载雷达或星载雷达都将受到限制。

（2）合成孔径雷达

合成孔径雷达 SAR（Synthetic Aperture Radar）系统是相对于真实孔径雷达系统而言的，它是利用合成孔径技术提高雷达的方位向分辨率，利用脉冲压缩技术提高雷达的距离向分辨率，从而得到一种分辨率非常高的成像雷达。

合成孔径雷达基本原理是利用一个小天线作为单个反射接收单元，孔径一般设为 $D$，将此单元沿一直线不断移动，在移动中选择若干个位置，在每个位置上发射一个信号，接收相应发射位置的回波信号，并将回波信号的幅度连同相位一起储存下来。当辐射单元移动一段距离后，把所有不同时刻接收到的回波信号消除因时间和距离不同引起的相位差，修正到同时接收的情况，就可以得到与天线阵列相同的效果。合成孔径侧视雷达的方位分辨率为 $D/2$，这表明其方位分辨率与距离和波长无关，而且实际天线的孔径越小，方位分辨率越高。

合成孔径雷达距离向分辨率与真实孔径雷达距离向分辨率相同，但合成孔径雷达通常用带宽（脉冲频率的变化范围）为 $B$ 的线性调频脉冲来实现作用距离方向上的良好分辨率，此外，合成孔径侧雷达的距离分辨率与方位分辨率都只取决于雷达本身，而与遥感平台无关。

（3）干涉合成孔径雷达

干涉合成孔径雷达 InSAR（Synthetic Apertme Radar Interferometry）是一种应用于测绘和遥感的雷达技术。使用卫星或飞机搭载的合成孔径雷达系统获取高分辨率地面反射复数影像，每一分辨元的影像信息中不仅含有灰度信息，而且还包含干涉所需的相位信号。

InSAR 是利用卫星上的合成孔径雷达进行遥感测量，是一种主动式遥感。如果雷达两次发出的微波频率相等，在成像期间波动不中断，平台轨道近似，那么在相遇处他们的振动方向几乎沿同一直线，则两雷达波在相遇处产生干涉现象，其干涉现象体现了参与相干叠加的微波间相位差的空间分布。InSAR 技术就是利用雷达波的这种干涉现象，对同一观测区在略有差异的视点上至少成像两次，利用两景图相上各个像素点相位信息的差异提取出地物的相对高度。

根据干涉 SAR 平台的区别及其使用条件的不同，可以有三种获得干涉 SAR 资料的方法，即沿轨道干涉、正交轨道干涉和重复轨道干涉。目前星载 InSAR 处理中大多采用重复轨方式。重复轨道干涉只要求一部天线，但需要对飞行轨道精确定位。由于大气的影响，卫星比飞机有更准确、更稳定的飞行轨道，因此该方法最适合于星载 SAR 的干涉。卫星可以经过几乎相同的轨道以微小的几何视差对同一地区成像两次。不过，对于多数的重复轨道干涉测量来说，轨道并不是完全重合的，因此干涉相位信号同时包含地形信息和视线向位移信息。

（4）差分干涉合成孔径雷达

利用 InSAR 处理算法，可以得到同一地区的两幅干涉图。利用卫星在相邻轨道上对同一地区进行两次成像所获取的两幅 SAR 图像，通过干涉处理，便可获取一张干涉图。

在同一地区获取了两幅干涉图，其中一幅为地表发生形变事件前两景 SAR 图像通过干涉处理所得，该干涉图包含地球曲面、地形信息；另一幅是由形变事件前后两景 SAR 干涉处理所得，该干涉图包含地球曲面、地形信息和引起的地表微量形变信息。在此基础上，把两幅干涉图像进行差分干涉处理，即从后者干涉图中除去地形信息，便可得出该地区的斜距向微量的形变。

**2. 合成孔径雷达的技术流程**

在常规 D. InSAR 技术中，要从包含形变信息的干涉相位中提取形变信息，需要从干涉相位中去除地形相位。根据去除地形相位采用的数据量和处理方法的不同，可将其分为二轨法、三轨法和四轨法。其中使用两个雷达图像和一个外部数字高程模型称为二轨法，也是目前最常用的处理方法。

二轨法首先利用一对跨越形变期的 SAR 图像进行干涉处理，得到包含形变信息的干涉相位，然后用观测区域已知的数字高程模型 DEM 和 SAR 图像成像参数反演干涉相位。在二轨法差分中，地形误差对差分相位的影响主要取决于外部 DEM 的精度。其主要技术流程如图 8-4 所示。

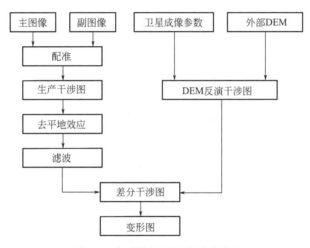

图 8-4 合成孔径雷达的技术流程

## 8.2 测绘新技术在监测工程中的应用

### 8.2.1 新技术在监测工程中的应用特点

**1. 应用广泛性**

新技术在监测工程的各个环节都有应用，在施工前、施工中、施工后的全生命周期中均得到了广泛应用，随着技术的进一步发展，应用领域不断的扩大，必将进一步取代传统监测技术。

**2. 多专业融合**

每一项新技术都不是孤立存在的，都有各自的优点和缺点，某一种监测需要将多种新技术融合才能解决问题，如在滑坡监测中，常将传统方法中的全站仪测量方法和新技术中的合成孔径雷达干涉测量（InSAR）技术相结合，效果更好。

**3. 智能自动化**

随着现阶段系统集成和物联网技术的不断深化，设备也在往小型化和智能化发展，GPS、无线通信和互联网等技术手段的引进，将进一步促进外业智能化模式在外业服务管理质量上起到积极作用。基于内业处理数据量不断攀升的现状，采用云计算、大数据和机器学习等处理技术和智能处理算法将大大提高数据处理速度，促进内业自动化水平的提高。

### 8.2.2 GNSS测量技术在监测工程中的应用

工程测量工作贯穿于轨道交通工程的整个过程。在勘测设计阶段，需要测绘地形图、河床断面图和提供其他测量资料；在建筑施工阶段，为了保证施工位置准确，需要建立平面控制网和高程控制网，进行路基、路床、桩基、桥墩、桥台定位和梁体架设等施工测量及施工过程围护结构自身和周边环境变形监测；在建成后的运营阶段，为了监测轨道交通的安全运营，充分发挥其效益，还需要定期进行变形观测。因此，GNSS定位测量技术在工程实施的每个阶段都可以充分发挥其优势。

例如，某地铁工程或地质灾害工程的监测平面首级控制网采用GPS静态控制网，精密导线控制网采用加密导线控制网，高程控制网采用二等水准网，监测点数据采集采用全站仪、水准仪与RTK相结合的方式。具体如图8-5和图8-6所示。

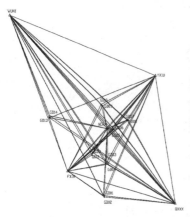

图8-5 监控控制网的建立和观测　　　　　　图8-6 变形监测点实物图

### 8.2.3 倾斜摄影实景三维建模技术在监测工程中的应用

由于传统测绘成果应用于城市拆迁改造工程中较为单一和抽象，为更好解决地铁线路建设前期涉及地铁保护区设置、征地拆迁、管线迁改及交通疏解等规划管理问题，可采用以倾斜摄影测量技术为辅助的三维数字化规划管理方法。首先利用无人机搭载倾斜摄影相机获取沿地铁规划路线的倾斜影像，并通过空三解算、影像密集匹配、不规则三角网构建及纹理映射等进行三维实景重建；然后结合数字正射影像、数字高程模型及建筑信息模型等数据，构建多图层的地铁沿线三维地理信息系统；在此基础上，运用空间信息量算、缓冲区分析、叠加分析以及网络分析等空间分析技术完成上述前期规划管理工作。倾斜三维实景模型不仅具有传统测绘成果的可量测性,同时具有多个角度的丰富逼真的纹理信息,更易被普通大众所接受,有利于征迁工作的进行。

随着 BIM 技术在城市轨道交通行业的推进,传统的测绘成果难以满足设计施工的需求。倾斜摄影测量技术作为一种可以快速、高精度获取地表三维模型的高新技术,为 BIM 设计提供了更加直观的基础数据。实践表明,倾斜摄影测量能够为城市轨道交通规划、设计、施工、运营全生命周期提供数据支持进行更好的辅助决策。图 8-7 所示为应用倾斜摄影测量技术完成的某地铁站周边环境的三维实景图。

图 8-7　地铁站周边环境三维实景图

## 8.2.4　智能激光测量技术在监测工程中的应用

随着智能三维激光扫描测量技术、计算机硬件环境的不断深入和发展,智能激光测量技术的应用领域日益广泛,如制造业、文物保护、逆向工程、电脑游戏业、电影特技等,与此同时,三维激光扫描测量技术在测绘领域的应用也不断攀升。激光扫描技术与惯性导航系统(INS)、全球定位系统(GPS)、电荷耦合(CCD)等技术相结合,在大范围数字高程模型的高精度实时获取、城市三维模型重建、局部区域的地理信息获取等方面表现出强大的优势,成为摄影测量与遥感技术的一个重要补充;同时在工程、环境监测和城市建设等方面均有成功的应用实例,如断面三维测绘、绘制大比例尺地形图、灾害评估与监测、建立 3D 城市模型、复杂建筑物施工、大型建筑和古建筑物的变形监测等。

**1. 地形图测量和地表建(构)筑物测量**

地形图测量和地表建(构)筑物精细测量是三维激光扫描技术在测量领域最基础的应用。地形扫描得到点云数据导出(.dxf)通用格式文件,去除扫描测量得到点云数据中的噪声数据,再导入 CAD 软件进行相应操作,并根据工程需要生成不同比例尺各种地形图,如此下来,地表建(构)筑物测量可以得到精细测量,精度高、效率高,可用于评估拆迁量和建设成本,与此同时,对比前后多次测量结果,可得到建(构)筑物阶段变形。图 8-8~图 8-10 为采用三维激光扫描技术监测的某建筑物变形图。

**2. 隧道测量**

隧道开挖随着开挖面进展会造成周边环境及自身的变形、坍塌等病害产生变形和强度问题,而智能激光测量技术可以一天 24 小时不间断对工作面及周围环境进行监测,后台处

图 8-8 现场扫描示意图

图 8-9 原始点云视图-2 挡　　　　　　　图 8-10 原始点云视图-3 挡

理软件不仅可以进行快速处理和分析，发现微小变形及时自动预警，也可以进行隧道的调坡、调线，生成断面图，与设计断面图进行对比分析，及时发现问题，还可以进行隧道净空限值分析。隧道内三维激光扫描如图 8-11 所示。

图 8-11 隧道内三维激光扫描

### 3. 地质灾害测量

高边坡三维激光扫描测量的一个显著特点就是它是一种基于面的测量方式，而不像传统的方法是基于单个点的测量，即可以利用扫描得到的点云数据建模，从而得知整个面域内的情况，因此该技术被广泛应用于高边坡的灾害监测。北京门头沟岢罗坨某边坡项目扫描结果如图 8-12 和图 8-13 所示。

图 8-12 现场扫描示意图

边坡点云(2挡)

边坡点云(3挡)

边坡点云(扩展挡)

图 8-13 点云图

**4. 道路、地表变形测量**

随着轨道交通建设量的加大,涉及穿越既有高速路、城市快速路等情况越来越多,由于高速路、城市快速路车流量大、车速快,检测人员在工程穿越过程中道路作业安全无法得到保障,即无法进行人工道路沉降变形监测。而三维激光扫描仪的扫描结果直接显示为点云,利用三维激光扫描技术获取的空间点云数据,可快速建立结构复杂、不规则的场景的三维可视化模型,既省时又省力,因此,利用三维激光扫描技术对道路沉降变形监测是技术可靠、经济可行的方法。某城市道路三维激光扫描点云图如图 8-14 所示。

图 8-14 道路三维激光扫描点云图

### 8.2.5 合成孔径雷达技术（InSAR）在监测工程中的应用

D. InSAR 技术具有大面积、连续、快速的优势，可以达到厘米级的分辨率，能够满足高精度要求，可以作为水准测量和 GPS 测量的有效补充，在大面积、短周期沉陷区损害调查、监测及预测中优势明显。基于 SBAS-D. InSAR 北京地表沉降监测如图 8-15 所示。

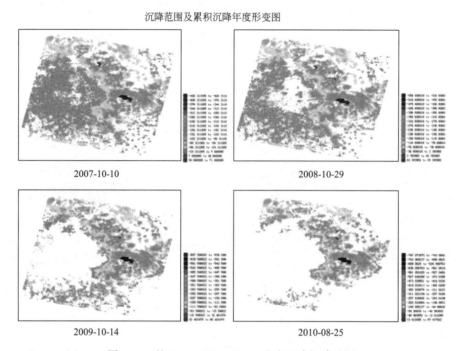

图 8-15　基于 SBAS-D. InSAR 北京地表沉降监测

## 8.3　监测新技术未来发展

现实世界中许多灾害的发生与变形有着极为密切的联系，例如地震，溃坝，滑坡以及桥梁的垮塌等，都是典型的变形破坏现象，因而，变形监测研究在国内外受到了广泛的重视。随着各种大型建筑的大量涌现以及滑坡等地质灾害的频繁发生，变形监测研究的重要性更加突出，推动着变形监测理论和技术的迅速发展。目前我国在监测技术方面，缺乏天基、空基、陆基监测预警多维网络化监测技术的融合和集成先进、实用的监测技术手段不足，需开发先进、实用的新型监测技术，预测监测技术具有以下发展趋势：

**1. 监测技术从单一技术向天空地多基立体化技术发展**

由于装备条件的限制，我国早期监测（包括滑坡、崩塌、泥石流）主要是根据降雨情况、人工观测地表变化特征、地下水变化以及周围动植物的异常来推断其发生的可能性。之后，随着时代发展和科技进步，全站仪、经纬仪、水准仪、高清卫星影像、北斗卫星/GPS 定位系统、低空无人飞行器、地面雷达等先进遥感技术得到发展，遥感技术在地质灾害研究中的应用经历着从单一的遥感影像资料向多时相多数据源的复合分析，从静态的定性制图向动态监测定量滑坡特征数据和信息获取的发展。

目前，不同监测方法的有机组合正成为地质灾害监测技术发展的趋势，如 GPS 监测可以较高准确度地获取地面各点的三维绝对变形量，但是对一个大的研究区域而言，由于财力物力，特别是 GPS 监测点密度的限制，很难有效地获取整个区域面上的变形信息；而 InSAR 监测可以以很高的分辨率获取整个监测区域面上的相对变形量，但是由于缺乏准确的绝对位置和绝对变形参考基准，加上对一些诸如大气等误差缺乏有效的消除手段，所以其获取的绝对变形精度不够高。可以以 GPS 和 InSAR 监测成果为数据源，通过将高精度的 GPS 监测成果与 InSAR 监测成果融合和内插处理，得到 GPS 经 InSAR 沉降监测成果融合加密内插后的变形。其基本思路是以高精度 GPS 监测成果为基准约束，采用插值、滤波等方法对 InSAR 监测成果进行改正，然后将 GPS 和改正到 GPS 基准后的 InSAR 监测成果融合在一起绘制变形等值线，从而有效地对大地变形、地质灾害、地铁等工程进行监测。

**2. 监测传感器（陆基）向智能化方向发展**

随着区域监测范围的不断扩大，传统的靠人力进行监测数据获取的方式已经不能满足区域监测、评估和预警工作需要，而智能式传感器是一个以微处理器为内核扩展了外围部件的计算机检测系统，具有高精度、可靠性、性价比和多功能化等特点，可以通过标准的接口与外界实现数据交换，以及根据实际的需要通过软件控制改变传感器的工作，从而实现智能化、网络化、开放化和扩展化。

随着计算机智能芯片技术的发展，智能传感器已直接用于测量设备的制造，特别是随着互联网的发展，无线组网自动化监测技术现已大量应用于地质灾害、城市轨道交通工程监测中。

**3. 监测手段从注重位移监测向因果并重发展**

目前常见的边坡体和围岩体监测主要针对边坡体、围岩体等进行表面变形（位移、裂缝）等宏观表象特征的监测，而灾害体的失稳和灾害的发生主要取决于灾害体中力的变化，意味着仅对边坡体和围岩体的表面变形等宏观表象特征的监测无法抓住地质灾害及工程事故孕育、发展以及变化的本质。

随着监测技术水平的提高，现可对反映地质灾害体及隧道围岩体变化趋势的力学指标进行监测，监测手段从单一的结果表象监测向因果并重发展。

**4. 数据采集和分析向数据实时获取和数据处理的智能化、模型化、网络化方面发展**

将卫星、遥感数据、无人飞行器影像数据及多种传感器自动化采集作为获取实时数据的重要手段，通过对不同空间尺度分辨率的多源遥感数据进行影像融合，得到更高精度的数据源，从而提高信息提取及解译准确性，为提高地质灾害和工程事故反演模型参数精度提供可靠保障。计算机智能监测芯片和网络技术的发展不仅使数据的智能获取和远程无线传输得以实现，而且使得大量实时数据的快速智能分析和智能决策变为可能。

# 参考文献

[1] 中华人民共和国国家质量监督检验检疫总局,中国国家标准化管理委员会. GB/T12897—2006 国家一、二等水准测量规范[S]. 北京:中国标准出版社,2006.

[2] 中华人民共和国住房与城乡建设部,中华人民共和国国家质量监督检验检疫总局. GB/50026—2007 工程测量规范[S]. 北京:中国计划出版社,2008.

[3] 中华人民共和国国家质量监督检验检疫总局,中国国家标准化管理委员会. GB/T12898—2009 国家三、四等水准测量规范[S]. 北京:中国标准出版社,2009.

[4] 中华人民共和国住房与城乡建设部,中华人民共和国国家质量监督检验检疫总局. GB/50652—2011 城市轨道交通地下工程建设风险管理规范[S]. 北京:光明日报出版社,2011.

[5] 中华人民共和国住房与城乡建设部,中华人民共和国国家质量监督检验检疫总局. GB/T50839—2013 城市轨道交通工程安全控制技术规范[S]. 北京:中国建筑工业出版社,2012.

[6] 中华人民共和国住房与城乡建设部. GB50157—2013 地铁设计规范[S]. 北京:中国建筑工业出版社,2013.

[7] 中华人民共和国住房与城乡建设部. JGJ 120—2012 建筑基坑支护技术规程[S]. 北京:中国建筑工业出版社,2013.

[8] 中华人民共和国住房与城乡建设部. GB 50911—2013 城市轨道交通工程监测技术规范[S]. 北京:中国建筑工业出版社,2013.

[9] 中华人民共和国住房与城乡建设部. GB/50490—2009 城市轨道交通技术规范(英文版)[S]. 北京:中国建筑工业出版社,2014.

[10] 中华人民共和国住房与城乡建设部,中华人民共和国国家质量监督检验检疫总局. GB/50157—2013 地铁设计规范[S]. 北京:中国建筑工业出版社,2014.

[11] 中华人民共和国住房与城乡建设部工程质量安全监管司. 城市轨道交通工程安全风险管理体系构建指南[M]. 北京:中国建筑工业出版社,2015.

[12] 中华人民共和国住房与城乡建设部. JGJ 8—2016 建筑变形测量规范[S]. 北京:中国建筑工业出版社,2016.

[13] 中华人民共和国住房与城乡建设部,中华人民共和国国家质量监督检验检疫总局. GB/T50308—2017 城市轨道交通工程测量规范[S]. 北京:中国建筑工业出版社,2017.

[14] 中华人民共和国住房与城乡建设部,国家市场监督管理总局. GB/T51310—2018 地下铁道工程施工标准[S]. 北京:中国建筑工业出版社,2018.

[15] 北京市轨道交通建设管理有限公司. 北京轨道交通建设工程安全风险技术管理体系(2018版). 2018.

[16] 中华人民共和国住房与城乡建设部,国家市场监督管理总局. GB/50497—2019 建筑基坑工程监测技术标准[S]. 北京:中国计划出版社,2020.

[17] 中华人民共和国住房与城乡建设部,中华人民共和国国家质量监督检验检疫总局. GB/50021—2001 岩土工程勘察规范(2009年版)[S]. 北京:中国计划出版社,2020.

[18] 吴子安. 工程建筑物变形观测数据处理[M]. 北京:测绘出版社,1989.

[19] 朱百里,沈珠江,等. 计算土力学[M]. 上海:上海科学技术出版社,1990.

[20] 刘建航,侯学渊. 盾构法隧道[M]. 北京:中国铁道出版社,1991.

[21] 李德仁. 地理信息系统导论[M]. 北京:测绘出版社,1991.

[22] 李德仁. GPS用于摄影测量与遥感[M]. 北京:测绘出版社,1996.

[23] 钱家欢,殷宗泽. 土工原理与计算[M]. 北京:中国水利水电出版社,1996.

[24] 施仲衡. 地下铁道设计与施工[M]. 西安:陕西科学技术出版社,1997.

[25] 刘经南，陈俊勇，等．广域差分 GPS 原理和方法［M］．北京：测绘出版社，1999．
[26] 夏明耀，曾进伦．地下工程设计施工手册［M］．北京：中国建筑工业出版社，1999．
[27] 高大钊，袁聚云．土质学与土力学［M］．北京：人民交通出版社，2001．
[28] 梅新安．遥感导论［M］．北京：高等教育出版社，2001．
[29] 胡友健，罗昀，曾云．全球定位系统（GPS）原理与应用［M］．武汉：中国地质大学出版社，2003．
[30] 周文波．盾构法隧道施工技术及应用［M］．北京：中国建筑工业出版社，2004．
[31] 王梦恕．地下工程浅埋暗挖技术通论［M］．合肥：安徽教育出版社，2004．
[32] 崔玖江．隧道与地下工程修建技术［M］．北京：科学出版社，2005．
[33] 张凤祥，傅德明，杨国祥，等．盾构隧道施工手册［M］．北京：人民交通出版社，2005．
[34] 宁津生，等．现代大地测量理论与技术［M］．武汉：武汉大学出版社，2006．
[35] 王奎华．岩土工程勘察［M］．北京：中国建筑工业出版社，2006．
[36] 王卫东，王建华．深基坑支护结构与主体结构相结合的设计分析与实例［M］．北京：中国建筑工业出版社，2007．
[37] 陈湘生．地层冻结工法理论研究与实践［M］．北京：煤炭工业出版社，2007．
[38] 周晓军，周佳媚．城市地下铁道与轻轨交通［M］．成都：西南交通大学出版社，2008．
[39] 刘国斌，王卫东等．基坑工程手册［M］．北京：中国建筑工业出版社，2009．
[40] 龚晓南等．深基坑工程设计施工手册［M］．北京：中国建筑工业出版社，2009．
[41] 袁聚云，钱建固，等．土质学与土力学［M］．北京：人民交通出版社，2009．
[42] 王梦恕，等．中国隧道及地下工程修建技术［M］．北京：人民交通出版社，2010．
[43] 赵成钢，白冰．土力学原理［M］．北京：机械工业出版社，2010．
[44] 黄声享，尹晖，蒋征．变形监测数据处理［M］．武汉：武汉大学出版社，2010．
[45] 战启芳，杨石柱．地铁车站施工［M］．北京：人民交通出版社，2011．
[46] 陶龙光，刘波，侯公羽．城市地下工程［M］．北京：科学出版社，2011．
[47] 朱合华，等．城市地下空间新技术应用工程示范精选［M］．北京：中国建筑工业出版社，2011．
[48] 陈湘生，刘国彬．地铁建设数值化管理实践［M］．北京：人民交通出版社，2011．
[49] 王艳辉，祝凌曦．城市轨道交通运营安全管理方法与技术［M］．北京：北京交通大学出版社，2011．
[50] 陈湘生．深圳地铁 5 号线 BT 模式建设管理研究与实践［M］．北京：人民交通出版社，2011．
[51] 陈湘生，李兴高．复杂环境下盾构下穿运营隧道综合技术［M］．北京：中国铁道出版社，2011．
[52] 李慧玲，刘冰．城市轨道交通安全管理［M］．北京：人民交通出版社，2011．
[53] 吴从师，阳军生．隧道施工监控量测与超前地质预报［M］．北京：人民交通出版社，2012．
[54] 姜晨光．地铁建设简明技术手册［M］．北京：化学工业出版社，2012．
[55] 张顶立．城市地下工程建设安全风险及其控制［M］．北京：化学工业出版社，2012．
[56] 陈湘生．地铁域地下空间利用的工程实践与创新［M］．北京：人民交通出版社，2015．
[57] 陈湘生．地层冻结法［M］．北京：人民交通出版社，2013．
[58] 孔恒，宋克志．城市地下工程邻近施工关键技术与应用［M］．北京：人民交通出版社，2013．
[59] 罗富荣，曹伍富．北京轨道交通工程安全风险管理体系［M］．北京：中国铁道出版社，2013．
[60] 良桃，曾裕林．城市地铁工程施工技术与工程案例［M］．北京：中国环境出版社，2013．
[61] 何静，刘志钢，朱海燕，等．城市轨道交通运营管理［M］北京：中国铁道出版社，2014．
[62] 周晓军．地下工程监测和检测理论与技术［M］．北京：科学出版社，2014．
[63] 何川，曾东洋．盾构隧道结构设计及施工对环境的影响［M］．成都：西南交通大学出版社，2015．
[64] 陈湘生，张建民，黄强．全国岩土工程师论文集［M］．北京：中国建筑工业出版社，2018．

[65] 陈湘生. 城市轨道交通生态文明建设——深圳地铁7号线建设实践[M]. 北京：中国铁道出版社，2015.

[66] 罗富荣，汪玉华，郝志宏. 地铁车站洞桩法设计与施工关键技术[M]. 北京：中国铁道出版社，2015.

[67] 罗富荣，汪玉华，刘天正，等. 北京地铁6号线一期工程修建技术[M]. 北京：中国铁道出版社，2015.

[68] 杨新安，春林，前卫. 城市隧道工程[M]. 上海：同济大学出版社，2015.

[69] 程效军，鲍峰，顾孝烈. 测量学[M]. 上海：同济大学出版社，2016.

[70] 杜峰，段创峰，冯凯，等. 隧道工程设计施工风险评估与实践[M]. 北京：中国建材工业出版社，2017.

[71] 陆莹. 地铁施工安全风险自动识别与预警[M]. 南京：东南大学出版社，2017.

[72] 乐贵平，任雪峰，等. 城市轨道交通工程施工安全风险技术控制要点[M]. 北京：中国铁道出版社有限公司，2019.

[73] 丁树奎. 城市轨道交通建设安全管理体系[M]. 北京：中国铁道出版社，2019.

[74] 吴波. 复杂条件下城市地铁隧道施工地表沉降研究[D]. 成都：西南交通大学，2003.

[75] 张书丰. 地铁盾构隧道施工期地表沉降监测研究[D]. 南京：河海大学，2004.

[76] 席锦州. 富水地层地铁隧道开挖引起地表沉降的数值模拟研究[D]. 成都：西南交通大学，2005.

[77] 富海鹰. 地铁隧道非降水法施工引起的地表沉降的研究[D]. 成都：西南交通大学，2006.

[78] 姚明会. 浅埋暗挖大跨度地铁隧道地表沉降分析[D]. 上海：同济大学，2007.

[79] 张晓丽. 浅埋暗挖法下穿既有地铁构筑物关键技术研究与实践[D]. 北京：北京交通大学，2007.

[80] 李力. 粉细砂地层注浆管棚作用机理在暗挖隧道施工中的应用[D]. 北京：北京交通大学，2007.

[81] 韩煊. 隧道施工引起地层位移及建筑物变形预测的实用方法研究[D]. 西安：西安理工大学，2007.

[82] 韩桂武. 隧道施工过程的动态监测及反演分析研究[D]. 沈阳：东北大学，2007.

[83] 李志辉. 城市隧道浅埋暗挖地表沉降规律及控制研究[D]. 长沙：中南大学，2008.

[84] 张新亮. 大断面隧道CD法施工围岩应力行为研究[D]. 成都：西南交通大学，2008.

[85] 俞凯. 城市地铁隧道施工沉降对邻近建筑的影响研究[D]. 成都：西南交通大学，2008.

[86] 关继发. 新建地铁隧道穿越既有地铁安全风险及其控制技术的研究[D]. 西安：西安建筑科技大学，2008.

[87] 杨丽明. 地铁浅埋暗挖隧道施工对超近距房屋的安全影响研究[D]. 北京：北京交通大学，2008.

[88] 陈洁金. 下穿既有设施城市隧道施工风险管理与系统开发[D]. 长沙：中南大学，2009.

[89] 梁吉. 基于模糊评判方法的铁路隧道施工风险评价研究[D]. 杭州：浙江大学，2010.

[90] 冯超. 地铁隧道盾构施工引起的地表变形规律研究[D]. 西安：西安科技大学，2010.

[91] 罗富荣. 北京地铁工程建设安全风险控制体系及监控系统研究[D]. 北京：北京交通大学，2011.

[92] 张乐. 地铁隧道施工地表沉降预测模型及实证研究[D]. 武汉：华中科技大学，2011.

[93] 程青云. 砂性粉土地层内地铁区间隧道施工过程地层变形规律与稳定性研究[D]. 杭州：浙江工业大学，2012.

[94] 邱冬炜. 穿越工程影响下既有地铁隧道变形监测与分析[D]. 北京：北京交通大学，2012.

[95] 吴海洋. 北京地铁新线车站穿越既有地铁车站影响及安全控制措施研究[D]. 北京：北京交通大学，2012.

[96] 张结红. 高应力软岩隧道施工过程力学效应规律及围岩控制研究[D]. 西安：长安大学，2012.

[97] 李兴龙. 地铁隧道CRD工法施工监测与数值分析[D]. 郑州：郑州大学，2013.

[98] 纪召启. 土岩组合地层拱盖法隧道施工动态风险评估[D]. 青岛：中国海洋大学，2014.

[99] 文小勇. 基于小波分析的自适应卡尔曼滤波在地铁变形监测中的应用 [D]. 西安：长安大学，2015.

[100] 梁宏浩. 地铁隧道施工安全风险评估及其应用研究 [D]. 成都：西南交通大学，2017.

[101] 张勇. 邻近既有地铁隧道的深基坑施工安全风险评估与控制研究 [D]. 西安：西安建筑科技大学，2017.

[102] 柳尚. 基于数据挖掘的隧道施工全过程安全风险动态评估方法及工程应用 [D]. 济南：山东大学，2018.

[103] 王奚. 城市地铁隧道事故案例统计分析与风险评价方法研究 [D]. 北京：北京交通大学，2018.

[104] 胡众. 合肥地铁施工安全风险分析与控制措施研究 [D]. 合肥：合肥工业大学，2019.

[105] 鲍林. 砂土层基坑开挖力学行为及施工监测技术研究 [D]. 石家庄：石家庄铁道大学，2019.

[106] 许章隆. 基于指标体系的隧道施工与运营安全风险评估方法研究 [D]. 重庆：重庆交通大学，2019.

[107] 张成满，罗富荣. 地铁工程建设中的环境安全风险技术管理体系 [J]. 都市快轨交通，2007，（2）：63-65.

[108] 黄瑞金. 地铁浅埋暗挖洞桩法车站扣拱施工技术 [J]. 地下空间与工程学报，2007，3（2）：268-271.

[109] 郑刚，陈红庆，雷杨等. 基坑开挖反压土作用机制及其简化分析方法研究 [J]. 岩土力学，2007，28（6）：1161.

[110] 许有俊，陶连金，孙玉辉，等. 地质雷达在公路隧道衬砌质量检测中的应用 [J]. 公路交通科技（应用技术版），2009，5（12）：150-152.

[111] 王余良，徐景昭. 地铁车站 PBA 工法施工技术及沉降分析 [J]. 施工技术，2009，(S1)：57-60.

[112] 孙玉辉，陶连金，王文沛. 基础墩在高家梁软岩斜井支护中作用的数值模拟 [J]. 煤炭工程，2010（11）：37-39.

[113] 孙玉辉，陈昌彦，白朝旭，等. 地下工程周边管线监测点布设方法探讨 [J]. 现代城市轨道交通，2011（S1）：140-142.

[114] 庞小朝，刘国楠，陈湘生. 考虑土结构性损伤的小应变模型 [J]. 西北地震学报，2011，33（zl）：67-70.

[115] 孙玉辉，陈昌彦，白朝旭，等. 地下工程风险管控第三方监测关键技术探讨 [J]. 现代城市轨道交通，2012（2）：43-46.

[116] 陈湘生，容建华，李全清，等. BT 模式在深圳地铁 5 号线工程中的应用与创新 [J]. 铁道建筑，2012，（3）：135-138.

[117] 国斌. 北京地铁区间隧道马头门工程综合施工技术 [J]. 隧道建设，2012，32（2）：201-204.

[118] 李凤伟，杜修力，张明聚. 地铁工程建设施工事故统计分析 [J]. 地下空间与工程学报，2014，10（2）.

[119] 陈湘生，朱益海. 华强北地铁域地下空间效能最大化综合开发利用 [J]. 隧道建设，2014，34（10）：944-952.

[120] 孙玉辉，孙增伟，白朝旭，等. 基坑围护桩侵限成因分析与处理 [J]. 工程勘察，2014，42（3）：20-23.

[121] 陈湘生. 冻结法几个关键问题及在地下空间近接工程中最新应用 [J]. 隧道建设，2015，35（12）：1243-1251.

[122] 张子真，孙玉辉，陈昌彦，等. 盾构隧道穿越粉细砂层时的地表沉降分析 [J]. 城市轨道交通研究，2017，20（4）：119-122.

[123] 王金明，张子真，孙玉辉，等. 洞桩法车站施工边桩及中柱应力应变监测及受力分析 [J]. 城市

勘测，2018（4）：158-163.

[124] 王霆，刘维宁，罗富荣，等. 地铁区间浅埋暗挖施工的地表沉降特征［J］. 都市快轨交，2009，22（6）：81-85.

[125] 徐耀德，祝建勋，郭涛. 基于多监测及预警要素的地铁工程安全风险量化评估方法［J］. 都市快轨交通，2018，（6）：13-17.

[126] 夏成华，吕培印. 城轨交通附属工程安全风险统计分析及管控对策［J］. 都市快轨交通，2018，（6）：18-23.

[127] 王金明，陈昌彦，张建坤，等. 不同类型填方路基沉降监测及沉降分析［J］. 工程勘察，2019，47（1）：61-64＋73.

[128] 孙玉辉，贺文涛，王金明，等. 地下连续墙基坑突变和坑底涌水原因分析及应对措施探讨［J］. 工程勘察，2019，47（2）：26-30.

[129] 郑爱元，徐斌，陈湘生. 海相地层地铁盾构隧道钢筋钢纤维混凝土管片可靠度研究［J］. 现代隧道建设，2020，57（4）：52-58，73.

[130] 张子真，陈昌彦，王金明，等. 固定式测斜仪对洞桩法施工车站边桩深层水平位移的监测［J］. 城市轨道交通研究，2020，23（5）：131-134.

[131] 孙玉辉，张辉，陈昌彦，等. 桩基竖向承载力测试及桩土作用数值模拟分析［J］. 岩土工程技术，2020，34（6）：311-315.